"十四五"职业教育国家规划教材

中等职业教育改革创新示范教材

本教材第二版曾获首届全国教材建设奖全国优秀教材二等奖

会计基础与基本技能实训

（第三版）

李凤云　王秀娟　张　华　主　编
周雨冬　王　欢　副主编
孔凡艳　黄显明　主　审

中国财经出版传媒集团
中国财政经济出版社
北京

图书在版编目（CIP）数据

会计基础与基本技能实训 / 李凤云，王秀娟，张华主编．—3 版．—北京：中国财政经济出版社，2024.4

“十四五”职业教育国家规划教材　中等职业教育改革创新示范教材

ISBN 978-7-5223-2988-8

Ⅰ.①会…　Ⅱ.①李…②王…③张…　Ⅲ.①会计学-中等专业学校-教材　Ⅳ.①F230

中国国家版本馆 CIP 数据核字（2024）第 062954 号

责任编辑：温彦君　　　　责任校对：张　凡

封面设计：汪俊宇

会计基础与基本技能实训

KUAIJI JICHU YU JIBEN JINENG SHIXUN

中国财政经济出版社 出版

URL：http：//www. cfeph. cn

E-mail：cfeph@ cfeph. cn

社址：北京市海淀区阜成路甲 28 号　邮政编码：100142

营销中心电话：010-88191522

天猫网店：中国财政经济出版社旗舰店

网址：https：//zgczjjcbs. tmall. com

北京密兴印刷有限公司　各地新华书店经销

成品尺寸：185mm×260mm　16 开　17.25 印张　399 000 字

2024 年 4 月第 3 版　2024 年 4 月北京第 1 次印刷

定价：49.00 元

ISBN 978-7-5223-2988-8

（图书出现印装问题，本社负责调换，电话：010-88190548）

本社图书质量投诉电话：010-88190744

打击盗版举报热线：010-88191661　QQ：2242791300

第三版编写说明

本书系“十四五”职业教育国家规划教材，并被评定为中等职业教育改革创新示范教材，第二版曾获首届全国教材建设奖全国优秀教材二等奖。

本书修订以贯彻习近平新时代中国特色社会主义思想和党的二十大报告精神为宗旨，结合学科特点，在每个单元中加入思政元素，将铸魂育人、知识传授和能力养成三者有机融合，注重以点带面、因小见大，坚持教书与育人并行。

近年来，国家对《会计法》进行了权威修改，对相关会计法规、政策进行了完善，加之税法的重大调整、税率的不断变化，税收制度改革紧锣密鼓、日新月异。为体现最新税收政策和会计制度，给中等职业学校会计专业教师及学生提供一本兼具权威性和实用性的教材，我们结合国家财税政策调整、票据的格式变化，根据教材在教学使用过程中的经验及反馈意见，吸取并借鉴行业专家及企业实践经验，在《会计基础与基本技能实训（第二版）》的基础上进行了修订。修订后的《会计基础与基本技能实训（第三版）》延续了原有的编写风格，并具有以下突出特点：

1. 遵循会计准则，体现最新税收政策

本次修订根据最新税收政策和会计制度编写，内容紧扣中等职业教育培养目标，以技能培养为主，注重实践训练与能力提升，坚持理论以够用为度，力求体现会计理论与会计实践的无缝衔接。

（1）根据最新修订的《增值税暂行条例实施细则》，我们对教材中的经济业务案例进行了细致的调整，保证教材契合最新的税收政策；

（2）将教材经济业务中涉及的增值税专用发票等票据、凭证进行全仿真式修整，力求贴近实践工作，培养规范业务操作技能，使学习者可以通过本教材的学习与实践训练顺利完成会计基础工作岗位的各项典型工作任务，达到学与做的零过渡。

2. 保持教材特色，完善典型业务案例

本次修订延续了前两版教材的仿真特色，以会计核算工作为主线，在介绍会计要素与会计等式、复式记账与借贷记账法等会计基本理论时，融入从填制和审核凭证、登记账簿到编制报表等会计实务工作的会计处理方法，使会计理论与实践水乳交融，让学生在实训中体验会计基础知识，掌握更贴近实务工作的岗位技能。

本教材倾注了编者及编写团队的大量心血，此次修订细致到对个别文字、标点符号和凭证格式都进行了复核，以最大限度减少误差，充分体现会计职业的严谨性和准确性。本书最大便利之处还在于编写教材的同时加入了大量的实训练习，同时开发了与教材配套的习题

集，可供专业课教师、学生、会计工作者、社会学习者在使用教材学习的同时更好地进行实训练习。本书既可以作为中等职业学校会计事务专业及相关经济管理专业的基础课教材，又可以作为在职会计人员培训教材及自学者的参考用书。

本教材由李凤云、王秀娟、张华任主编，周雨冬、王琳、王亚军、王欢任副主编。其他参加编写的人员有：赵英、刘晓、孙晓敏、孔凡艳、黄显明、马璐璐、王安、蒋静。全书由王秀娟、李凤云负责总纂并定稿，孔凡艳、黄显明主审。

用书学校任课老师若需要本教材“实训基地”的答案，或需要电子课件，请以电子邮件的形式向中国财政经济出版社索取（请注明学校、书名、书号），Email：caijingjiaocai@163. com。

限于编者水平，疏漏之处在所难免，敬请读者批评指正。

编　者

2024 年 1 月

目 录

第一单元

会计主体与会计要素

【学习目标】

◇ 熟悉会计主体的概念

◇ 掌握原始凭证的基本内容

◇ 熟悉会计要素的具体内容

【职业能力目标】

◇ 熟练掌握相关原始凭证的填制和审核

◇ 根据原始凭证分析会计要素的增减变动情况

【导语】

党的二十大报告指出，“物质富足、精神富有是社会主义现代化的根本要求。”

企业，是物质财富的主要创造者之一，是依法设立的以营利为目的、从事商品的生产经营和服务活动的独立核算的经济组织，是市场经济中最具有代表性的细胞，是经济运行过程中最主要的参加者，也是会计最主要的服务对象之一。会计的主要任务是对企业经济业务活动过程——投入、产出、盈余进行记录、计量和分析，以满足管理需要。

本单元以企业为例，介绍会计记录、计量、分析的空间范围、基础依据及具体内容。

能力内容一　会计主体

一、企业的设立

（一）出资

【情境展示 1－1】

张峰、关大伟自主创业，创立鸿运食品有限公司，张峰出任公司经理。鸿运食品有限公司财务岗位设置情况如图表 1－1 所示。

图表1－1 **公司财务岗位设置情况**

会计岗位	人员	职责
财务科长	关大伟	负责登记总分类账、记账凭证稽核和财务科的全面工作
会计	孙娅	负责编制记账凭证等工作
会计	王平	负责登记各种明细分类账等工作
出纳	田力	负责出纳工作

【情境展示1－2】

张峰、关大伟共投入资金500万元，其中厂房200万元、设备100万元、现金200万元，作为企业的资本金。

创立企业必须有一定的“本钱”，即企业的资本金。资本金是指企业在工商行政管理部门登记的注册资金。

《公司法》规定，注册公司时，投资人（股东）必须缴纳足够的资本，可以用货币形式出资，也可以用实物（如汽车）、房产、知识产权等出资；对于企业的首次出资额也有着明确的规定。

（二）到银行申请开户

【情境展示1－3】

会计主管关大伟到银行办理开户手续，取得了银行印鉴卡。工商银行印鉴卡如图表1－2所示。

图表1－2 **银行印鉴卡样式**

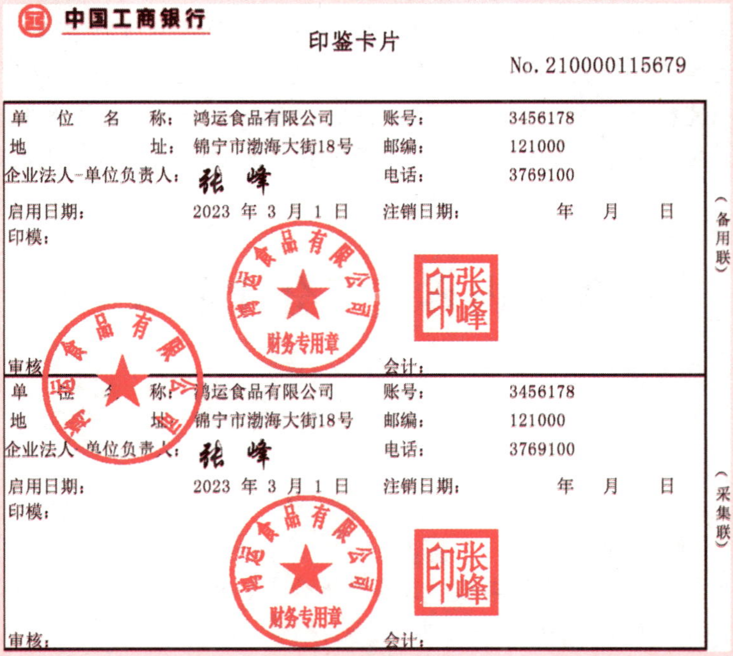

中国工商银行

印鉴卡片

No. 210000115679

单位名称：鸿运食品有限公司　账号：3456178
地址：锦宁市渤海大街18号　邮编：121000
企业法人-单位负责人：张峰　电话：3769100
启用日期：2023年3月1日　注销日期：年　月　日
印模：
审核：　会计：
（备用联）

单位名称：鸿运食品有限公司　账号：3456178
地址：锦宁市渤海大街18号　邮编：121000
企业法人-单位负责人：张峰　电话：3769100
启用日期：2023年3月1日　注销日期：年　月　日
印模：
审核：　会计：
（采集联）

会计主管关大伟办理银行印鉴卡的同时，在银行办理开户手续，确定了企业的开户银行和账号，用于通过银行办理各种结算业务。

有关鸿运食品有限公司开户的基本情况，如图表 1－3 所示。

图表 1－3　　公司开户的基本情况

地址、电话	锦宁市渤海大街 18 号 3769100
纳税人识别号	91210703210719761A
开户银行	工商银行凌云支行
账号	3456178

企业通过银行办理结算业务，必须按照银行账户管理办法的相关规定，在银行开立账户。即银行给予企业一个账户，通过这个账户，可以在银行办理各种收付业务。例如，鸿运食品有限公司收到张峰投入现金 200 万元，存入开户银行即工商银行凌云支行，账号为 3456178。

按照银行结算制度规定，该账户只能公司自己使用，不能出借或出租给其他单位或个人使用。

实训基地一

作为鸿运食品有限公司的会计人员，必须掌握以下信息，你能回答吗？

1. 公司全称是什么？
2. 公司在哪家银行开立了账户？账号是多少？
3. 预留银行印鉴的印章是什么？办理哪些业务时需要使用？

二、会计与会计主体

【情境展示 1－4】

办理完企业设立的法定手续后，鸿运食品有限公司开业了。

公司属于食品加工企业，以高筋面粉、鲜鸡蛋和牛奶等为原料，生产钙奶饼干、奶油面包、糕点和曲奇等产品。

在开始营业时，公司购买了厂房、生产设备、运输工具和生产需用的材料（面粉、鲜鸡蛋等），雇用了若干名员工，准备生产产品（钙奶饼干、奶油面包等），这一过程称为**生产准备过程**。

工人用材料加工生产成产品，将其存入成品库，准备出售，这一过程称为**产品生产过程**。

公司将成品仓库中的产品出售，这一过程称为**销售过程**。

至此，一个生产经营过程结束，完成一次循环。企业的生产经营活动就是周而复始地不断循环这一过程。

- 生产准备过程是企业生产经营过程的第一阶段，完成的标志是企业具备了生产条件，为生产产品准备了所需的材料物资，存放在企业的材料仓库之中。

- 产品生产过程是企业生产经营过程的重要阶段，完成的标志是已将产品加工完成，并存放在企业的成品仓库中准备销售。
- 销售过程是生产经营过程的最后阶段，完成的标志是将仓库中的产品销售出去，并收回货币资金。

（一）什么是会计

如【情境展示1－4】所示，在生产经营过程中，企业用货币资金购买材料，然后工人使用机械设备将材料生产成产品，最后将产品销售出去，收回货币资金，会计的工作就是将这些用货币表现的经济活动记录下来。

1. 会计的本质是一种管理活动。会计工作就是如实地记录计量企业的生产经营过程，对企业的经营情况进行反映和监督，为相关部门提供企业管理信息，属于管理范畴。

2. 以货币为计量单位。

【情境展示1－5】

鸿运食品有限公司为生产产品，投入面粉600千克，白糖40千克，雇用若干名工人生产20天；生产出面包150箱，每箱20个，并全部售出。

会计上需要核算投入与产出的关系，即计算盈亏。如图表1－4所示。

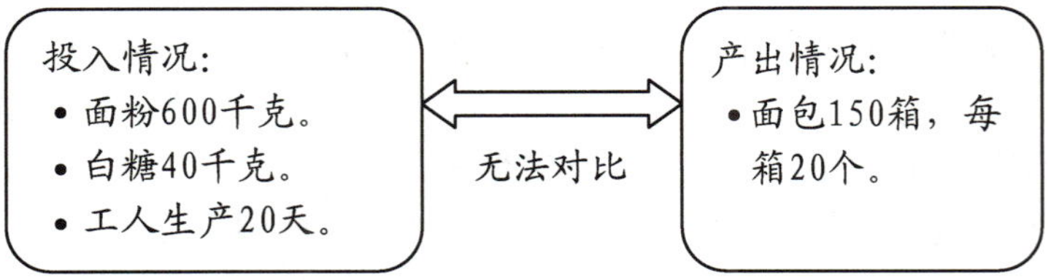

图表1－4

但是，投入的面粉、白糖、人工等无法与产出的面包直接对比。为什么不能对比呢？因为投入、产出的计量单位（如千克、箱和天）不同，无法在量上进行汇总和比较，即无法计算盈亏。

这就需要将各种形式的计量单位（如千克、箱和天），折合成统一的价值量，即货币来计量，才能计算盈亏，充分反映企业的生产经营情况。如图表1－5所示。

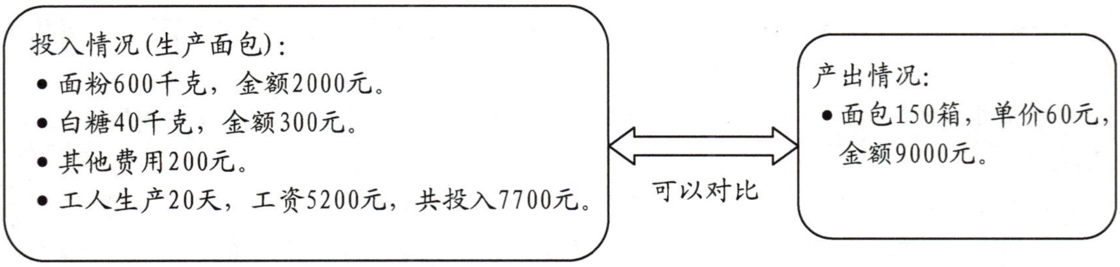

图表1－5

投入、产出比较，可以计算出实现盈余1300（9000－7700）元。

总结：会计计量单位

实物计量单位：千克、吨、米、件和台等。

劳动计量单位：小时、劳动日等。

货币计量单位：元、角、分等。

在会计上，可以按实物计量单位或劳动计量单位对经济业务进行计算和记录，但最后在会计确认、计量和报告上必须选择货币作为主要计量单位。

3. 会计的基本职能。

【情境展示 1－6】

鸿运食品有限公司的业务员到上海出差回来，持 3 张单据到会计部门报销差旅费。单据有锦宁市到上海的往返火车票 2 张，发票 1 张，如图表 1－6 所示。

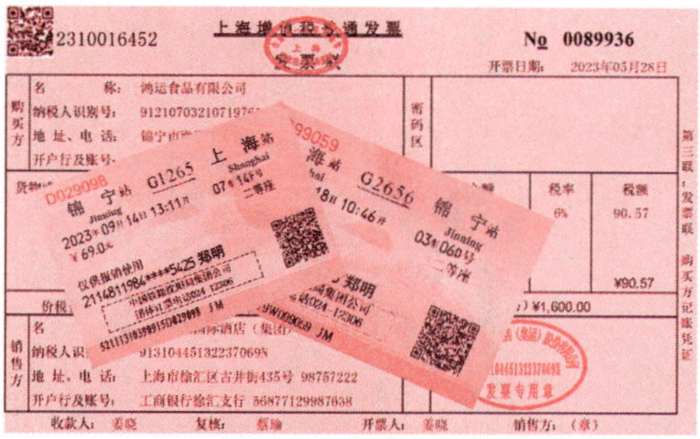

会计负责人要对需要报销单据的真实性、合法性和有效性进行审核，即为**会计监督**。

图表 1－6　发票、火车票示意图

会计监督的核心是对企业经济活动的整个过程进行有效的监督，保证国家财经法规的贯彻执行，并促使企业的经济活动合法、有效。

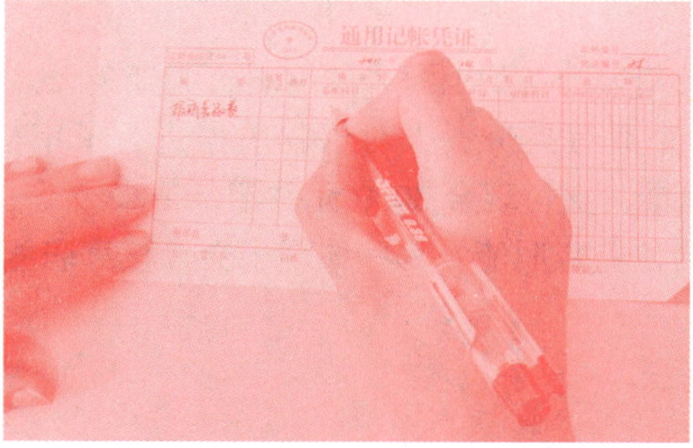

会计人员对取得的车票、发票等单据，按照会计的专门方法进行账务处理，即为**会计核算**。会计核算职能也称“会计反映职能”。如图表 1－7 所示。

图表 1－7　填写凭证

会计核算职能的核心是如实地记录经济业务，反映经济业务的实质，为企业经营管理提供有用信息。

会计核算和会计监督是会计的基本职能。在鸿运食品有限公司的日常经营过程中，会计人员根据实际发生的经济业务取得会计相关资料，进行会计核算；通过企业的会计核算，起到对经济业务监督管理的作用。

会计是指以货币为主要计量单位，运用专门的方法①，对经济活动进行核算和监督的一种管理活动。

总结：会计的含义

会计的本质——会计是一种管理活动。

会计的主要特点——以货币为计量单位。

会计的基本职能——会计核算和会计监督。

4. 会计对象。企业在生产经营过程中，会发生多种多样的经济活动，如建造厂房、购买机器设备；购买原材料、辅助材料；支付员工的工资；支付水电费、差旅费、广告费；向银行借入各种借款；销售产品取得收入等，这些**特定对象中能够以货币表现的已经发生的经济业务，即会计事项，就是会计核算和监督的内容，即会计对象。**

想一想：

某公司“购买厂房”“购买原材料”“销售产品”“召开职工会议”等活动。哪些是会计对象呢？

判断会计对象的条件：

◆ 属于某个特定对象，即某个单位或组织。

◆ 必须是已经发生的经济活动。

◆ 是用货币表现的经济活动。

上述三项必须同时具备。

实训基地二

2023 年 4 月 1 日，鸿运食品有限公司的采购员刘力准备到上海采购材料，为期 8 天，预借差旅费 3000 元，已经填制了有关借款的单据；企业有关负责人对借款单据进行了审核，同意借款并签字；财务部门根据已经签字的借款单据，支付现金 3000 元并记录下来。

【要求】 请判断上述业务活动中哪些体现了会计监督职能？哪些体现了会计核算职能？

实训基地三

鸿运食品有限公司和大宇公司发生如下经济业务：

1. 向大宇公司销售产品 1000 元，款项尚未收到。
2. 从大宇公司采购材料 300 元，用现金支付。
3. 公司召开职工大会，讨论企业发展问题。

【要求】 请判断哪些经济业务属于鸿运食品有限公司的会计对象？

---

① 会计专门的方法包括会计核算方法、会计分析方法和会计检查方法。会计核算方法一般包括设置账户、复式记账、填制和审核凭证、登记账簿、成本计算、财产清查和编制财务会计报告七种方法。

（二）会计主体

【情境展示 1－7】

鸿运食品有限公司向大连国际商场销售产品，收到现金 900 元。如图表 1－8 所示。

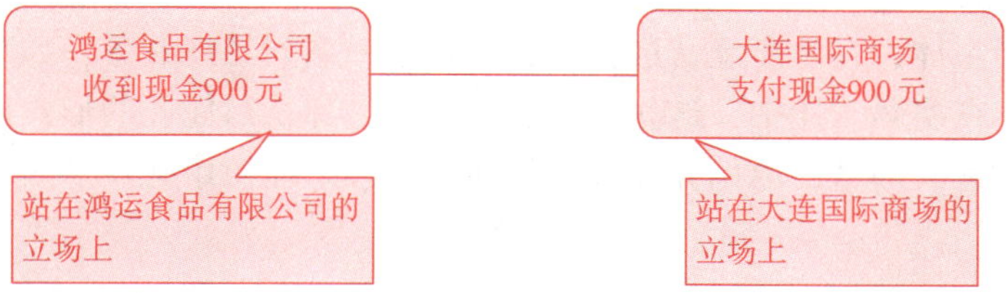

图表 1－8

企业在日常生产经营过程中，必然会与其他单位发生一些业务往来，如从供应单位购买材料、向客户销售产品、结算货款等。会计作为一种管理手段，要对其进行核算和监督。会计如何界定核算和监督的空间范围呢？企业会计人员必须站在自身特定的立场上对经济活动进行核算和监督，即是会计主体问题。

会计主体是企业财务会计工作为之服务的特定单位或经济实体。它所界定的是企业会计核算的工作范围。

对会计主体的理解：

1. 特定组织和单位包括国家机关、社会团体、企业、事业单位和其他组织。如【情境展示 1－7】所示，鸿运食品有限公司是会计核算和监督的会计主体。

2. 会计主体明确了会计工作的范围，即只是企业本身的经济活动，而不包括其他企业、单位或个人的经济活动。如【情境展示 1－7】所示，以鸿运食品有限公司为会计主体，显示销售产品收到现金 900 元。至于大连国际商场支付现金 900 元的核算，与该会计主体无关。

实训基地四

以鸿运食品有限公司为会计主体，判断下列业务的增减变动情况：

1. 向沈阳伟业公司销售产品 1000 元，款项尚未收到。
2. 锦宁市卫生局依法向鸿运食品有限公司收取罚款，收到现金 200 元。

想一想：

若分别以沈阳伟业公司和锦宁市卫生局为会计主体，经济业务的增减情况如何呢？

能力内容二　会计原始凭证

企业作为会计主体，在生产经营过程中，会发生一系列经济业务，如购买材料、生产产品、销售产品等。在实际工作中，这些经济业务的发生都是以凭证的形式体现、证明的，这些凭证就是原始凭证。那么，原始凭证究竟如何定义、怎样使用呢？

一、原始凭证概述

【情境展示1－8】

以鸿运食品有限公司为会计主体，发生下列经济业务时会取得相关票据：从百货商场购买办公用品取得的发票；职工出差从单位预借差旅费填制的借款单；出差回来取得的车船票、发票等。

这些证明经济业务已经发生的凭证，都是原始凭证，如图表1－9所示。

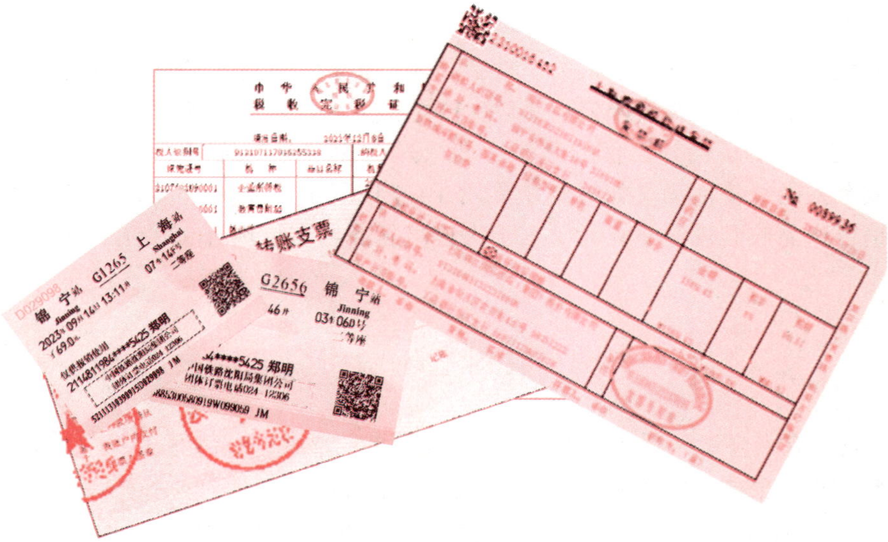

图表1－9　原始凭证示意图

原始凭证，亦称“单据”，是在经济业务发生时直接填制或取得的，用来载明经济业务实际执行和完成情况，明确经济责任，具有法律效力，并作为记账原始依据的一种会计凭证。原始凭证是证明某个会计主体经济业务已经发生或完成的凭证，凡不能证明该会计主体经济业务已经发生或完成的各种凭证，都不能作为会计核算使用的原始凭证。原始凭证是进行会计核算的原始资料，是一切会计核算的基础。

想一想：

企业内部计划购买某种材料的请购单、购销双方签订的购销合同、银行对账用的银行对账单等，不能作为原始凭证使用，为什么？

实训基地五

鸿运食品有限公司发生下列经济业务：

1. 公司决定购买甲公司的材料56980元，并与甲公司签订了购货合同，合同号码为456981。

2. 公司业务人员从百货商场购买电视机一台，取得购货发票一张，金额4000元，用于公司礼堂使用。

3. 公司职工王妮到沈阳出差回来，取得火车票两张，金额160元，住宿发票一张，金额300元。

【要求】 说明公司上述业务涉及的凭证名称，判断哪些凭证可以作为原始凭证。

二、原始凭证的内容

（一）原始凭证的基本内容

【情境展示1－9】

2023年4月1日，鸿运食品有限公司从锦宁市面粉有限公司购入面粉，取得原始凭证——购货发票一张。原始凭证的基本内容如图表1－10所示（暂不考虑增值税）。

原始凭证认知——发票

发票是指在购销商品、提供或接受劳务及从事其他经营活动中，开具、收取的收付款凭证。由销售单位开具。

发票一般一式多联，其中记账联作为销售方记账凭证，发票联作为购买方记账凭证。

（二）原始凭证分析程序

以【情境展示1－9】来具体分析原始凭证。

1. 确定会计主体：鸿运食品有限公司。

2. 说明原始凭证的来源：公司采购部门的采购员从锦宁市面粉有限公司取得购货发票，交给公司财务部门作为购入材料的原始凭证。

3. 分析原始凭证的内容：图表1－10的发票表明，鸿运食品有限公司2023年4月1日购入面粉，数量10袋，规格25千克，单价80元，金额800元。

图表 1－10　　　　原始凭证基本内容示意图

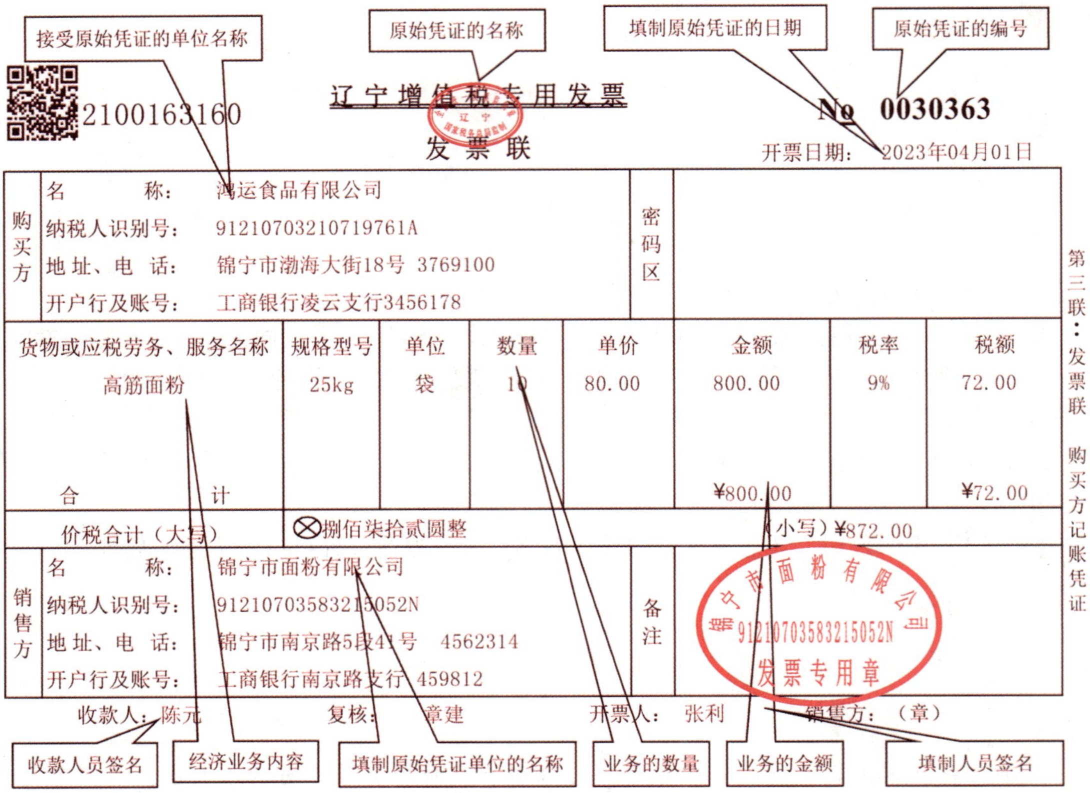

实训基地六

锦宁市面粉有限公司是会计主体，向鸿运食品有限公司销售面粉，开出销货发票一张，如图表 1－11 所示。

【要求】 分析原始凭证：

1. 确定会计主体：__________。
2. 说明原始凭证的来源：____。
3. 分析原始凭证的内容：____。

三、原始凭证的种类

企业在日常的生产经营过程中，会发生各种各样的经济业务，原始凭证的种类也多种多样。

图表 1－11

2100163160　　辽宁增值税专用发票　　№ 0030363

发票联

开票日期：2023年04月01日

购买方		密码区
名　　称：鸿运食品有限公司		
纳税人识别号：91210703210719761A		
地址、电话：锦宁市渤海大街18号 3769100		
开户行及账号：工商银行凌云支行3456178		

货物或应税劳务、服务名称	规格型号	单位	数量	单价	金额	税率	税额
高筋面粉	25kg	袋	10	80.00	800.00	9%	72.00
合　　计					¥800.00		¥72.00
价税合计（大写）	⊗捌佰柒拾贰圆整				（小写）¥872.00		

销售方		备注
名　　称：锦宁市面粉有限公司		锦宁市面粉有限公司 91210703583215052N 发票专用章
纳税人识别号：91210703583215052N		
地址、电话：锦宁市南京路5段41号 4562314		
开户行及账号：工商银行南京路支行 459812		

收款人：陈元　　复核：章建　　开票人：张利　　销售方：（章）

第三联：发票联 购买方记账凭证

（一）原始凭证按照来源不同分类

原始凭证按照来源不同，分为外来原始凭证和自制原始凭证。

1. 外来原始凭证。外来原始凭证是指同外单位发生经济往来，在经济业务发生或完成时，从外单位或个人直接取得的原始凭证。如购货发票、车船票等。

【情境展示 1－10】

原始凭证如图表 1－12 所示（王明为鸿运食品有限公司供销科采购员）。

分析原始凭证：

（1）确定会计主体：鸿运食品有限公司。

（2）说明原始凭证的来源：公司从移动通信公司取得通信服务费的发票联，作为支付电话费的原始凭证。

（3）分析原始凭证的内容：图表 1－12 所列的发票表明，2023 年 4 月 1 日，企业为职工王明报销电话费 200 元。

【情境展示 1－11】

原始凭证如图表 1－13 所示。

图表 1－12

辽宁增值税电子普通发票

机器编号：549553386596

发票代码：021002344422
发票号码：00124582
开票日期：2023年04月01日
校 验 码：12563 26354 57874 585655

购买方	名　　称：王明 纳税人识别号： 地 址、电 话： 开户行及账号：	密码区	（略）

货物或应税劳务、服务名称	规格型号	单位	数量	单价	金额	税率	税额
*电信服务*通信服务费			1	200.00	200.00	*	*
合　　计					¥200.00		*
价税合计（大写）	⊗贰佰圆整				（小写）¥200.00		

销售方	名　　称：中国移动通信集团辽宁有限公司锦宁分公司 纳税人识别号：912107009421804550 地 址、电 话：锦宁市士英南街6号 0416-3904545 开户行及账号：招商银行北京分行营业部 545115498454151	备注	

收款人：常春玲　　复核：李航　　开票人：常春玲　　销售方：（章）

图表 1－13

中国工商银行　贷款转存凭证（借款借据）0018465

2023年4月1日　　贷款种类：基建

借款人	全　称	中国工商银行锦宁市分行	收款人	全　称	鸿运食品有限公司
	账　号	35129687532		账　号	3456178
	开户行	工商银行锦宁市分行		开户行	工商银行凌云支行

大写金额	亿	千	百	万	千	百	十	元	角	分
（币种）人民币柒万元整				¥	7	0	0	0	0	0	0

委托你行将上述贷款金额转存/支付 鸿运食品有限公司 存款户。
借款人（签章）
[illegible]年 4月 1日

业务主管：[illegible]
经办人：[illegible]
（信贷部门签章）
2023年4月1日

合同号：DK23589637
借款期限：2023年4月1日至2024年4月1日

第四联 收款人收账通知

凭证代码：3042

（1）确定会计主体：鸿运食品有限公司。

（2）说明原始凭证的来源：公司从工商银行取得借款凭证第四联，作为企业已收到银行借款的原始凭证。

（3）分析原始凭证的内容：图表 1－13 所列银行借款借据表明，2023 年 4 月 1 日，鸿运食品有限公司从银行借入 7 万元，期限 12 个月，存入银行。

原始凭证认知——银行借款凭证

银行借款凭证是指企业从银行取得借款时由银行出具的证明企业已取得借款的原始凭证。

借款凭证一般一式五联。第一联为回单联，第四联为收款人收账通知，交给企业，企业据此记账；其他联次作为借款银行留存、记账、放款的凭据。

银行借款借据来源于银行，对公司来说是外来原始凭证。

2. 自制原始凭证。自制原始凭证是指在经济业务发生或完成时，由本单位经办部门或人员根据经济业务的内容自行填制的原始凭证。如企业内部的收款收据、借款单、购进材料验收入库时填制的收料单等。

【情境展示 1－12】

张峰经理在鸿运食品有限公司成立初期，设立了财务科，聘用了财务科长、会计和出纳。为了明确责任，财务科长关大伟负责审核记账凭证并登记总账，会计孙娅负责编制记账凭证即制单，会计王平负责登记各种明细账，出纳田力负责现金、银行存款的收付并登记现金、银行存款日记账。

鸿运食品有限公司的原始凭证如图表 1－14 所示。

图表 1－14

收 款 收 据　　NO:0355300

收款日期 2023 年 4 月 1 日

<table>
<tr><td>付款单位
（交款人）</td><td>张峰</td><td>收款单位
（收款人）</td><td colspan="9">鸿运食品有限公司</td><td>收款项目</td><td>投资款</td></tr>
<tr><td rowspan="2">人民币
（大写）</td><td rowspan="2" colspan="2">贰佰万元整</td><td>千</td><td>百</td><td>十</td><td>万</td><td>千</td><td>百</td><td>十</td><td>元</td><td>角</td><td>分</td><td>结算方式</td></tr>
<tr><td>¥</td><td>2</td><td>0</td><td>0</td><td>0</td><td>0</td><td>0</td><td>0</td><td>0</td><td>0</td><td>现金</td></tr>
<tr><td rowspan="2">收款事由</td><td rowspan="2" colspan="2">职工投资款</td><td rowspan="2">经办</td><td colspan="2">部门</td><td colspan="8"></td></tr>
<tr><td colspan="2">人员</td><td colspan="8"></td></tr>
<tr><td colspan="3" rowspan="2">上述款项照数收讫无误。
收款单位财务专用章：
（领款人签章）</td><td colspan="3">会计主管</td><td colspan="3">稽核</td><td colspan="3">出纳</td><td colspan="2">交款人</td></tr>
<tr><td colspan="3">关大伟</td><td colspan="3">王平</td><td colspan="3">田力</td><td colspan="2">张峰</td></tr>
</table>

鸿运食品有限公司 财务专用章

第二联 收款单位记账凭据

使用范围及规定：（1）本收据只能用于单位内部和单位与单位、单位与个人之间的非经营性经济往来，不得代替发票、行政事业性收费等政府非税收入收据和罚没收据。（2）结算方式按现金结算、银行结算和转账结算等方式分别填列。（3）作废时，应加盖作废戳记，并同存根一起保存，不得自行销毁。

原始凭证认知——收款收据

收款收据是企业在非经营活动中收取款项时开具的书面证明。由收款单位出纳员开具。

基本联次一式三联，第一联收款单位留存，第二联收款单位作记账用原始凭证，第三联付款单位作记账用原始凭证。

图表 1－14 所示的收款收据是公司的自制原始凭证。

分析原始凭证：

（1）确定会计主体：鸿运食品有限公司。

（2）说明原始凭证的来源：企业财务科出纳员田力开出收据，收据一式三联，企业以第二联作记账用原始凭证，第一联留存，第三联交给张峰。

（3）分析原始凭证的内容：图表 1－14 表明，2023 年 4 月 1 日，企业收到投资人张峰交来的现金 200 万元，系该职工的投资款。

【情境展示 1－13】

鸿运食品有限公司的原始凭证如图表 1－15 所示。

图表 1－15

借　　款　　单（记账）

2023 年 4 月 5 日　　　　顺序第　1　号

<table>
<tr><td rowspan="2">借款单位</td><td rowspan="2">*供销科</td><td rowspan="2">姓名</td><td rowspan="2">*万强</td><td rowspan="2">级别</td><td rowspan="2" colspan="2">*</td><td>出差地点</td><td>*北京</td><td rowspan="4">第三联
借款记账凭证</td></tr>
<tr><td>天　数</td><td>*4</td></tr>
<tr><td>事由</td><td>开展览会</td><td colspan="2">借款金额（大写）</td><td colspan="5">*人民币壹仟伍佰元整　　¥1500.00</td></tr>
<tr><td>部门负责人</td><td>同意
李劲</td><td colspan="2">借款人签章</td><td>万强</td><td>注意事项</td><td colspan="3">一、有*者由借款人填写
二、凡借用公款必须使用本单
三、第三联为正式借据，由借款人和单位负责人签章
四、出差返回后三天内结算</td></tr>
<tr><td>单位负责人</td><td>同意
张峰</td><td colspan="2">审核意见</td><td colspan="6">同意
关大伟</td></tr>
</table>

原始凭证认知——借款单

借款单是企业内部有关部门或个人因公借款时使用，由借款人填写。

基本联次一式三联，第一联交给借款人；第二联会计结算凭证，报销时作为记账用原始凭证；第三联会计记账凭证，借款时作为记账用原始凭证。

分析原始凭证：

（1）确定会计主体：鸿运食品有限公司。

（2）说明原始凭证的来源及需要的联次：职工万强预借差旅费，由其填写借款单一式三联，第三联作为预借差旅费的原始凭证。第一联借款报销完毕后退给借款人万强，第二联作为借款人万强出差归来报销差旅费的原始凭证。由所在部门供销科、财务和单位负责人李劲、关大伟、张峰签字同意。

（3）分析原始凭证的内容：图表 1－15 所列借款单表明，2023 年 4 月 5 日，企业供销科万强到北京开展览会，预借差旅费1500元，用现金支付。

（二）原始凭证按照填制手续和方法不同分类

原始凭证按照填制手续和方法不同，分为一次凭证、累计凭证和汇总凭证。

1. 一次凭证。一次凭证是指对一项经济业务，在发生或完成时一次填制完成的原始凭证，如借款单、收据、发票、银行结算凭证等。其特点是一次完成各种手续，一次有效。

【情境展示1－14】

鸿运食品有限公司的原始凭证如图表1－16所示。

图表1－16

材料验收入库单 ② 记账

验收仓库：2#

2023 年 4 月 7 日　　　　第　号

供应单位：锦宁市糖业有限公司			合同号			发票号	№254845	托收支票	
物资名称	材质	规格型号	单位	数量		实际价格			
				应收	实收	单价	金额	运杂费	合计
白糖			千克	200	200	7.00	1400.00		1400.00
合　计							1400.00		1400.00

会计　　记账　　保管员 李林　　经办人 李明

原始凭证认知——材料入库单

材料入库单（或称“收料单”）是指材料到达企业，经验收审核合格办理入库时按规定填写的原始凭证，由材料保管人员填写。

材料入库单一式四联，一联交仓库保管人员据以登记材料保管账；一联作为材料入库的原始凭证；一联送交供应部门，据以检查供货合同的执行情况；一联送交质检部门。

材料入库单是一次原始凭证，也是自制原始凭证。

分析原始凭证：

（1）确定会计主体：鸿运食品有限公司。

（2）说明原始凭证的来源：从企业内部取得材料入库单，作为材料验收入库的原始凭证。

（3）分析原始凭证的内容：图表1－16的材料验收入库单表明，2023年4月7日，企业验收入库白糖，数量200千克，单价7元，金额1400元。

2. 累计凭证。累计凭证是指在一定时期内连续在一张凭证中记载同类经济业务，并于期末将其累计数作为记账依据的原始凭证。如限额领料单、累计销售凭证等。

其特点是：在一张凭证内可以连续登记相同性质的经济业务，陆续完成登记手续，随时结算累计数和结余数，按限额控制领用数。

【情境展示 1－15】

鸿运食品有限公司的限额领料单如图表 1－17 所示。

图表 1－17

限额领料单

材料类别：原料

领料车间（部门）：基本生产车间　　　　编号：

用途：生产产品　　　　2023 年 4 月　　　　仓库：2#库

材料编号	材料名称	规格	计量单位	领用限额	实际领用			备注
					数量	单位成本	金额	
	白糖		千克	100	90	7.00	630.00	

日期	请领		实发			退回			限额结余
	数量	领料单位	数量	发料人签章	领料人签章	数量	领料人签章	退料人签章	
1	20		20	李林	王力				80
5	25		25	李林	王力				55
20	20		20	李林	王力				35
30	25		25	李林	王力				10
合计	90		90						10

第二联 财务核算联

仓库负责人：张伟

3. 汇总凭证。汇总凭证是指将一定时期内反映同类经济业务的原始凭证按照一定标准加以汇总，定期编制一张汇总凭证，用于集中反映某类经济业务总括情况的会计凭证，如发出材料汇总表、工资结算汇总表等。

【情境展示 1－16】

鸿运食品有限公司的工资结算单和工资结算汇总表，如图表 1－18 至图表 1－21 所示。

图表1-18

工资结算单

部门：生产车间　　　　2023年4月5日

序号	姓名	应发工资					代扣项目				实发工资	领款人签字
		基本工资	岗位津贴	月奖	技术津贴	小计	养老保险	医疗保险	个人所得税	小计		
1	张迪	450.00	820.00	300.00	500.00	2070.00	165.60	44.40		210.00	1860.00	张迪
2	刘丽	450.00	760.00	120.00	400.00	1730.00	138.40	37.60		176.00	1554.00	刘丽
	……											
	合计	25400.00	47200.00	10400.00	24000.00	107000.00	8560.00	2143.00		10703.00	96297.00	

部门主管：张伟　　工资核算员：董莉　　复核：张丽萍

图表1-19

工资结算单

部门：生产管理　　　　2023年4月5日

序号	姓名	应发工资					代扣项目				实发工资	领款人签字
		基本工资	岗位津贴	月奖	技术津贴	小计	养老保险	医疗保险	个人所得税	小计		
1	宋平	820.00	980.00	360.00	500.00	2660.00	212.80	56.20		269.00	2391.00	宋平
2	李晓慧	820.00	450.00	200.00	400.00	1870.00	149.60	40.40		190.00	1680.00	李晓慧
	……											
	合计	12000.00	10550.00	3550.00	7000.00	33100.00	2648.00	665.00		3313.00	29787.00	

部门主管：张伟　　工资核算员：刘媛　　复核：陈萍

图表1-20

工资结算单

部门：行政管理　　　　2023年4月5日

序号	姓名	应发工资					代扣项目				实发工资	领款人签字
		基本工资	岗位津贴	月奖	技术津贴	小计	养老保险	医疗保险	个人所得税	小计		
1	张峰	1020.00	870.00	500.00	300.00	2690.00	215.20	56.80		272.00	2418.00	张峰
2	吴大伟	820.00	680.00	300.00	100.00	1900.00	152.00	41.00		193.00	1707.00	吴大伟
	……											
	合计	37200.00	34650.00	16500.00	6000.00	94350.00	7548.00	1890.00		9438.00	84912.00	

部门主管：张世红　　工资核算员：董娜　　复核：乔爽

图表1-21

工资结算汇总表

单位：鸿运食品有限公司　　　　2023年4月5日

项目	人数	应发工资					代扣项目				实发工资
		基本工资	岗位津贴	月奖	技术津贴	小计	养老保险	医疗保险	个人所得税	小计	
生产产品工人	60	25400.00	47200.00	10400.00	24000.00	107000.00	8560.00	2143.00		10703.00	96297.00
车间管理人员	15	12000.00	10550.00	3550.00	7000.00	33100.00	2648.00	665.00		3313.00	29787.00
行政管理人员	45	37200.00	34650.00	16500.00	6000.00	94350.00	7548.00	1890.00		9438.00	84912.00
合计	120	74600.00	92400.00	30450.00	37000.00	234450.00	18756.00	4698.00		23454.00	210996.00

四、原始凭证的填制

按照《会计基础工作规范》的规定，填制原始凭证是有一定要求的，按照要求填制的原始凭证，才能合理、合法、有效，否则，在会计核算中不能使用。

（一）填制原始凭证的基本要求

《会计基础工作规范》第四十八条、第四十九条规定了原始凭证的填制要求。

第四十八条 原始凭证的基本要求是：

1. 原始凭证的内容必须具备：凭证的名称；填制凭证的日期；填制凭证单位名称或者填制人姓名；经办人员的签名或者盖章；接受凭证单位名称；经济业务内容；数量、单价和金额。

2. 从外单位取得的原始凭证，必须盖有填制单位的公章；从个人取得的原始凭证，必须有填制人员的签名或者盖章。自制原始凭证必须有经办单位领导人或者其指定的人员签名或者盖章。对外开出的原始凭证，必须加盖本单位公章。

3. 凡填有大写和小写金额的原始凭证，大写与小写金额必须相符。购买实物的原始凭证，必须有验收证明。支付款项的原始凭证，必须有收款单位和收款人的收款证明。

4. 一式几联的原始凭证，应当注明各联的用途，只能以一联作为报销凭证。

一式几联的发票和收据，必须用双面复写纸（发票和收据本身具备复写纸功能的除外）套写，并连续编号。作废时应当加盖“作废”戳记，连同存根一起保存，不得撕毁。

5. 发生销货退回的，除填制退货发票外，还必须有退货验收证明；退款时，必须取得对方的收款收据或者汇款银行的凭证，不得以退货发票代替收据。

6. 职工公出借款凭据，必须附在记账凭证之后。收回借款时，应当另开收据或者退还借据副本，不得退还原借款收据。

7. 经上级有关部门批准的经济业务，应当将批准文件作为原始凭证附件。如果批准文件需要单独归档的，应当在凭证上注明批准机关名称、日期和文件字号。

第四十九条 原始凭证不得涂改、挖补。发现原始凭证有错误的，应当由开出单位重开或者更正，更正处应当加盖开出单位的公章。

（二）原始凭证的书写要求

1. 小写金额数字的书写要求。

（1）数字一般应占格高的1/2。

（2）数字一般紧挨底线书写，阿拉伯小写数字7、9除外。

（3）数字一般倾斜一定角度。

阿拉伯小写金额数字正确的书写格式如图表1－22所示。

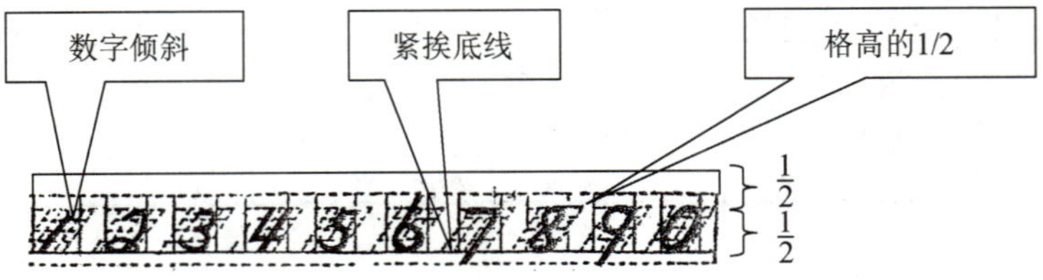

图表1－22 小写金额正确的书写格式

《会计基础工作规范》第五十二条规定，阿拉伯数字应当一个一个地写，不得连笔写。阿拉伯金额数字前面应当书写货币币种符号（如人民币符号“¥”）或者货币名称简写。币种符号与阿拉伯金额数字之间不得留有空白。凡阿拉伯数字前写有币种符号的，数字后面不再写货币单位（如人民币“元”）。

所有以元为单位（其他货币种类为货币基本单位）的阿拉伯数字，除表示单价等情况外，一律填写到角分；无角分的，角位和分位可写“00”，或者符号“－”；有角无分的，分位应当写“0”，不得用符号“－”代替。

书写举例如图表1－23所示。

图表1－23

书写要求	正确书写	错误书写
小写金额前加人民币符号“¥”	¥36578.00	36578.00
以元为单位的阿拉伯数字，一律填到角分	¥325.50	¥325.5
以元为单位的阿拉伯数字，无角分的	¥325.00 或¥325.－	¥325
以元为单位的阿拉伯数字，有角无分的	¥325.10	¥325.1－
币种符号与阿拉伯金额数字之间不能留有空白	¥36578.00	¥ 36578.00
阿拉伯数字不得连笔书写	¥30000.00	

2. 大写金额数字的书写要求。

（1）《会计基础工作规范》第五十二条规定，汉字大写数字金额如零、壹、贰、叁、肆、伍、陆、柒、捌、玖、拾、佰、仟、万、亿等，一律用正楷或者行书体书写，不得用0、一、二、三、四、五、六、七、八、九、十等简化字代替，不得任意自造简化字（见图表1－24）。

图表1－24

书写要求	正确书写	错误书写
大写金额数字，一律用正楷或者行书体书写，如¥325.00	人民币叁佰贰拾伍元整	非正楷或者非行书体书写
大写金额数字，不得用简化字代替，如¥325.00	人民币叁佰贰拾伍元整	人民币三佰贰十伍元整

（2）大写金额数字前未印有货币名称的，应当加填货币名称（如“人民币”），货币名称与金额数字之间不得留有空白（见图表1－25）。

图表1－25

书写要求	正确书写	错误书写
货币名称（如人民币）与金额数字之间不得留有空白，如¥325.00	人民币叁佰贰拾伍元整	人民币　叁佰贰拾伍元整
大写金额数字前预先印“人民币”字样，在其后直接写大写金额，如¥325.00	人民币叁佰贰拾伍元整	
大写金额数字前预先未印“人民币”字样，先书写“人民币”，然后书写大写金额，如¥325.00	人民币叁佰贰拾伍元整	叁佰贰拾伍元整

（3）大写金额数字到元或者角为止的，在“元”或者“角”字之后应当写“整”字或者“正”字；大写金额数字有分的，分字后面不写“整”或者“正”字（见图表1－26）。

图表1－26

书写要求	正确书写	错误书写
大写金额数字后面以“元”或“角”结尾的，必须加“整”或“正”字，如¥3.00、¥3.50	人民币叁元整（或人民币叁元正） 人民币叁元伍角整（或人民币叁元伍角正）	人民币叁元 人民币叁元伍角
大写金额数字后面以“分”结尾的，不能加“整”或“正”字，如¥3.52	人民币叁元伍角贰分	人民币叁元伍角贰分整或人民币叁元伍角贰分正

（4）阿拉伯金额数字中间有“0”时，汉字大写金额要写“零”字；阿拉伯数字金额中间连续有几个“0”时，汉字大写金额中可以只写一个“零”字；阿拉伯金额数字元位是“0”，或者数字中间连续有几个“0”、元位也是“0”但角位不是“0”时，汉字大写金额可以只写一个“零”字，也可以不写“零”字（见图表1－27）。

图表1－27

书写要求	正确书写	错误书写
金额数字中间有“0”时，要写“零”字，如¥305.10	人民币叁佰零伍元壹角整	人民币叁佰伍元壹角整
金额数字中间连续有几个“0”时，只写一个“零”字，如¥3005.10	人民币叁仟零伍元壹角整	人民币叁仟伍元壹角整
金额数字元位是“0”，但角位不是“0”时，汉字大写金额写或不写“零”字均可，如¥50.10	人民币伍拾元壹角整	
金额数字中间连续有几个“0”、元位也是“0”，但角位不是“0”时，汉字大写金额写不写“零”字均可，如¥2300.10	人民币贰仟叁佰元壹角整	

判断正误：

① 人民币　叁拾元整

② 人民币叁拾元

③ 人民币六拾元正

④ 人民币贰仟叁佰元零伍角正

⑤ 人民币贰仟叁佰元零伍角

只有④是正确的，其余都是错误的。想一想，为什么呢？

【基本技能】

（1）填空式大写金额数字书写方法。在原始凭证大写金额栏内预印固定的金额单位，并事先设计好空格，将金额数字填入相应的空格即可。格式如图表1－28所示。

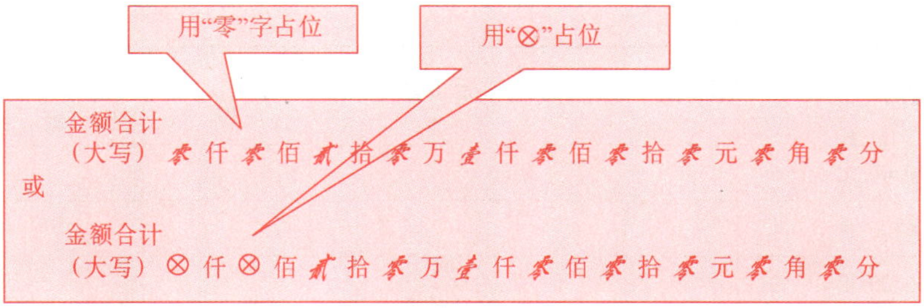

图表 1－28　填空式大写金额数字书写法格式

书写完毕，如果大写金额数字前留有空格用“零”字或“⊗”占位，以防止篡改数字。

（2）非填空式大写金额数字书写法。在原始凭证大写金额栏内不事先预印固定的金额单位，将金额数字直接填入即可。非填空式大写金额数字书写法如图表 1－29 所示。

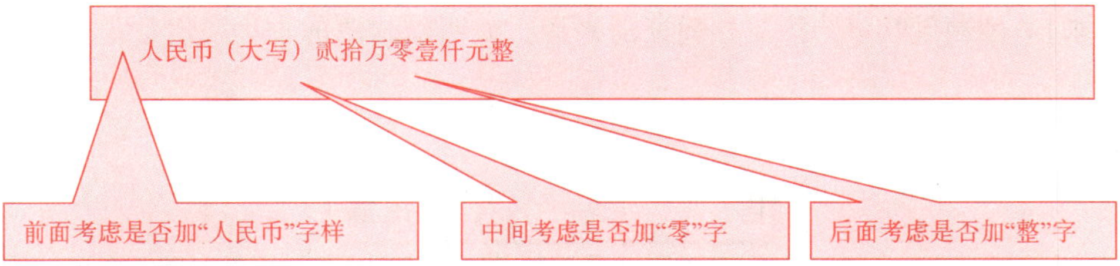

图表 1－29　非填空式大写金额数字书写法格式

实训基地七

金额¥560364.00，要求：按填空式和非填空式大写金额数字书写法填列图表 1－30（填空式用两种填列方法）。

图表 1－30

序号	方法	金额　¥560364．00
1	填空式	金额合计 （大写）　仟　佰　拾　万　仟　佰　拾　元　角　分
2	填空式	金额合计 （大写）　仟　佰　拾　万　仟　佰　拾　元　角　分
3	非填空式	人民币 （大写）

实训基地八

练习图表 1－31 中小写金额数字的书写。

图表 1－31

<table>
<tr><th rowspan="2">金额数字</th><th rowspan="2">没有数字分割线的写法</th><th colspan="10">有数字分割线的写法</th></tr>
<tr><th>千</th><th>百</th><th>十</th><th>万</th><th>千</th><th>百</th><th>十</th><th>元</th><th>角</th><th>分</th></tr>
<tr><td>19840.00 元</td><td></td><td></td><td></td><td></td><td></td><td></td><td></td><td></td><td></td><td></td><td></td></tr>
<tr><td>800000.00 元</td><td></td><td></td><td></td><td></td><td></td><td></td><td></td><td></td><td></td><td></td><td></td></tr>
<tr><td>7789456.00 元</td><td></td><td></td><td></td><td></td><td></td><td></td><td></td><td></td><td></td><td></td><td></td></tr>
</table>

实训基地九

2023 年 4 月 11 日，苍云公司的办公室人员李卓准备到上海学习，为期 8 天，预借差旅费 2000 元，用现金支付。单位负责人王红，办公室主任江为，财务负责人田壮飞。

【要求】 填制借款单，按原始凭证的来源，说明借款单的种类。借款单如图表 1－32 所示。

图表 1－32

借　　款　　单（记账）

年　月　日　　　　　　顺序第　　　号

<table>
<tr><td rowspan="2">借款单位</td><td rowspan="2">*</td><td rowspan="2">姓名</td><td rowspan="2">*</td><td rowspan="2">级别</td><td rowspan="2">*</td><td>出差地点</td><td>*</td></tr>
<tr><td>天　　数</td><td>*</td></tr>
<tr><td>事由</td><td colspan="2"></td><td>借款金额（大写）</td><td colspan="4">* ¥</td></tr>
<tr><td>部门负责人</td><td colspan="2"></td><td>借款人签章</td><td colspan="2"></td><td>注意事项</td><td>一、有*者由借款人填写
二、凡借用公款必须使用本单
三、第三联为正式借据，由借款人和单位负责人签章
四、出差返回后三天内结算</td></tr>
<tr><td>单位负责人</td><td colspan="2"></td><td>审核意见</td><td colspan="4"></td></tr>
</table>

第三联　借款记账凭证

实训基地十

2023 年 4 月 9 日，云彤公司将 300 元现金存入银行，现金来源为销售款。人民币面值 100 元，3 张。

企业开户银行：建设银行站前支行。

账号：56987－2。

【要求】 填制现金缴款单，按原始凭证的来源，说明现金缴款单的种类。现金缴款单如图表 1－33 所示。

图表 1－33

ICBC 中国工商银行　　　　现金存款凭条

日期：　　年　月　日

存款人	全称													
	账号		款项来源											
	开户行		交款人											
金额（大写）			金额（小写）	亿	千	百	十	万	千	百	十	元	角	分

票面	张数	十	万	千	百	十	元	票面	张数	千	百	十	元	角	分	备注
壹佰元								伍角								
伍拾元								贰角								
贰拾元								壹角								
拾元								伍分								
伍元								贰分								
贰元								壹分								
壹元								其他								

第二联　客户核对联

原始凭证认知——现金缴款单

现金缴款单是指企业将收到的现金存入银行时填制的原始凭证，由存款单位或个人填列。

基本联次一式二联，第一联为银行核对联，银行留存；第二联为客户核对联，银行盖章后退回，企业作记账用原始凭证。根据结算需要，银行也可不盖章，另外打印现金存款凭证附作企业记账用原始凭证（本教材银行打印的现金存款凭证略，后面章节与此相同）。

现金缴款单是一次原始凭证，也是自制原始凭证。

五、审核原始凭证

企业填制或取得的原始凭证，需要如实反映经济业务的发生和完成情况，这就要求有关会计人员对原始凭证的真实性、合法性、完整性和正确性进行审核。

【情境展示 1－17】

鸿运食品有限公司从锦宁市面粉有限公司购入面粉，取得购货发票一张，原始凭证审核的基本内容如图表 1－34 所示。

实训基地十一

2023 年 4 月 13 日，鸿运食品有限公司供销科采购员张和出差预借差旅费 1000 元，借款单如图表 1－35 所示。

【要求】 指出存在的问题，并提出处理意见。

图表 1－34　　　　原始凭证审核的基本内容示意图

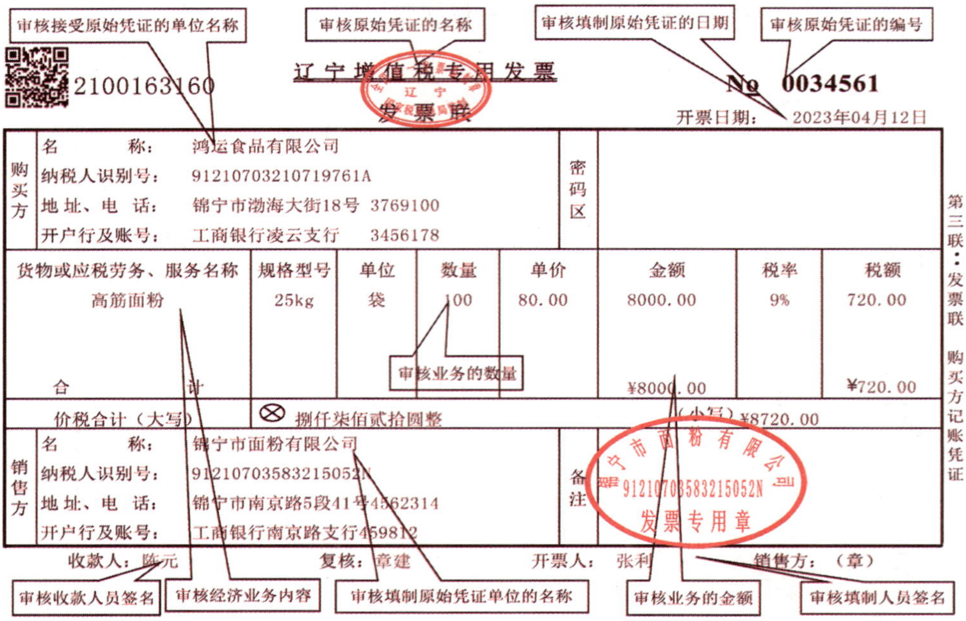

图表 1－35

借　　款　　单（记账）

2023年 4 月 13日　　　　顺序第 18 号

借款单位	*供销科	姓名	*张和	级别	*	出差地点	*沈阳
						天　　数	*5
事由	开会	借款金额（大写）	*壹仟元整				¥1000.00
部门负责人	同意 李勋	借款人签章	张和		注意事项	一、有＊者由借款人填写 二、凡借用公款必须使用本单 三、第三联为正式借据，由借款人和单位负责人签章 四、出差返回后三天内结算	
单位负责人	同意 张峰	审核意见	同意 吴大伟				

第三联　借款记账凭证

能力内容三　会计要素

实际工作中，会计主体发生的经济业务，都要填制或取得原始凭证，这些原始凭证从各个方面反映了会计核算和监督的内容，即会计对象。

【情境展示1－18】

鸿运食品有限公司发生如下经济业务：

业务1，收到投资款200万元，原始凭证为收据；

业务2，购买材料——面粉5000元，原始凭证为购货发票；

业务3，从银行借款22000元，原始凭证为银行借款凭证；

业务4，销售产品收入20000万元，原始凭证为销售发票；

业务5，支付广告费1000元，原始凭证为广告费发票；

……

【情境展示1－18】表明，在实际工作中，企业发生的每一项经济业务，都在相应的载体——原始凭证中反映出来，这些会计核算、监督的内容，形式多种多样，内容庞杂。因此，就需要将核算的具体内容按管理的要求进行分类，以便更加清晰、完整地反映会计主体的生产经营过程和结果。企业的经济业务虽然各不相同，但都是由一些基本的要素构成的，在会计上我们称这些基本的要素为会计要素。**会计要素是对会计对象进行的基本分类，是会计核算对象的具体化，是设置账户和编制会计报表的基本依据。**

《企业会计准则》规定会计要素包括六方面：**资产、负债、所有者权益、收入、费用和利润**。

一、资产

（一）资产的概念

【情境展示1－19】

鸿运食品有限公司购买的厂房、饼干机、货运汽车、面粉，以及持有的现金，都属于企业的资产，如图表1－36所示。

图表1－36 企业资产示意图

资产是指过去的交易或者事项形成的、由企业拥有或者控制的、预期会给企业带来经济利益的资源。

【情境展示 1 – 20】

鸿运食品有限公司的原始凭证如图表 1 – 37 所示。

图表 1 – 37

收 款 收 据

NO:0355351

收款日期 2023 年 4 月 15 日

付款单位（交款人）	张林	收款单位（收款人）	鸿运食品有限公司	收款项目	罚款
人民币（大写）	叁佰元整		千百十万千百十元角分：¥30000		结算方式：现金
收款事由	罚款收入		经办 部门： 人员：		
上述款项照数收讫无误，收款单位财务专用章：（领款人签章） 鸿运食品有限公司 财务专用章			会计主管：关大伟	稽核：王平 出纳：田力	交款人：张林

第二联 收款单位记账凭据

审核原始凭证：

（1）会计主体：鸿运食品有限公司。

（2）企业财务科出纳员田力开出收据，收据一式三联，企业以第二联作记账用原始凭证，第一联留存，第三联交给张林。

（3）图 1 – 37 的收据表明，鸿运食品有限公司 2023 年 4 月 15 日，收到职工张林交来的现金 300 元，系该职工的罚款。

企业收到的罚款现金属于资产，在会计上称为“库存现金”。

库存现金是指存放在企业保险柜由出纳人员保管的现钞，包括人民币和外币。

经济业务分析：

企业收到现金，库存现金增加 300 元，同时收到的罚款增加 300 元。

【情境展示 1 – 21】

原始凭证如图表 1 – 38 所示。

企业开户银行：工商银行凌云支行。

账号：3456178。

图表 1－38

ICBC 中国工商银行　　现金存款凭条

日期：2023 年 4 月 15 日

存款人 全称	鸿运食品有限公司		
存款人 账号	3456178	款项来源	罚款
存款人 开户行	工商银行凌云支行	交款人	田力

金额（大写）	叁佰元整	金额（小写）	亿	千	百	十	万	千	百	十	元	角	分
								¥	3	0	0	0	0

票面	张数	十	万	千	百	十	元	票面	张数	千	百	十	元	角	分	备注
壹佰元	3				3	0	0	伍角								
伍拾元								贰角								
贰拾元								壹角								
拾元								伍分								
伍元								贰分								
贰元								壹分								
壹元								其他								

第二联 客户核对联

审核原始凭证：

（1）会计主体：鸿运食品有限公司。

（2）企业出纳员田力填制现金缴款单一式三联，第一联银行盖章后退回，企业作为原始凭证。

（3）图 1－38 的现金缴款单表明，企业将当天收到的现金 300 元送存银行。

企业存入银行的货币也为企业所有，在会计上称为“银行存款”。

银行存款是指企业存入银行或其他金融机构的各种款项。

经济业务分析：

该笔经济业务发生后，企业保险柜里的现金减少了，即库存现金减少 300 元，而企业存放在银行的存款增加 300 元。该笔经济业务引起会计要素增减变化情况如图表 1－39 所示。

图表 1－39

会计要素	项目	增减	金额（元）
资产	库存现金	减少	300
资产	银行存款	增加	300

实训基地十二

远大公司的现金缴款单如图表 1－40 所示。

图表 1－40

ICBC 中国工商银行　　现金存款凭条

日期：2023 年 4 月 9 日

存款人	全　称	远大公司														
	账　号	23456178							款项来源	销售款						
	开户行	工商银行凌云支行							交款人	刘芳						
金额（大写）	贰佰元整								金额（小写）	亿	千	百	十	万	千	百	十	元	角	分
															¥	2	0	0	0	0

票面	张数	十	万	千	百	十	元	票面	张数	千	百	十	元	角	分	备注
壹佰元	2				2	0	0	伍角								
伍拾元								贰角								
贰拾元								壹角								
拾元								伍分								
伍元								贰分								
贰元								壹分								
壹元								其他								

第二联 客户核对联

【要求】

1. 审核原始凭证：________________

________________。

2. 分析该笔经济业务引起会计要素增减变化情况：________________

________________。

【情境展示 1－22】

原始凭证如图表 1－41（用现金支付货款）和图表 1－42 所示。

图表 1－41

2100164512　　辽宁增值税专用发票　　No 0035874

发票联　　开票日期：2023年04月16日

购买方	名　　称：鸿运食品有限公司 纳税人识别号：91210703210719761A 地址、电话：锦宁市渤海大街18号 3769100 开户行及账号：工商银行凌云支行　3456178					密码区		
货物或应税劳务、服务名称	规格型号	单位	数量	单价	金额	税率	税额	
白糖		千克	100	7.00	700.00	13%	91.00	
合　计					¥700.00		¥91.00	
价税合计（大写）	⊗ 柒佰玖拾壹圆整				（小写）¥791.00			
销售方	名　　称：锦宁市糖业有限公司 纳税人识别号：912107034569642358 地址、电话：锦宁市云飞大街25号3857222 开户行及账号：工商银行兴旺支行56877129					备注	锦宁市糖业有限公司 912107034569642358 发票专用章	

收款人：　　复核：陈列　　开票人：张真　　销售方：（章）

第三联 发票联 购买方记账凭证

图表 1－42

材料验收入库单 ② 记账

验收仓库 2#

2023 年 4 月 16日　　　　第　号

供应单位：锦宁市糖业有限公司			合同号			发票号	№0035874	托收支票	
物资名称	材质	规格型号	单位	数量		实际价格			
				应收	实收	单价	金额	运杂费	合计
白糖			千克	100	100	7.00	700.00		700.00
合　计							700.00		700.00

会计　　　　记账　　　　保管员 李林　　　　经办人 李明

审核原始凭证：

（1）会计主体：鸿运食品有限公司。

（2）企业作为购货单位，从对方取得发票联，作为购入材料的原始凭证；从企业内部取得材料入库单，表明购入的材料已验收入库。

（3）图表 1－41 的发票和图表 1－42 的材料验收入库单表明，2023 年 4 月 16 日，企业购入材料并验收入库，金额 700 元，用现金支付。

> **原材料**是指企业为生产产品而库存的各种材料，如原料及主要材料、辅助材料等。

入库的材料属于企业的资产，在会计上称为“原材料”。

经济业务分析：

该笔经济业务发生后，企业存放在仓库准备投入生产用的原材料增加，金额为 700 元，而该批材料是用现金购买的，因此库存现金减少 700 元。该笔经济业务引起会计要素增减变化情况如图表 1－43 所示（不考虑增值税）。

图表 1－43

会计要素	项目	增减	金额（元）
资产	原材料	增加	700
资产	库存现金	减少	700

（二）资产的内容

库存现金、银行存款、原材料等资产，按流动性属于流动资产；流动资产以外的资产属于非流动资产。资产的内容如图表 1－44 所示。

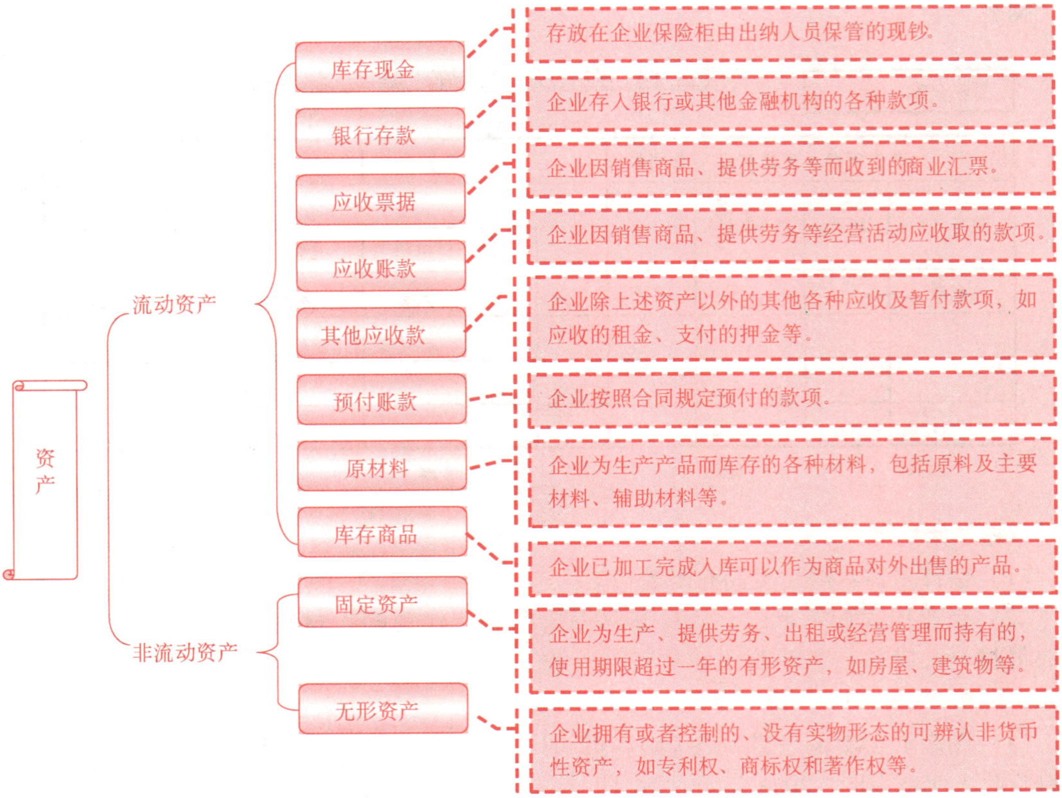

图表 1－44　资产的内容

【情境展示 1－23】

原始凭证如图表 1－45 所示。

图表 1－45

收 款 收 据　　　　NO:0346278

收款日期 2023 年 4 月 16 日

付款单位（交款人）	鸿运食品有限公司	收款单位（收款人）	南云公司	收款项目	收取押金
人民币（大写）	伍佰元整		千 百 十 万 千 百 十 元 角 分 ¥ 5 0 0 0 0		结算方式：现金
收款事由	收取借出包装物押金		经办 部门： 人员：		
上述款项照数收讫无误。收款单位财务专用章：（领款人签章）			会计主管：周红	稽核：伍玮　出纳：郑晓力	交款人：田力

第三联 付款单位记账凭据

（印章：南云公司 财务专用章）

审核原始凭证：

（1）会计主体：鸿运食品有限公司。

（2）企业从南云公司取得收据第三联，作为支付押金的原始凭证。企业用现金支付了借入的包装物押金，待退回借入的包装物时，收回押金。

（3）图表1－45的收据表明，2023年4月16日，企业用现金500元支付借入的包装物押金。

经济业务分析：

该项经济业务使库存现金减少500元，同时使应收回的款项增加，即其他应收款增加500元，该笔经济业务引起会计要素增减变化情况如图表1－46所示。

图表1－46

会计要素	项目	增减	金额（元）
资产	其他应收款	增加	500
资产	库存现金	减少	500

实训基地十三

鸿运食品有限公司2023年4月17日资产状况如图表1－47所示。

【要求】 确定表中资产项目及资产金额。

图表1－47

序号	业务题	资产项目	金额（元）
1	销售产品应收货款100元		
2	应收3000元的商业汇票一张		
3	应收销售A材料款3000元		
4	预付乙公司货款430元		
5	办公室王莉预借差旅费1000元		
6	库存甲产品4500元		
7	生产设备80000元		
8	企业购买的商标权10000元		

二、负债

（一）负债的概念

鸿运食品有限公司在生产经营过程中发生各种业务，如从某公司购买材料，货款尚未支付，构成了对某公司的债务；资金不足时，可以从银行取得借款，构成了对银行的债务；从事经营活动，还需要向税务部门缴纳各种税金，在缴纳之前，构成了对税务部门的债务。

这些债务都是企业必须承担的，将来需要用企业的现金、银行存款或其他财产物资来偿还的，在偿还之前，形成企业的债务，即负债。

负债是指企业过去的交易或者事项形成的、预期会导致经济利益流出企业的现时义务。

【情境展示1－24】

原始凭证如图表1－48和图表1－49所示（根据购货合同约定采用先收料后付款结算方式，暂不付款）。

图表1－48

2100178965　　**辽宁增值税专用发票**　　发票联　　**No 0090896**

开票日期：2023年04月17日

购买方	名　　称：鸿运食品有限公司 纳税人识别号：91210703210719761A 地址、电话：锦宁市渤海大街18号 3769100 开户行及账号：工商银行凌云支行 3456178				密码区		
货物或应税劳务、服务名称	规格型号	单位	数量	单价	金额	税率	税额
高筋面粉	25kg	袋	100	120.00	12000.00	9%	1080.00
合　　计					¥12000.00		¥1080.00
价税合计（大写）	⊗壹万叁仟零捌拾圆整				（小写）¥13080.00		
销售方	名　　称：锦宁市面粉有限公司 纳税人识别号：91210703583215052N 地址、电话：锦宁市南京路5段41号 4562314 开户行及账号：工商银行南京路支行 459812				备注	锦宁市面粉有限公司 91210703583215052N 发票专用章	

第三联 发票联 购买方记账凭证

收款人：　　复核：章建　　开票人：张利　　销售方：（章）

图表1－49

材料验收入库单　②记账

验收仓库　2#

2023年4月17日　　第　　号

供应单位：锦宁市面粉有限公司			合同号			发票号	№0090896	托收支票	
物资名称	材质	规格型号	单位	数量		实际价格			
				应收	实收	单价	金额	运杂费	合计
高筋面粉		25kg	袋	100	100	120.00	12000.00		12000.00
合　计							12000.00		12000.00

会计　　记账　　保管员 李林　　经办人 李明

审核原始凭证：

（1）会计主体：鸿运食品有限公司。

（2）企业为购货单位，从锦宁市面粉有限公司取得发票，作为购入材料的原始凭证；发票上加盖发票专用章，证明业务的合法性；根据购货合同约定，货款尚未支付。企业仓库取得材料入库单，表明购入的材料已验收入库，金额为12000元。

（3）图表1－48的发票和图表1－49的材料验收入库单表明，2023年4月17日，企业购入材料并验收入库，金额12000元，款项尚未支付。

> **应付账款**是企业因购买材料、商品和接受劳务等经营活动应支付的款项。

尚未支付的货款属于企业的负债，在会计上称为“应付账款”。

经济业务分析：

企业购入的材料入库，仓库里的材料增加，即原材料增加12000元；货款尚未支付，即应付账款增加12000元。该笔经济业务引起会计要素增减变化情况如图表1－50所示（不考虑增值税）。

图表1－50

会计要素	项目	增减	金额（元）
资产	原材料	增加	12000
负债	应付账款	增加	12000

（二）负债的内容

负债按偿还期限，分为流动负债和非流动负债。负债的内容如图表1－51所示。

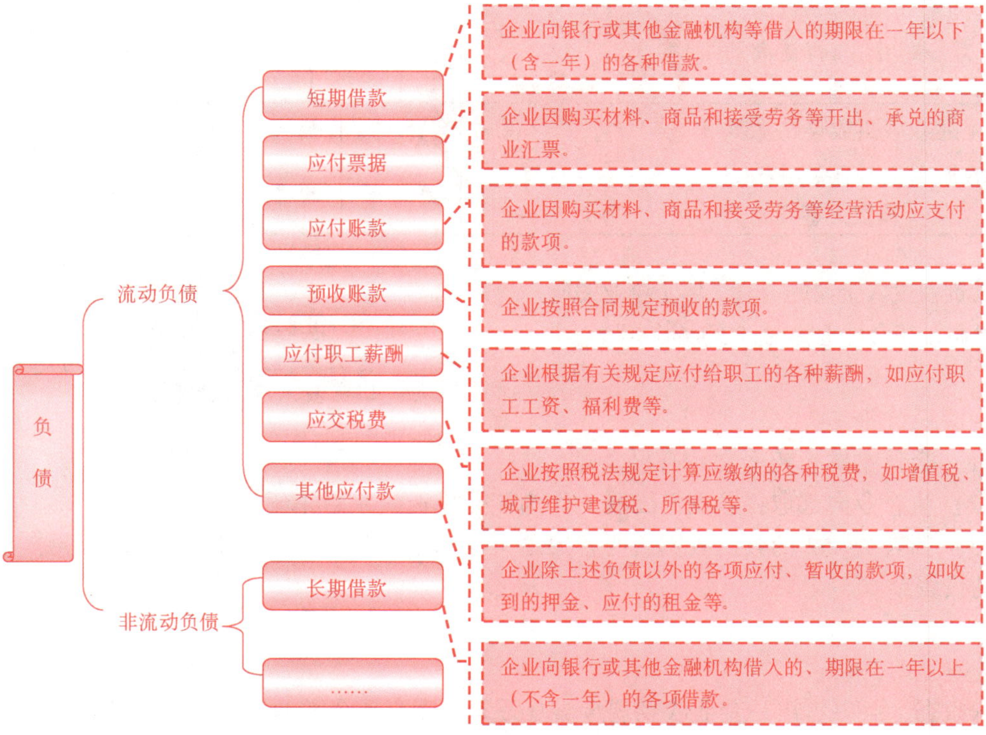

图表1－51　负债的内容

三、所有者权益

（一）所有者权益的概念

鸿运食品有限公司在成立初期，接受张峰投入的现金 200 万元、关大伟投入的价值 300 万元的厂房和设备，作为该公司的启动资金。张峰、关大伟作为企业的投资者，对企业资产拥有要求权，形成企业的所有者权益。

所有者权益是指企业资产扣除负债后由所有者享有的剩余权益。公司的所有者权益，又称“股东权益”。

【情境展示 1－25】

鸿运食品有限公司接受北方公司投入资金 100 万元，收款收据如图表 1－52 所示。

图表 1－52

收 款 收 据　　　　NO:0355351

收款日期 2023 年 4 月 17 日

<table>
<tr><td>付款单位
（交款人）</td><td>北方公司</td><td>收款单位
（收款人）</td><td colspan="8">鸿运食品有限公司</td><td colspan="2">收款
项目</td><td>投资款</td><td rowspan="4">第二联
收款单位记账凭据</td></tr>
<tr><td rowspan="2">人民币
（大写）</td><td rowspan="2" colspan="2">壹佰万元整</td><td>千</td><td>百</td><td>十</td><td>万</td><td>千</td><td>百</td><td>十</td><td>元</td><td>角</td><td>分</td><td>结算方式</td></tr>
<tr><td>¥</td><td>1</td><td>0</td><td>0</td><td>0</td><td>0</td><td>0</td><td>0</td><td>0</td><td>0</td><td>现金</td></tr>
<tr><td rowspan="2">收款事由</td><td rowspan="2" colspan="2">投资款</td><td rowspan="2">经办</td><td colspan="2">部门</td><td colspan="7"></td></tr>
<tr><td colspan="2">人员</td><td colspan="7"></td></tr>
<tr><td colspan="3" rowspan="2">上述款项照数收讫无误。
收款单位财务专用章：
（领款人签章）</td><td colspan="3">会计主管</td><td colspan="3">稽核</td><td colspan="3">出纳</td><td>交款人</td></tr>
<tr><td colspan="3">关大伟</td><td colspan="3">王平</td><td colspan="3">田力</td><td>李亮</td></tr>
</table>

鸿运食品有限公司 财务专用章

投资者投入企业的资金，属于企业的所有者权益，在会计上称为“实收资本”。

实收资本是指投资者按照企业章程或合同、协议的约定，实际投入企业的资本。

审核原始凭证：

（1）会计主体：鸿运食品有限公司。

（2）从企业内部取得收据第二联，作为接受投资的原始凭证。

（3）图表 1－52 的收款收据表明，2023 年 4 月 17 日，企业收到现金 100 万元，系北方公司的投资款。

经济业务分析：

从收据上可以看出，企业收到现金 100 万元，库存现金增加，该笔资金是北方公司的投资款，企业接受投资，属于实收资本增加。该笔经济业务引起会计要素增减变化情况如图表

1－53 所示。

图表 1－53

会计要素	项目	增减	金额（元）
资产	库存现金	增加	1000000
所有者权益	实收资本	增加	1000000

【情境展示 1－26】

鸿运食品有限公司一个经营期间结束，计算出企业的利润为 50 万元。按照规定，将利润按一定顺序进行分配，首先提取 5 万元，留待以后使用，这部分称为“盈余公积”；其余部分 45 万元，待以后进行分配，称为“未分配利润”。

盈余公积是指企业按照规定从净利润中提取的各种公积金，包括法定盈余公积和任意盈余公积。

未分配利润是指企业以净利润弥补亏损、提取盈余公积、向投资者分配利润后留存在企业中未进行分配的利润。

盈余公积和未分配利润统称为“留存收益”。

【情境展示 1－27】

鸿运食品有限公司经营一段时间后，王宏加盟，投入企业 650 万元，其中 600 万元作为王宏的投入资金，即实收资本，50 万元与前期的投资者共享。

投资者王宏多投入的 50 万元，属于企业的所有者权益，在会计上称为“资本公积”，是指企业收到投资者出资额超出其在注册资本或股本中所占份额的部分。

资本公积、盈余公积主要用于转增资本。

（二）所有者权益的内容

所有者权益包括实收资本、资本公积、盈余公积和未分配利润等。所有者权益的内容如图表 1－54 所示。

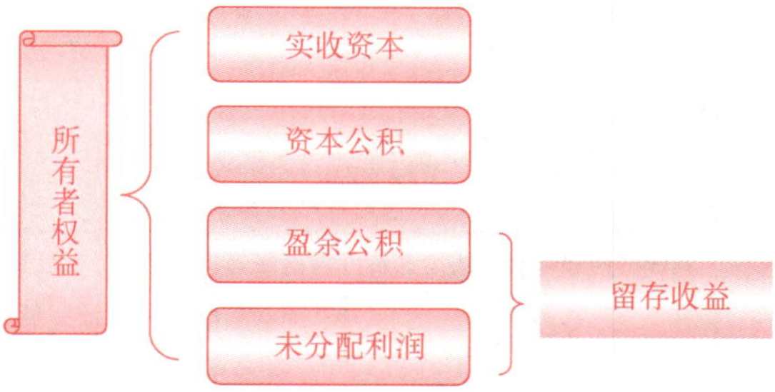

图表 1－54 所有者权益的内容

四、收入

（一）收入的概念

【情境展示 1－28】

鸿运食品有限公司某日发生以下两笔业务：

1. 销售产品——钙奶饼干 100 箱，规格 5 千克，单价 80 元。
2. 销售多余材料——高筋面粉 5 袋，规格 25 千克，单价 80 元。

计算当天的营业额。

销售产品的营业额＝产品销售数量×销售单价＝100×80＝8000（元）

销售材料的营业额＝材料销售数量×销售单价＝5×80＝400（元）

销售产品与销售材料的营业额，体现为经济利益流入企业，属于企业的收入。**收入是指企业日常活动中形成的、会导致所有者权益增加的、与所有者投入资本无关的经济利益的总流入。**

收入计算公式：

销售产品收入＝产品销售数量×销售单价

销售材料收入＝材料销售数量×销售单价

实训基地十四

圣宝公司发生下列销售业务，请计算其销售收入。

1. 销售A产品，数量500吨，单价100元。
2. 销售甲材料100千克，单价15元。

【情境展示1－29】

鸿运食品有限公司的原始凭证如图表1－55所示（销货合同约定采用先发货后收款结算方式，暂不收款）。

图表1－55

2100169954　　**辽宁增值税专用发票**　　No 0037410

此联不作报销、扣税凭证使用　　开票日期：2023年04月19日

购买方	名　　称：锦宁市远大超市 纳税人识别号：912107032107458717 地址、电话：锦宁市渤海大街56号 3767452 开户行及账号：工商银行凌云支行 3451125				密码区		
货物或应税劳务、服务名称	规格型号	单位	数量	单价	金额	税率	税额
钙奶饼干	10kg	箱	100	80.00	8000.00	13%	1040.00
合　计					¥8000.00		¥1040.00
价税合计（大写）	⊗玖仟零肆拾圆整				（小写）¥9040.00		
销售方	名　　称：鸿运食品有限公司 纳税人识别号：91210703210719761A 地址、电话：锦宁市渤海大街18号 3769100 开户行及账号：工商银行凌云支行 3456178				备注	鸿运食品有限公司 91210703210719761A 发票专用章	

收款人：　　复核：　　开票人：周军　　销售方：（章）

第一联：记账联　销售方记账凭证

审核原始凭证：

（1）会计主体：鸿运食品有限公司。

（2）企业作为销售单位，开出销售发票，发票的记账联作为销售的原始凭证，发票上加盖发票专用章，证明业务的合法性；根据销货合同的约定，货款尚未收到。

（3）图表1－55中的销售发票表明，

主营业务收入是指企业确认的销售产品、提供劳务等主营业务的收入。如销售产品收入等。

2023年4月19日，企业销售产品钙奶饼干100箱，单价80元，收入8000元，款项尚未收到。

钙奶饼干是企业的产品，销售产品是企业的主营业务，取得的收入在会计上称为“主营业务收入”。

经济业务分析：

企业销售产品，开具销售发票，发票上产品销售收入为8000元（销售数量×销售单价=100×80=8000），即主营业务收入增加8000元；同时销售款尚未收到，企业应收账款增加8000元。该笔经济业务引起会计要素增减变化情况如图表1－56所示（不考虑增值税）。

图表1－56

会计要素	项目	增减	金额（元）
资产	应收账款	增加	8000
收入	主营业务收入	增加	8000

【情境展示1－30】

鸿运食品有限公司的原始凭证如图表1－57所示（该笔业务收到现金）。

图表1－57

2100169954　　辽宁增值税专用发票　　No 0037481

此联不作报销、扣税凭证使用　　开票日期：2023年04月20日

购买方	名称：锦宁市远大超市 纳税人识别号：912107032107458711 地址、电话：锦宁市渤海大街56号 3767452 开户行及账号：工商银行凌云支行 3451125				密码区		
货物或应税劳务、服务名称	规格型号	单位	数量	单价	金额	税率	税额
高筋面粉	25kg	袋	12	80.00	960.00	9%	86.40
合计					¥960.00		¥86.40
价税合计（大写）	⊗壹仟零肆拾陆圆肆角整				（小写）¥1046.40		
销售方	名称：鸿运食品有限公司 纳税人识别号：91210703210719761A 地址、电话：锦宁市渤海大街18号 3769100 开户行及账号：工商银行凌云支行 3456178				备注	鸿运食品有限公司 912107032107197 61A 发票专用章	

第一联：记账联 销售方记账凭证

收款人：　　复核：　　开票人：周军　　销售方：（章）

审核原始凭证：

（1）会计主体：鸿运食品有限公司。

（2）企业作为销售单位，开出销售发票，发票的记账联作为销售的原始凭证。

（3）图表 1－57 的销售发票表明，2023 年 4 月 20 日，企业向锦宁市远大超市销售高筋面粉 12 袋，规格 25kg，单价 80 元，金额 960 元，收到现金。

高筋面粉是企业的材料，而销售材料不是企业的主营业务，取得的收入在会计上称为“其他业务收入”。

其他业务收入是指企业主营业务收入以外的其他经营活动实现的收入。如销售材料收入、出租包装物租金收入等。

经济业务分析：

企业销售材料，开具销售发票，发票上材料销售收入为 960 元（销售数量 × 销售单价 = 12 × 80 = 960），即其他业务收入增加 960 元；同时收到现金，库存现金增加 960 元。该笔经济业务引起会计要素增减变化情况如图表 1－58 所示（不考虑增值税）。

图表 1－58

会计要素	项目	增减	金额（元）
资产	库存现金	增加	960
收入	其他业务收入	增加	960

（二）收入的内容

企业的收入，按生产经营业务的主次，可以分为主营业务收入和其他业务收入；按性质分为销售产品收入、提供劳务收入和让渡资产使用权收入。收入的内容如图表 1－59 所示。

图表 1－59　收入的内容

五、费用

（一）费用的概念

【情境展示 1－31】

鸿运食品有限公司进行日常生产经营活动，必然发生一些消耗，如生产产品——饼干时，要耗用材料——面粉、鸡蛋等，构成材料费；公司职工为企业的生产经营付出劳动，要支付职工劳动报酬，构成人工费；公司经营管理部门耗用的水、电，联系业务时使用电话，构成水电费、电话费。上述这些企业在生产经营过程中的各种耗费，形成了企业的费用，如图表 1－60 所示。

生产产品的材料费　　经营用的水电费　　联系业务支付的电话费

图表 1－60　企业费用示意图

费用是指企业在日常活动中发生的、会导致所有者权益减少的、与向投资者分配利润无关的经济利益的总流出。

【情境展示 1－32】

鸿运食品有限公司的原始凭证如图表 1－61 所示（李光是该办公室工作人员）。

图表 1－61

辽宁增值税电子普通发票

发票代码：021002344422
发票号码：00124088
开票日期：2023年04月30日
校 验 码：12563 26044 57874 564135

机器编号：549553554595

购买方	名称：李光 纳税人识别号： 地址、电话： 开户行及账号：				密码区	（略）	
货物或应税劳务、服务名称	规格型号	单位	数量	单价	金额	税率	税额
*电信服务*通信服务费			1	350.48	350.48	*	*
合计					¥350.48		*
价税合计（大写）	⊗叁佰伍拾圆肆角捌分				（小写）¥350.48		
销售方	名称：中国移动通信集团辽宁有限公司锦宁分公司 纳税人识别号：912107009421804550 地址、电话：锦宁市士英南街6号 0416-3904545 开户行及账号：招商银行北京分行营业部 545115498454151				备注	话费期间：4月1日至4月30日	

收款人：常春玲　　复核：李航　　开票人：常春玲　　销售方：（章）

审核原始凭证：

（1）会计主体：鸿运食品有限公司。

（2）企业从移动通信公司取得电话费发票，话费期间是 4 月 1 日至 4 月 30 日。

> **管理费用**是指企业为组织和管理企业生产经营所发生的费用，如企业的办公费、水电费、电话费、差旅费、业务招待费、修理费等。

（3）图表 1－61 的发票表明，2023 年 4 月 30 日，企业为李光报销电话费 350.48 元。企业支付行政管理部门的电话费，在会计上被称为“管理费用”。

经济业务分析：

办公室属于企业行政管理部门，发生的电话费 350.48 元，增加管理费用；同时，用现金支付，导致库存现金减少。该笔经济业务引起会计要素增减变化情况如图表 1－62 所示。

图表 1－62

会计要素	项目	增减	金额（元）
费用	管理费用	增加	350.48
资产	库存现金	减少	350.48

（二）费用的内容

费用按照功能分类，分为计入产品成本的费用、管理费用、销售费用和财务费用等。费用的内容如图表 1－63 所示。

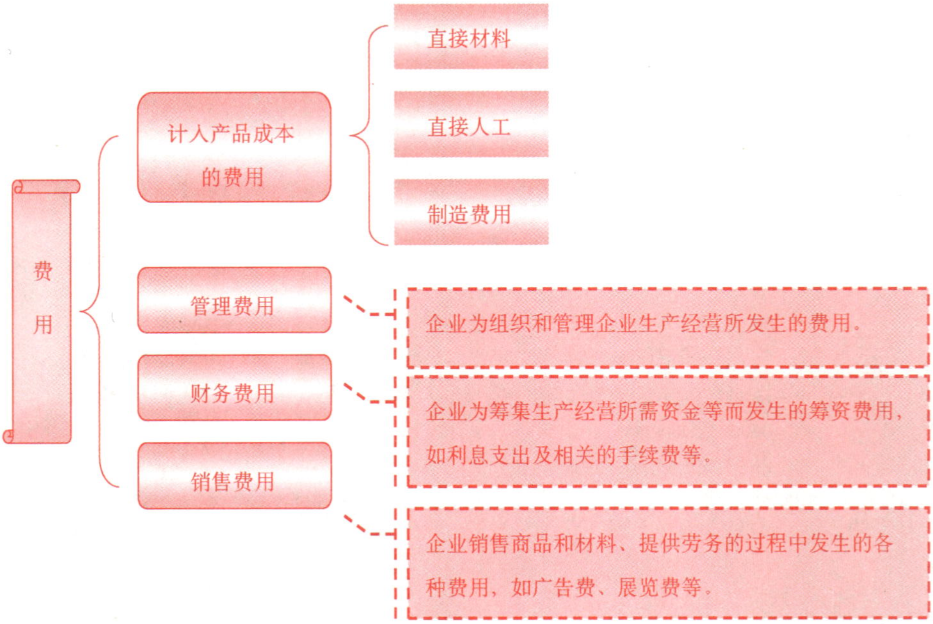

图表 1－63　费用的内容

六、利润

（一）利润的概念

企业一定时期内发生的收入扣除各项费用后，即形成利润，收入、费用和利润之间的等式关系为动态会计等式：

收入－费用＝利润

收入扣除费用后如果是正数，则表示企业盈利；是负数，表示企业亏损。

利润是指企业在一定会计期间的经营成果，包括收入减去费用后的净额、直接计入当期利润的利得和损失等。其中，收入减去费用的净额反映的是企业日常活动的经营业绩；直接计入当期利润的利得和损失反映的是企业非日常活动的业绩。利得和损失具体表现为营业外收入和营业外支出等。

【情境展示 1－33】

鸿运食品有限公司的原始凭证如图表 1－64 所示。

图表 1－64

收 款 收 据　　　　NO:00245258

收款日期 2023年 4月30日

<table>
<tr><td>付款单位（交款人）</td><td>马琳</td><td>收款单位（收款人）</td><td colspan="8">鸿运食品有限公司</td><td colspan="2">收款项目</td><td>罚款收入</td></tr>
<tr><td rowspan="2">人民币（大写）</td><td colspan="2" rowspan="2">叁佰元整</td><td>千</td><td>百</td><td>十</td><td>万</td><td>千</td><td>百</td><td>十</td><td>元</td><td>角</td><td>分</td><td>结算方式</td></tr>
<tr><td></td><td></td><td></td><td></td><td>¥</td><td>3</td><td>0</td><td>0</td><td>0</td><td>0</td><td>现金</td></tr>
<tr><td rowspan="2">收款事由</td><td colspan="2" rowspan="2">职工马琳罚款收入</td><td rowspan="2">经办</td><td colspan="3">部门</td><td colspan="7"></td></tr>
<tr><td colspan="3">人员</td><td colspan="7"></td></tr>
<tr><td colspan="3" rowspan="2">上述款项照数收讫无误。
收款单位财务专用章：
（领款人签章）</td><td colspan="3">会计主管</td><td colspan="3">稽核</td><td colspan="4">出纳</td><td>交款人</td></tr>
<tr><td colspan="3">关大伟</td><td colspan="3">王平</td><td colspan="4">田力</td><td>马琳</td></tr>
</table>

第二联 收款单位记账凭据

（印章：鸿运食品有限公司 财务专用章）

审核原始凭证：

（1）会计主体：鸿运食品有限公司。

（2）出纳员田力开具收据一式三联，第二联作为记账用原始凭证。

（3）图表 1－64 的收据表明，2023 年 4 月 30 日，企业收到现金 300 元，系职工马琳违章罚款收入。

> **营业外收入**是指企业非日常活动形成的、与企业的生产经营无直接关系的收入，如捐赠利得、盘盈利得和罚款收入等。

企业的罚款收入，是利润的构成项目，在会计上称为“营业外收入”。

经济业务分析：

企业开具收据，收到现金 300 元，库存现金增加 300 元，而增加的现金来源于罚款收入，因此营业外收入增加 300 元。

该笔经济业务引起会计要素增减变化情况如图表 1－65 所示。

图表 1－65

会计要素	项目	增减	金额（元）
利润	营业外收入	增加	300
资产	库存现金	增加	300

【情境展示 1－34】

鸿运食品有限公司的原始凭证如图表 1－66 所示。

图表 1－66

收 款 收 据

NO:0458463

收款日期 2023年 4月30日

付款单位（交款人）	鸿运食品有限公司	收款单位（收款人）	锦宁市卫生局	收款项目	罚款收入
人民币（大写）	伍佰元整		千百十万千百十元角分：¥50000		结算方式：现金
收款事由	违反卫生管理条例罚款		经办	部门	
				人员	
上述款项照数收讫无误。收款单位财务专用章：（领款人签章）	锦宁市卫生局 财务专用章	会计主管：关胜	稽核：孙辉	出纳：张晓艳	交款人：田力

第三联 付款单位记账凭据

审核原始凭证：

（1）会计主体：鸿运食品有限公司。

（2）企业从锦宁市卫生局取得收款收据第三联，作为付款的原始凭证。

（3）图表 1－66 的收据表明，2023 年 4 月 30 日，企业支付现金 500 元，系违反卫生管理条例的罚款支出。

营业外支出是指由企业非日常活动形成的、与企业的生产经营无直接关系的支出，如捐赠支出、盘亏损失和罚款支出等。

企业的罚款支出，是利润的构成项目，在会计上称为“营业外支出”。

经济业务分析：

企业以现金支付罚款，库存现金减少 500 元，罚款支出是营业外支出，增加 500 元。该笔经济业务引起会计要素增减变化情况如图表 1－67 所示。

图表 1－67

会计要素	项目	增减	金额（元）
利润	营业外支出	增加	500
资产	库存现金	减少	500

想一想：

所有收据都是收款的原始凭证吗？为什么？

所有发票都是销售商品的原始凭证吗？为什么？

（二）利润的内容

利润的构成包括营业利润和利润总额等。用公式表示如下：

营业利润＝营业收入－营业成本－税金及附加－销售费用－管理费用－财务费用－资产减值损失＋投资收益

利润总额＝营业利润＋营业外收入－营业外支出

能力内容四　会计要素的相互关系

我们已经知道对企业的会计对象进行基本分类后形成资产、负债、所有者权益、收入、费用和利润六大会计要素，并已经掌握了每个会计要素所包含的具体内容。那么，企业的六大会计要素之间存在怎样的关系呢？

一、会计等式

（一）会计基本等式

【情境展示 1－35】

开业初期张峰等出资 500 万元创立鸿运食品有限公司，公司的资产为 500 万元。

张峰等投入企业 500 万元，形成企业的资产，与此同时，投资者对企业资产可以提出种种要求权，会计上将这种**对企业资产的要求权称为"权益"**。张峰等作为所有者，对企业资产拥有 500 万元的所有权，即所有者权益为 500 万元，用公式表示为：

资产 500 万元＝权益 500 万元

【情境展示 1－36】

经过一段时间生产后，企业准备扩大生产规模，因资金不足，向银行借款 20 万元，存入银行。

将这笔借款存入银行，企业资产增加 20 万元。从企业的立场来看，负债增加 20 万元，从银行的立场来看，银行作为债权人，对企业的资产拥有 20 万元的要求权，即债权人权益为 20 万元。用公式表示为：

资产 20 万元＝权益 20 万元（债权人权益或负债）

从以上两个公式得出，企业资产总额 520 万元，来源由两部分构成，一部分是所有者权益 500 万元，另一部分是债权人权益即负债 20 万元，用公式表示为：

资产 520 万元＝负债 20 万元＋所有者权益 500 万元

资产＝负债＋所有者权益，称为**会计基本等式**，又称会计恒等式、会计平衡公式，反映了企业在某一时点的静态的等式关系。资产、负债与所有者权益三大会计要素，反映企业某一特定日期的财务状况，是企业编制资产负债表的基础。

（二）会计基本等式的扩展

企业经营的最终目标是取得收入，实现盈利。企业在取得收入的同时，也必然会发生各种费用，如材料费、人工费等。一般将收入与费用相抵后，就能确定企业一定时期的经营成果，即实现利润或发生亏损，实现利润为正数，发生亏损为负数。用公式表示为：

收入－费用＝利润

这一会计等式关系，是企业资金运动的动态表现，可以反映企业一定时期内的经营成果，收入、费用与利润三大会计要素，是编制利润表的基础。

【情境展示 1－37】

企业进行日常的生产经营活动，某月销售产品，收到货款 3 万元存入银行，同时发生费用 1 万元，用银行存款支付。

销售产品，收入增加 3 万元，同时收到款项，资产也增加 3 万元。对会计等式的影响用公式表示为：

资产	=	负债	+ 所有者权益 +	收入
（520＋3＝523 万元）		（20 万元）	（500 万元）	（3 万元）

若用银行存款支付费用 1 万元，费用增加 1 万元，资产减少 1 万元。对会计等式的影响用公式表示为：

资产	+ 费用	=	负债	+ 所有者权益 +	收入
（523－1＝522 万元）	（1 万元）		（20 万元）	（500 万元）	（3 万元）

将上式费用移项，得出公式如下：

资产	=	负债	+ 所有者权益 +	（收入－费用）
（522 万元）		（20 万元）	（500 万元）	（3－1＝2 万元）

可见，在企业生产经营过程中，发生的收入使资产增加（或负债减少），费用使资产减少（或负债增加）。

企业将收入与费用比较，计算出利润 2 万元，会计等式就转化为：

资产 = 负债 + 所有者权益 + 利润

投资者作为企业的所有者，企业实现的利润应该属于企业的所有者，增加所有者权益，同时利润也使资产增加；相反，发生亏损，减少所有者权益，也使资产减少。会计等式又转化为基本会计等式：

资产 = 负债 + 所有者权益

强调：

1. 在会计期间，会计等式就转化为下列形式：

   资产 = 负债 + 所有者权益 +（收入 − 费用）

2. 到会计期末，企业将收入与费用比较，计算出利润，会计等式就转化为：

   资产 = 负债 + 所有者权益 + 利润

3. 经过利润分配后，会计等式又转化为基本会计等式：

   资产 = 负债 + 所有者权益

实训基地十五

某公司某年 6 月 5 日企业会计要素的有关资料如图表 1－68 所示。

图表 1－68

序号	经济业务	金额（元）
1	车间使用的机器设备	50000
2	生产用的原材料	2000
3	尚未缴纳的税款	10000
4	应收胜利工厂货款	4600
5	存在银行的款项	100000
6	向银行借入二年期的借款	8700

【要求】

1. 计算 6 月 5 日企业的资产总额。
2. 计算 6 月 5 日企业的负债总额。
3. 计算 6 月 5 日企业的所有者权益总额。

二、经济业务变化对会计平衡公式的影响

企业在生产经营过程中，发生的各种经济业务会导致资产、负债和所有者权益这三个会计基本要素发生变化，但不论怎样变化，都不会影响会计基本等式的平衡关系。

甲公司某年 1 月 1 日资产与权益情况如图表 1－69 所示。

图表 1－69 企业的资产与权益情况

项 目	资 产	权 益		
		负债	所有者权益	合计
某年 1 月 1 日	1000000	200000	800000	1000000
合计	1000000	200000	800000	1000000

从图表 1－69 可以看出，企业资产总额与权益总额是相等的。

（一）经济业务发生，引起资产与权益同时增加，则总额增加，平衡不变

【业务1】 1月6日，甲公司接受振业公司投入的设备一台，价值30万元。资产与权益情况如图表1－70所示。

图表1－70　企业的资产与权益情况

项　目	资　产	权　益		
		负债	所有者权益	合计
变动前的金额（1月1日）	1000000	200000	800000	1000000
经济业务发生	固定资产 ↑ 300000		实收资本 ↑ 300000	
变动后的金额（1月6日）	资产总额 1300000	200000	1100000	权益总额 1300000

从图表1－70可以看出，该项经济业务的发生，使企业的资产（固定资产）增加30万元，同时所有者权益（实收资本）增加30万元。资产与权益同时增加，总额增加到130万元，会计基本等式仍然保持平衡关系。

（二）经济业务发生，引起资产与权益同时减少，则总额减少，平衡关系不变

【业务2】 1月8日，甲公司以银行存款偿还短期借款10万元。资产与权益情况如图表1－71所示。

图表1－71　企业的资产与权益情况

项　目	资　产	权　益		
		负债	所有者权益	合计
某年1月6日	1300000	200000	1100000	1300000
经济业务变化	银行存款 ↓ 100000	短期借款 ↓ 100000		
变动后的金额	资产总额 1200000	100000	1100000	权益总额 1200000

从图表1－71可以看出，该项经济业务的发生，使企业的资产（银行存款）减少10万元，同时负债（短期借款）减少10万元，资产与权益同时减少，总额减少到120万元，会计基本等式仍然保持平衡。

（三）经济业务发生，引起资产内部有增有减，则总额不变，平衡关系不变

【业务3】 1月13日，甲公司以银行存款购买原材料5万元。资产与权益情况如图表1－72所示。

图表1－72　企业的资产与权益情况

项　目	资　产	权　益		
		负债	所有者权益	合计
某年1月8日	1200000	100000	1100000	1200000
经济业务变化	原材料 ↑ 50000 银行存款 ↓ 50000			
变动后的金额	资产总额 1200000	100000	1100000	权益总额 1200000

从图表 1－72 可以看出，该项经济业务的发生，使企业的一项资产（原材料）增加 5 万元，同时另一项资产（银行存款）减少 5 万元，资产内部一增一减，总额不变，会计基本等式仍然保持平衡。

（四）经济业务发生，引起权益内部有增有减，则总额不变，平衡关系不变

【业务 4】 某年 1 月 15 日，甲公司从银行借入短期借款 3 万元，直接用来偿还应付账款。资产与权益情况如图表 1－73 所示。

图表 1－73　　企业的资产与权益情况

项　目	资　产	权　益		
		负债	所有者权益	合计
某年 1 月 15 日	1200000	100000	1100000	1200000
经济业务变化		短期借款 ↑ 30000 应付账款 ↓ 30000		
变动后的金额	资产总额　1200000	100000	1100000	权益总额　1200000

从图表 1－73 可以看出，该项经济业务的发生，使企业的一项负债（短期借款）增加 3 万元，同时另一项负债（应付账款）减少 3 万元，权益内部一增一减，总额不变，会计基本等式仍然保持平衡。

总结： 企业发生的任何经济业务引起资产与权益的变化，共有以下四种情况：

1. 资产与权益同时增加，则总额增加，平衡关系不变。
2. 资产与权益同时减少，则总额减少，平衡关系不变。
3. 资产内部有增有减，则总额不变，平衡关系不变。
4. 权益内部有增有减，则总额不变，平衡关系不变。

实训基地十六

7 月 1 日，某企业资产总额 30 万元，负债和所有者权益总额 30 万元。发生经济业务如图表 1－74 所示。

图表 1－74

业务序号	经济业务
1	用银行存款缴纳上月税款 4000 元
2	从银行提取现金 300 元备用
3	收回应收账款 8000 元，存入银行
4	购入 C 材料 7800 元，款项尚未支付
5	从银行借入三年期借款 20000 万元，存入银行
6	从银行取得短期借款 10000 万元，直接偿还应付账款

【要求】 分析经济业务对会计平衡等式的影响。

第二单元

账户和复式记账

【学习目标】

◇ 了解常用的会计科目及账户

◇ 熟悉借贷记账法的记账规则和记账方法

◇ 掌握各类性质账户的结构

【职业能力目标】

◇ 熟悉常用会计科目及其所反映的经济业务内容

◇ 掌握借贷记账法下简单会计业务的处理

【导语】

党的二十大报告指出，“坚持把发展经济的着力点放在发展实体经济上。优化民营企业发展环境，依法保护民营企业产权和企业家权益，促进民营经济发展壮大。”

鸿运食品有限公司成立后，开始了生产经营活动，如购买机器设备、生产用原材料、支付职工薪酬、向国家缴纳税款等。

生产经营活动离不开交易与事项。每一笔交易或事项的发生，都体现在一张张原始凭证中。很显然，将纷繁复杂的原始凭证堆积在一起无法适应管理的要求。因此，会计人员需要运用会计专业知识，把反映经济业务内容的原始凭证转化成会计语言，将其记录、计量并反映出来。为此，要在会计要素的基础上设置会计科目，开设具有一定格式和结构的账户，将经济业务内容按照复式记账的方法进行分类登记，以实现会计的核算和监督职能。

能力内容一　会计科目与账户

科目是学术、账目等按其性质划分的类别和名目①。换言之，把学术、账目等按一定标

① 引自辞海。

准进行分类后的结果即为科目。

生活中比较熟悉的如考试科目可以包括语文、数学、英语等，这是对考试内容进行的具体分类。同样道理，会计科目是对会计内容进行的具体分类。

一、会计科目

会计作为记录、计量经济业务活动的一种管理工具，必须能够实现核算和监督的基本职能。即能够记录、计量、反映经济业务事项。如：

“从银行提取现金 5000 元”这一经济业务，如果按会计要素来进行记录，则为：

资产增加　5000 元

资产减少　5000 元

显然，这样的记录因线条过粗而无法满足管理要求。因此，需要在会计要素的基础上再进行细分。

如前所述，企业会计要素包括资产、负债、所有者权益、收入、费用、利润六项。在每一会计要素中，都包含若干具体的内容。例如：

资产：
- 存放在企业保险柜中的现钞
- 存放在开户银行的各种款项
- 应当向其他企业收取的款项
- 存放在仓库用于生产的各种材料
- 厂房、办公楼、机器设备
- ……

负债：
- 向银行借入的期限不同的各种款项
- 应当向其他企业或个人支付的款项
- 应当向职工支付的薪酬
- 应当向国家缴纳的税款
- ……

对每个会计要素所包括的具体内容进行统一、规范的细分，进行科学的归纳，即形成了会计科目。

由此可知，**会计科目是对会计要素的具体内容进行分类核算的项目。**

（一）会计要素与会计科目

1. 资产类会计科目。对资产进行分类，形成资产的具体内容，如存放在企业保险柜中的现钞、存放在开户银行的各种款项等。将这些内容按照统一规范的会计专业语言进行描述归纳后，形成了资产的分类核算项目，即资产类会计科目，如图表 2－1 所示。

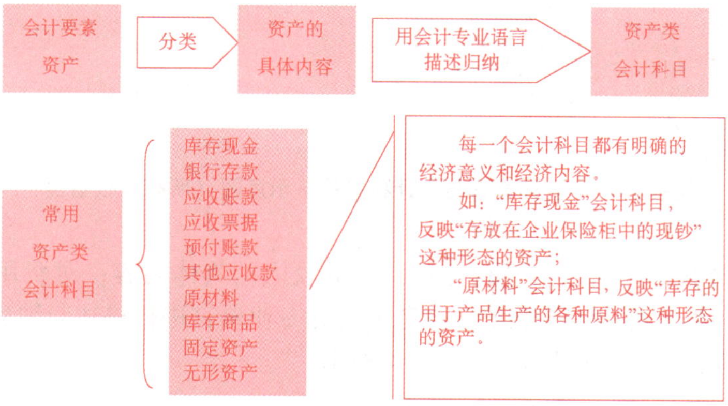

图表 2－1　会计要素和会计科目关系示意图（资产类）

2. 负债类会计科目。对负债进行分类，形成负债的具体内容，再将这些内容按照统一规范的会计专业语言进行描述归纳后，形成负债的分类核算项目，即负债类会计科目，如图表2－2所示。

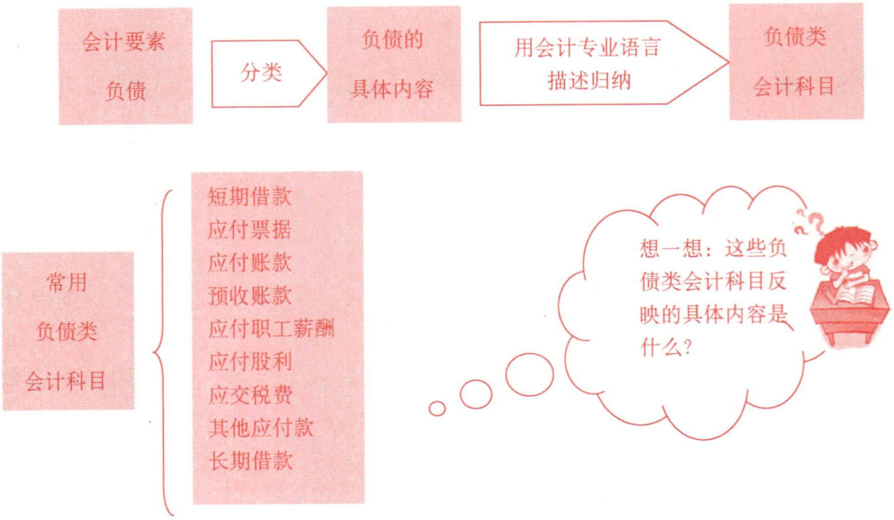

图表2－2　会计要素与会计科目关系示意图（负债类）

3. 所有者权益类会计科目。对所有者权益进行分类，形成所有者权益的具体内容，再将这些内容按照统一规范的会计专业语言进行描述归纳后，形成所有者权益的分类核算项目，即所有者权益类会计科目，如图表2－3所示。

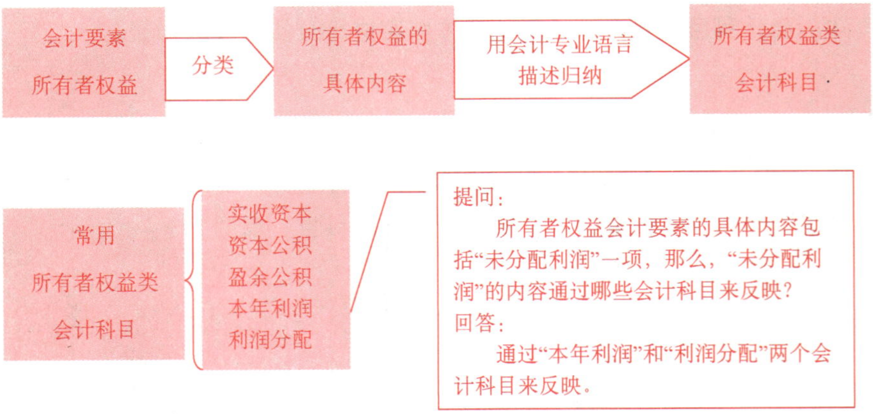

图表2－3　会计要素与会计科目关系示意图（所有者权益类）

4. 损益类会计科目。对收入进行分类，形成收入的具体内容；对费用进行分类，形成费用的具体内容。将这些内容按照统一规范的会计专业语言进行描述归纳后，形成损益类会计科目。常用的损益类会计科目如图表2－4所示。

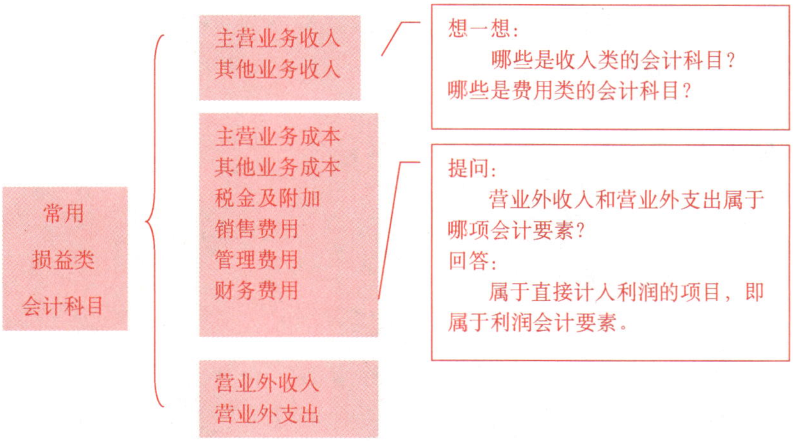

图表 2－4　常用的损益类会计科目

5. 成本类会计科目。为了满足企业对产品成本的核算要求，会计科目分类中还单独列出了成本类会计科目，如图表 2－5 所示。

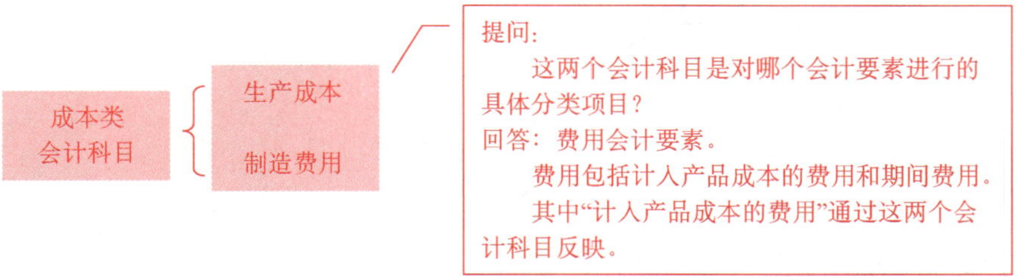

图表 2－5　常用的成本类会计科目

提示：

国家统一会计制度规定的会计科目还有很多，企业要根据实际工作需要选择会计科目。

实训基地一

试分析远程有限公司下列有关内容所属的会计要素，并判断属于哪个会计科目所反映的内容：

（1）房屋和建筑物 800 万元；

（2）机器设备 360 万元；

（3）从银行取得期限为 3 个月的借款 16 万元；

（4）存放在材料仓库的各种材料 24.8 万元；

（5）存放在成品仓库的各种产成品 30.2 万元；

（6）企业当期实现净利润 14.9 万元；

（7）因购买材料应支付款项 32 万元；

（8）存放在财会部门保险柜的现金 0.1 万元；

（9）应缴纳的各种税金 5.2 万元；

（10）存放在银行的各种款项 49.6 万元；
（11）应当收取的销货款 35.1 万元；
（12）应付给职工的各种工资福利 38 万元；
（13）从银行取得期限为 3 年的借款 56 万元；
（14）投资者投入资本 100 万元。

（二）总账科目与明细科目

【情境展示 2－1】

鸿运食品有限公司根据需要设置了“库存商品”会计科目，用以反映企业库存用于销售的产品的成本。但是，企业生产的产品种类繁多，如饼干、蛋糕、面包、曲奇等，如图表 2－6 所示。

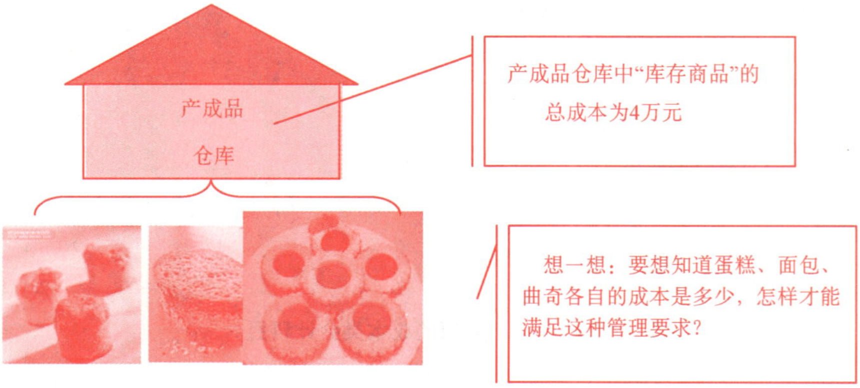

图表 2－6　库存商品示意图

为了反映库存商品中蛋糕、面包、曲奇等产品更为详细的信息，企业可以在“库存商品”科目的基础上再进行细分。即：

“库存商品——蛋糕”；
“库存商品——面包”；
“库存商品——曲奇”。

这里的“库存商品”为**总账科目**；下设的“蛋糕”“曲奇”“面包”等为**明细科目**。

在实际工作中，为了满足管理的需要，可以按照提供信息的详细程度及隶属关系的不同将会计科目进行分类。

1. 总账科目，也称总分类科目、一级科目，是对会计要素具体内容进行总括分类、提供总括信息的会计科目。如“库存商品”“短期借款”“实收资本”等均为总账科目。

2. 明细科目，也称明细分类科目、细目，是对总分类科目作进一步分类，提供更详细、更具体的会计信息的科目。如“库存商品——饼干”。

提示：

在会计实务中，大多数总账科目都要设置明细科目。

明细科目的设置，除会计制度有规定外，各单位可以根据管理的需要自行设定。

二、账户

（一）会计科目与账户

会计科目是一个名称，确切地说，是一个能够明确表示会计要素某项具体内容的名称。如“库存现金”会计科目，即明确地表示它是资产这一会计要素中“存放在企业保险柜中的现钞”这一具体内容。但是，会计的实务工作不仅需要反映某种会计要素的内容，而且要反映这一内容的增减变化及其结果。

为此，我们需要一个载体，建立一个空间，使其具有一定格式和结构，用于分类反映会计要素增减变动情况及其结果，这就是账户。

会计科目与账户的关系如图表 2－7 所示。

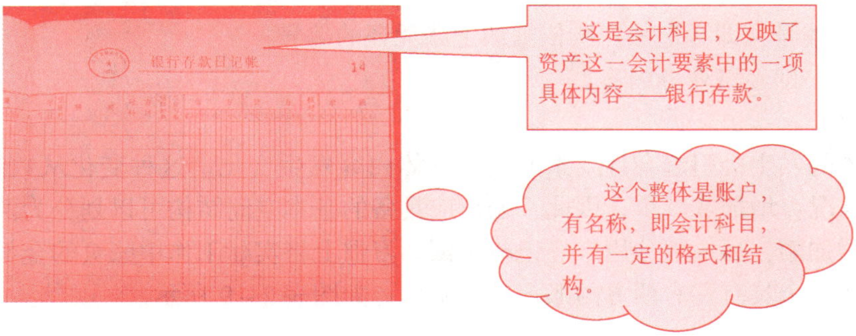

图表 2－7 会计科目与账户的关系示意图

相关链接

会计科目与账户的关系

联系：

1. 二者所反映的会计要素的具体内容相同；
2. 会计科目是账户的名称，是设置账户的依据；
3. 账户则是根据会计科目来开设的，是会计科目的具体运用。

区别：

1. 会计科目仅是个名称；
2. 账户具有一定的格式和结构，能够用来反映某种经济业务的增减变化及其结果。

（二）账户的结构

在实际工作中，账户体现在账簿的每一张账页中。将图表 2－7 银行存款日记账的账页放大，如图表 2－8 所示。

图表 2－8

银行存款日记账

年		凭证编号	摘要	借方										贷方										√	借或贷	余额									
月	日			千	百	十	万	千	百	十	元	角	分	千	百	十	万	千	百	十	元	角	分			千	百	十	万	千	百	十	元	角	分

从图表 2－8 的账页中可以看出，账户具有如下内容：

（1）账户的名称，即会计科目；

（2）日期，即经济业务发生的时间；

（3）凭证编号，即登记账户所依据的记账凭证的编号；

（4）摘要，即经济业务内容；

（5）金额。

经济业务的发生会引起会计要素的某项具体内容发生变化。这种变化从数量金额上看，无外乎两种情况：增加或减少。因此，账户应具备的基本空间结构可以划分为两部分：一部分用来登记增加额，另一部分用来登记减少额。习惯上将实际工作中账页的金额部分抽象描绘出来，形成一个具有左右两方的账户基本结构，如图表 2－9 所示。

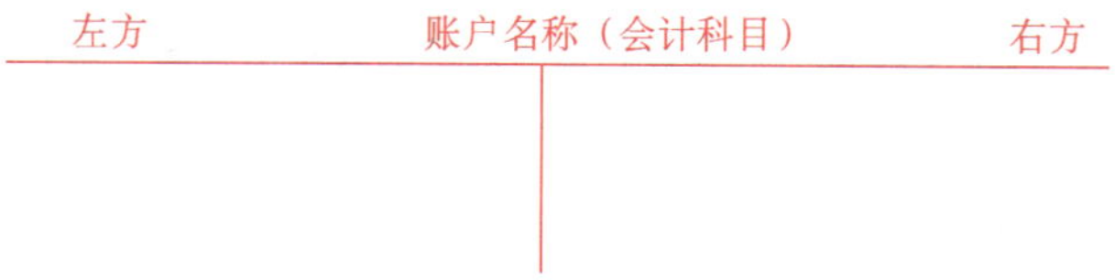

图表 2－9　账户的基本结构

图表 2－9 所示的账户基本结构很像中文的“丁”字，所以称之为“丁”字账。

（三）发生额与余额

【动手试一试】

9 月 1 日，李明到一所中等专业学校上学报到，携带有 2800 元现金。

9 月 3 日，李明交学费，支付现金 2000 元。

9 月 10 日，李明购买学习材料，支付现金 500 元。

9 月 20 日，李明收到国家助学金补助 1500 元。

9 月 28 日，李明付手机费，支付现金 100 元。

动手算一算，9 月 30 日，李明还剩多少现金？

9 月 30 日李明的现金余额＝2800－2000－500＋1500－100＝1700（元）

看起来非常简单，可你知道这其中蕴涵着什么会计知识吗？

1. 在9月1日至30日这一期间，1日为期初，30日为期末，是两个相对静止的时间点；此时的金额我们称之为余额。

即：现金的期初余额：2800元

现金的期末余额：1700元

2. 在9月1日至30日这一期间，发生了一系列业务，现金随之产生了增减变化。此期间发生的金额我们称之为发生额，且发生额有增加、减少两种。

即：9月3日，现金的减少发生额2000元。

9月10日，现金的减少发生额500元。

9月20日，现金的增加发生额1500元。

9月28日，现金的减少发生额100元。

则9月1日至30日这一期间：

本期增加发生额：1500

本期减少发生额：2600

9月30日李明的现金期末余额＝2800＋1500－2600＝1700（元）

期末余额＝期初余额＋本期增加发生额－本期减少发生额

想一想：

10月李明的现金期初余额是多少？

实训基地二

森森木材加工有限公司2023年4月有关原材料的余额及发生额情况如下：

1. 4月1日，库存原材料的金额为3.5万元。
2. 4月3日，购入原材料2万元，款项已付。
3. 4月5日，生产领用原材料3万元。
4. 4月20日，生产领用原材料1万元。
5. 4月29日，购入原材料4万元，款项已付。

试分析一下，森森木材加工有限公司“原材料”账户的期初余额、本期增加发生额、本期减少发生额及期末余额情况。

分析：

4月1日，“原材料”账户的期初余额：35000元

4月3日，“原材料”账户的增加发生额：20000元

4月5日，“原材料”账户的减少发生额：30000元

4月20日，“原材料”账户的减少发生额：10000元

4月29日，“原材料”账户的增加发生额：40000元

则4月1日至30日这一期间：

本期增加发生额：60000元

本期减少发生额：40000元

“原材料”账户的期末余额＝35000＋60000－40000＝55000（元）

（四）账户的分类

账户的分类与会计科目的分类基本相同。如图表2－10所示。

1. 根据账户所反映的经济内容
- 资产类账户
- 负债类账户
- 所有者权益类账户
- 成本类账户
- 损益类账户

2. 按照其所提供信息的详细程度及其隶属关系不同
- 总分类账户
- 明细分类账户

图表 2－10

能力内容二　复式记账和借贷记账法

一、复式记账

【情境展示 2－2】

鸿运食品有限公司发生了一项经济业务，其内容如图表 2－11 和图表 2－12 所示。

图表 2－11

2100163160　　辽宁增值税专用发票　　№ 0236958

发票联　　开票日期：2023年05月01日

购买方	名　　称：鸿运食品有限公司 纳税人识别号：91210703210719761A 地 址、电 话：锦宁市渤海大街18号 3769100 开户行及账号：工商银行凌云支行3456178				密码区	略	
货物或应税劳务、服务名称	规格型号	单位	数量	单价	金额	税率	税额
高筋面粉	25kg	袋	6	80.00	480.00	9%	43.20
					¥480.00		¥43.20
价税合计（大写）	⊗伍佰贰拾叁元贰角整				（小写）¥523.20		
销售方	名　　称：锦宁市面粉厂 纳税人识别号：912107034567896546 地 址、电 话：锦宁市中央大街55号3675883 开户行及账号：工商银行城内支行9871850				备注	锦宁市面粉厂 912107034567896546 发票专用章	

收款人：　　复核：王月　　开票人：李明　　销售方：（章）

第三联　发票联　购买方记账凭证

图表 2－12

材料验收入库单 ②记账

验收仓库 2#

2023年 5月 1日　　　　第 10 号

供应单位：锦宁市面粉厂			合同号			发票号	No00030402	托收支票	
物资名称	材质	规格型号	单位	数量		实际价格			
				应收	实收	单价	金额	运杂费	合计
高筋面粉		25kg	袋	6	6	80	480.00		480.00
合　计							480.00		480.00

会计　　　　记账　　　　保管员 李林　　　　经办人：李明

分析：

1. 图表 2－11 所列原始凭证表明：2023 年 5 月 1 日，鸿运食品有限公司从锦宁市面粉厂购入面粉 6 袋，单价 80 元，已支付现金 480 元（暂不考虑增值税）。

图表 2－12 所列原始凭证表明：2023 年 5 月 1 日，所购入的面粉已作为材料验收入库，价值 480 元。

2. 这项经济业务引起两个账户的增减变动，即：

资产类账户　“原材料”　　增加 480 元

资产类账户　“库存现金”　减少 480 元

会计基本等式：　　资产　　＝ 负债 ＋ 所有者权益

经济业务类型：　　⇩ ⇧

480　480

会计等式保持平衡

经济业务发生后，鸿运食品有限公司需要把所发生的经济业务按照一定的方法记录下来。针对这项经济业务，可以采用什么方法来记录呢？

方法一：

在“库存现金”账户中记录：

库存现金　减少 480 元

这是单式记账法。即对发生的每笔经济业务，都只在一个账户中进行记录的方法。

在记录过程中，它只重点考虑现金、银行存款、债权和债务的结算。

如方法一所示，只记录了库存现金的减少。

方法二：

在“库存现金”账户中记录：

库存现金　减少480元；

同时

在“原材料”账户中记录：

原材料　增加480元。

这是复式记账法。即对发生的每一项经济业务，都以相等的金额在两个或两个以上相互联系的账户中进行记录的一种记账方法。

如方法二所示，记录库存现金减少的同时，以相等的金额记录原材料的增加。

企业经济业务活动的实质在于资金运动。而资金的运动过程有“起点”有“终点”，会计需要如实地反映资金运动的“来龙”和“去脉”。复式记账法将会计基本等式“资产＝负债＋所有者权益”作为基本原理。运用复式记账法，可以清楚地了解每一项经济业务的全貌，清楚地记录资金的运动过程。相比较于单式记账法而言，复式记账法是一种比较科学的记账方法。

相关链接

◆ 复式记账法按采用的记账符号和记账规则的不同，分为借贷记账法、增减记账法和收付记账法三种形式。

◆ 我国《企业会计准则》规定，**企业会计核算必须采用借贷记账法。**借贷记账法也是目前世界各国应用最为广泛的复式记账法。

◆ **借贷记账法是以“借”和“贷”作为记账符号的一种复式记账法。**

二、借贷记账法

【情境展示 2－3】

鸿运食品有限公司发生了一项经济业务，其内容如图表 2－13 所示。

图表 2－13

ICBC 中国工商银行　　现金存款凭条

日期：2023 年 5 月 2 日

存款人	全　称	鸿运食品有限公司		
	账　号	3456178	款项来源	现金收入
	开户行	工商银行凌云支行	交款人	田力

金额（大写）	金额（小写）	亿	千	百	十	万	千	百	十	元	角	分
伍仟元整						¥	5	0	0	0	0	0

票面	张数	十	万	千	百	十	元	票面	张数	千	百	十	元	角	分	备注
壹佰元	50			5	0	0	0	伍　角								
伍拾元								贰　角								
贰拾元								壹　角								
拾　元								伍　分								
伍　元								贰　分								
贰　元								壹　分								
壹　元								其　他								

第二联　客户核对联

分析：

1. 图表 2－13 所列原始凭证表明：2023 年 5 月 2 日，鸿运食品有限公司将 5000 元现金存入银行。

2. 这项经济业务引起了两个账户的增减变动，即：

“银行存款”账户　增加　5000 元

“库存现金”账户　减少　5000 元

小提示：

会计基本等式：　资产　＝ 负债 ＋ 所有者权益

经济业务类型：　⇩ ⇧

5000　5000

会计等式保持平衡

按照规定，**企业会计核算必须采用借贷记账法**。那么，在借贷记账法下如何用“借”和“贷”作为记账符号来记录有关账户的增加或减少呢？

在借贷记账法下，规定了“丁字账”的左方为借方，右方为贷方。如图表 2－14 所示。

图表 2－14　借贷记账法下账户的基本结构

应当说明的是，在实际工作中，丁字账通常只在对会计科目进行手工汇总时使用。

特别强调：

在账户的借贷两方中，一方登记增加，则另一方登记减少。

增加（或减少）登记在借方或贷方，取决于所记录的经济业务和账户的性质。

（一）资产类账户的结构

在借贷记账法下规定：

资产类账户的借方登记增加，贷方登记减少，余额一般在借方。

资产类账户结构如图表 2－15 所示。

【动手试一试】

仍以【情境展示 2－3】中鸿运食品有限公司 2023 年 5 月 2 日将 5000 元现金存入银行的经济业务为例：

分析（接【情境展示 2－3】的分析）：

1. 在借贷记账法下：

资产类账户“银行存款”增加，登记在借方；

资产类账户“库存现金”减少，登记在贷方。

图表 2－15

资产类 账户

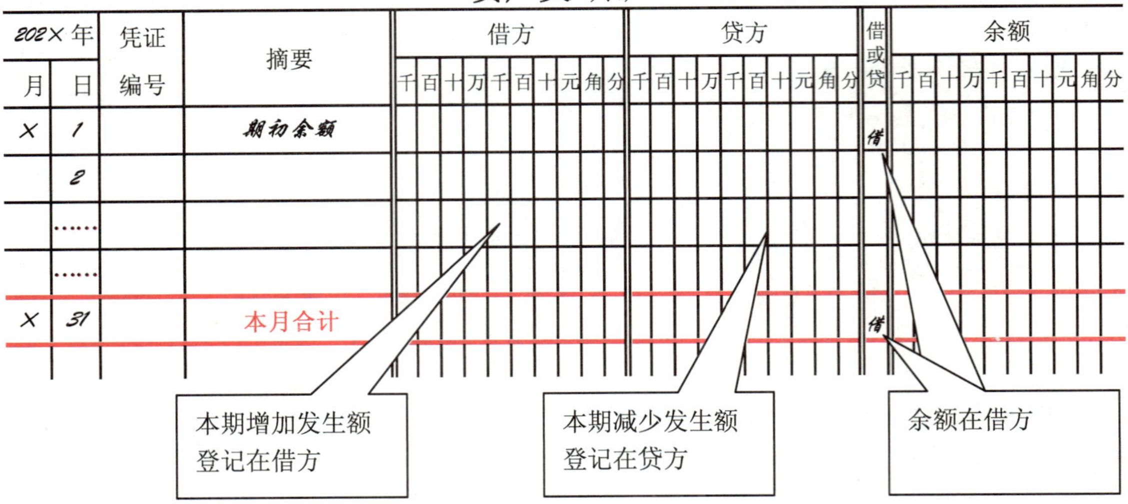

找规律

借贷记账法的记账规则：

有借必有贷，借贷必相等

“**有借必有贷、借贷必相等**”，既是借贷记账法的记账规则，也是核对账目的依据。

“有借必有贷”是指对发生的任何一笔经济业务，都应同时记入两个或两个以上账户中。

“借贷必相等”是指任何一笔经济业务记入借方账户的金额一定等于记入贷方账户的金额。

2. 由此，【情境展示 2－3】中的经济业务可以记录为：

借：银行存款　5000

　　贷：库存现金　5000

这就是会计分录。

所谓**会计分录**，是指对每笔经济业务都按复式记账要求分列出应借应贷账户名称及其金额的一种记录，简称“分录”。

会计分录三要素：记账方向、会计科目、应记金额。

基本技能——会计分录的书写格式

会计分录要按规定的格式书写：

（1）借方科目在上，贷方科目在下；

（2）借、贷方科目及金额错开一至两个字位，借方靠前，贷方靠后；

（3）会计分录中的金额只写数字，不写单位。

如：应当写成“借：银行存款　　5000

　　　　　　　　贷：库存现金　　5000”

不能写成“借：银行存款　　5000 元

　　　　　　贷：库存现金　　5000 元”

在实际工作中，会计分录需要在记账凭证上编制，如图表 2－16 所示。

图表 2－16

这是记账凭证，是实际工作中编制会计分录的载体。

有关内容将在本单元能力内容三中介绍。

通 用 记 账 凭 证

2023年　5月　2日　　　　　　凭证编号：1

摘要	会计科目		借方金额										贷方金额										记账
	总账科目	明细科目	千	百	十	万	千	百	十	元	角	分	千	百	十	万	千	百	十	元	角	分	符号
将现金存入银行	银行存款						5	0	0	0	0	0											
	库存现金																5	0	0	0	0	0	
附单据 1 张	合 计：					¥	5	0	0	0	0	0				¥	5	0	0	0	0	0	

会计主管 关大伟　　记账 田力　　稽核 关大伟　　制单 孙娅　　出纳 田力　　交领款人

3. 在实际工作中，经济业务发生后取得原始凭证，要根据复式记账原理，运用借贷记账法，在记账凭证上编制会计分录，并据以登记各种账簿，如图表 2－17、图表 2－18 所示。

图表 2－17

总　账

5

会计科目 银行存款

2023年 月	日	凭证编号	摘要	借方	贷方	借或贷	余额
5	1		期初余额			借	12000000
			……				
5	2	1	现金存银行	500000			

资产类账户“银行存款”增加，登记在借方。

图表 2－18

总　账

1

会计科目 库存现金

2023年 月	日	凭证编号	摘要	借方	贷方	借或贷	余额
5	1		期初余额			借	550000
			……				
5	2	1	现金存银行		500000		

资产类账户“库存现金”减少，登记在贷方。

【情境展示 2－4】

鸿运食品有限公司 2023 年 5 月有关“库存商品”账户的余额及发生额情况如下：

（1）5 月 1 日，“库存商品”账户的借方余额为 5.5 万元。

（2）5 月 3 日，产品完工入库的库存商品 2 万元。

（3）5 月 5 日，销售发出库存商品 3 万元。

（4）5 月 20 日，销售发出库存商品 1 万元。

（5）5 月 29 日，完工入库库存商品 4 万元。

想一想，鸿运食品有限公司“库存商品”账户的期初余额、本期增加发生额、本期减少发生额及期末余额情况应该如何登记？（见图表2－19）。

图表2－19

总　账

20

会计科目 库存商品

2023年 月	日	凭证编号	摘要	借方	贷方	借或贷	余额
5	1		期初余额			借	5500000
	3		完工入库	2000000			
	5		销售发出		3000000		
	20		销售发出		1000000		
	29		完工入库	4000000			
	30		本月合计	6000000	4000000	借	7500000

本期增加发生额 60000

本期减少发生额 40000

期初余额 55000

期末余额75000 ＝55000＋60000－40000

找规律

资产类账户期末余额＝期初借方余额＋本期借方发生额－本期贷方发生额

（二）负债及所有者权益类账户的结构

【情境展示2－5】

鸿运食品有限公司发生了一项经济业务，其内容如图表2－20至图表2－23所示。

图表2－20

工资结算单

部门：生产车间　　2023年5月5日

序号	姓名	应发工资 基本工资	岗位津贴	月奖	技术津贴	小计	代扣项目 养老保险	医疗保险	个人所得税	小计	实发工资	领款人签字
1	张迪	450	820	300	500	2070	165.60	44.40		210	1860	张迪
2	刘丽	450	760	120	400	1730	138.40	37.60		176	1554	刘丽
	……											
	合计	25400	47200	10400	24000	107000	8560	2143		10703	96297	

部门主管：张伟　　工资核算员：董莉　　复核：张丽萍

图表 2－21

工资结算单

部门：生产管理　　　　2023年5月5日

序号	姓名	应发工资					代扣项目				实发工资	领款人签字
		基本工资	岗位津贴	月奖	技术津贴	小计	养老保险	医疗保险	个人所得税	小计		
1	宋平	820	980	360	500	2660	212.80	56.20		269	2391	宋平
2	李晓慧	820	450	200	400	1870	149.60	40.40		190	1680	李晓慧
	……											
	合计	12000	10550	3550	7000	33100	2648	665		3313	29787	

部门主管：张伟　　　　工资核算员：刘媛　　　　复核：陈萍

图表 2－22

工资结算单

部门：行政管理　　　　2023年5月5日

序号	姓名	应发工资					代扣项目				实发工资	领款人签字
		基本工资	岗位津贴	月奖	技术津贴	小计	养老保险	医疗保险	个人所得税	小计		
1	张峰	1020	870	500	300	2690	215.20	56.80		272	2418	张峰
2	吴大伟	820	680	300	100	1900	152	41		193	1707	吴大伟
	……											
	合计	37200	34650	16500	6000	94350	7548	1890		9438	84912	

部门主管：张世红　　　　工资核算员：董娜　　　　复核：乔爽

图表 2－23

工资结算汇总表

单位：鸿运食品有限公司　　　　2023年5月5日

项目	人数	应发工资					代扣项目				实发工资
		基本工资	岗位津贴	月奖	技术津贴	小计	养老保险	医疗保险	个人所得税	小计	
生产产品工人	60	25400	47200	10400	24000	107000	8560	2143		10703	96297
车间管理人员	15	12000	10550	3550	7000	33100	2648	665		3313	29787
行政管理人员	45	37200	34650	16500	6000	94350	7548	1890		9438	84912
合计	120	74600	92400	30450	37000	234450	18756	4698		23454	210996

原始凭证认知——工资结算单

工资结算单，也称工资结算表、工资表。职工在一定时间内为企业的生产经营活动付出劳动，企业应按约定给予职工工资。在实际工作中，企业发放职工工资、办理工资结算是通过编制“工资结算单”来进行的。

工资结算单可以按车间或部门由相关人员每月编制一次，属自制原始凭证。

工资结算单一般一式三份。一份由劳动工资部门存查；一份按职工裁成“工资条”，连同工资一起发给职工；一份在发放工资时由职工签章后交财务部门作为工资核算的凭证。

分析：

1. 图表2－20至图表2－23所列原始凭证记载了一项经济业务：即鸿运公司5月5日以现金发放工资，支付的实发工资额为210996元（本例仅考虑实付工资的会计处理，代扣款项的核算将在以后课程中详尽介绍）。

2. 这项经济业务引起了两个账户的增减变动，即：

资产类账户“库存现金”　　减少210996

负债类账户“应付职工薪酬”减少210996

提示：

会计基本等式　　资产　　＝负债　＋所有者权益

经济业务类型：　⇩　　　⇩

　　　　　　　210996　210996

（会计等式保持平衡）

资产类账户“库存现金”减少，按照规定登记在贷方。根据“有借必有贷，借贷必相等”的记账规则，则负债类账户“应付职工薪酬”减少，应当登记在借方。

由此归纳出，在借贷记账法下：

负债及所有者权益类账户借方登记减少，贷方登记增加，余额一般在贷方。

负债及所有者权益类账户的结构如图表2－24所示。

图表2－24

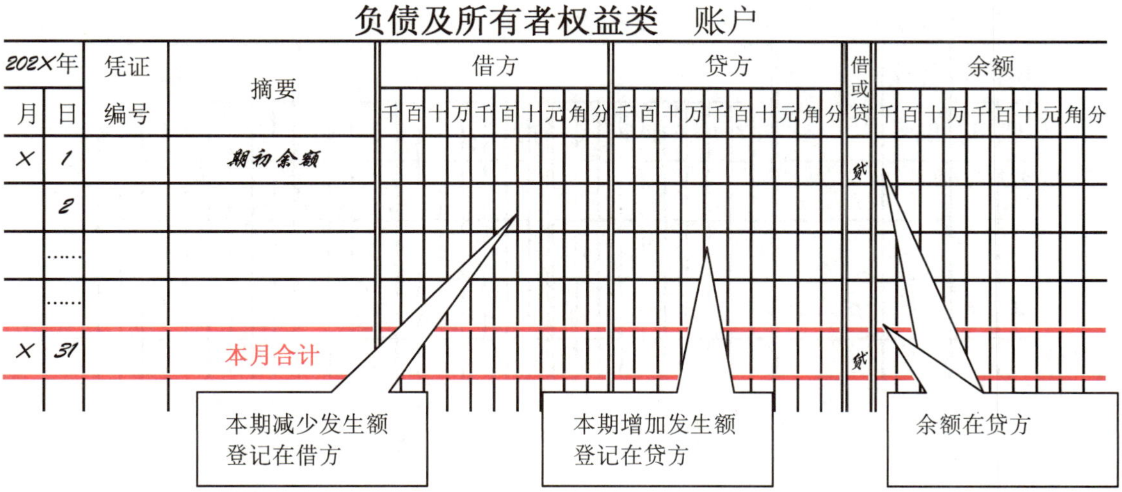

3. 经上述分析，【情境展示2－5】所发生经济业务的会计分录应编制记账凭证如图表2－25所示。

图表 2－25

通用记账凭证

2023年 5 月 5 日　　　　凭证编号：2

摘要	会计科目		借方金额										贷方金额										记账
	总账科目	明细科目	千	百	十	万	千	百	十	元	角	分	千	百	十	万	千	百	十	元	角	分	符号
以现金发放工资	应付职工薪酬				2	1	0	9	9	6	0	0											
	库存现金														2	1	0	9	9	6	0	0	
附单据 1 张		合计：		¥	2	1	0	9	9	6	0	0		¥	2	1	0	9	9	6	0	0	

会计主管 关大伟　　记账 王平　　稽核 关大伟　　制单 孙娅　　出纳 田力　　交领款人

4. 图表 2－25 所编制的记账凭证中，涉及的账户结构如图表 2－26、图表 2－27 所示。

图表 2－26

总　　账

1

会计科目 库存现金

2023年		凭证	摘要	借方										贷方										借或贷	余额									
月	日	编号		千	百	十	万	千	百	十	元	角	分	千	百	十	万	千	百	十	元	角	分		千	百	十	万	千	百	十	元	角	分
5	1		略																					借										
			……																															
5	5		发工资													2	1	0	9	9	6	0	0											

资产类账户“库存现金”减少，记贷方。

图表 2－27

总　账

32

会计科目 应付职工薪酬

2023年 月	日	凭证编号	摘要	借方（千百十万千百十元角分）	贷方（千百十万千百十元角分）	借或贷	余额（千百十万千百十元角分）
5	1		略			贷	
			……				
5	5		发工资	21099600			

负债类账户“应付职工薪酬”减少，记借方。

找规律

负债类账户期末余额＝期初贷方余额＋本期贷方发生额－本期借方发生额

（三）成本类账户的结构

【情境展示 2－6】

鸿运食品有限公司发生了一项经济业务，其内容如图表 2－28 所示。

图表 2－28

领　料　单

领料单位：生产车间　　　　编号：0129

用途：生产产品　　　　2023 年 5 月 8 日　　　　发料仓库：2 号库

材料名称	材料编号	规格	计量单位	数量 请领	数量 实发	单位成本	金额	备注
高筋面粉	2	25kg	袋	5	5	80	400.00	
合计							400.00	

财务留存

发料人：李林　　　　领料部门负责人：张伟　　　　领料人：刘海

原始凭证认知——领料单

领料单是由领用材料部门根据生产需要在领用材料时填写的原始凭证。该凭证一般由企业自制。

领料人凭借领料单到仓库领取材料时，由仓库保管人员按单核对发货数量，并发出材料。

为明确材料领用的责任，领料单除了要有领用人的签名外，还需要领料部门负责人和仓库保管人的签名等。

领料单一般一式三联：领用单位、仓库保管和财务各留一份。

分析：

1. 图表 2－28 所列原始凭证记载了一项经济业务：2023 年 5 月 8 日，鸿运食品有限公司生产车间为生产产品领用原材料——高筋面粉 5 袋，价值 400 元。

2. 这项经济业务引起了两个账户的增减变动，即：

资产类账户　“原材料”　减少 400

成本类账户　“生产成本”　增加 400

提示：

会计扩展等式　资产 ＋ 费用 ＝ 负债 ＋ 所有者权益 ＋ 收入

经济业务类型：　⇩（资产）400　⇧（费用）400

会计等式保持平衡

资产类账户“原材料”减少，登记在贷方。根据“有借必有贷，借贷必相等”的记账规则，则成本类账户“生产成本”增加，应登记在借方。

由此归纳出，在借贷记账法下：

生产成本账户借方登记增加，贷方登记减少，余额一般在借方。

生产成本账户的结构如图表 2－29 所示。

图表 2－29

生产成本　账户

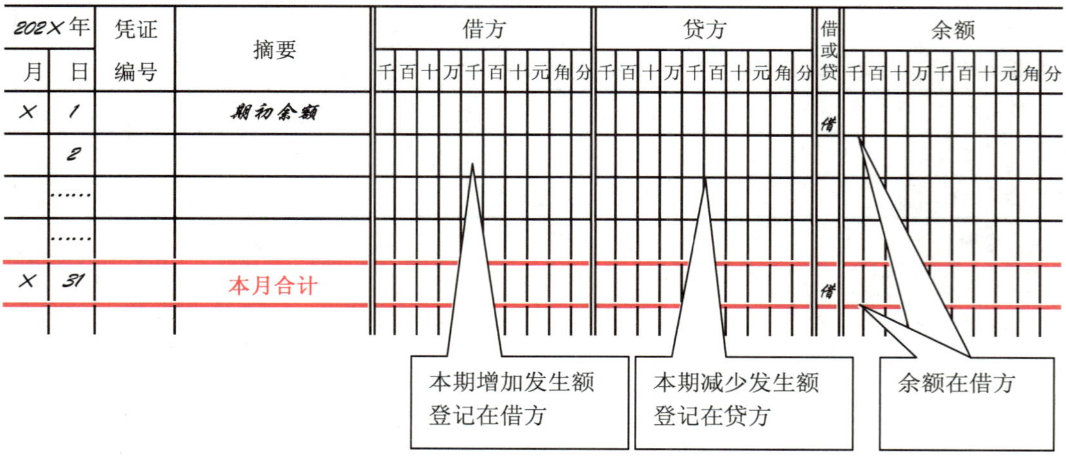

相关链接

需要指出的是，常用的成本类账户包括“生产成本”账户和“制造费用”账户。

“生产成本”账户用来核算企业生产各种产品时（包括产成品、自制半成品等）在生产过程中所发生的各项生产费用，如耗用的材料费用、人工费用等，并据以确定产品实际生产成本。简单地说，产品未完工前，生产成本具体表现为在产品，产品完工后，生产资金转化为产成品资金，即形成库存商品。因此，“生产成本”账户的结构与资产类账户的结构完全一致。

“制造费用”账户与“生产成本”账户同属于成本类账户。不同的是，“制造费用”账户是在成本核算过程中存在的一个过渡性账户，月末一般无余额。

3. 经上述分析，【情境展示2－6】所发生经济业务应编制如下记账凭证，见图表2－30。

图表2－30

通用记账凭证

2023 年 5 月 8 日　　　　凭证编号：3

摘要	会计科目		借方金额										贷方金额										记账
	总账科目	明细科目	千	百	十	万	千	百	十	元	角	分	千	百	十	万	千	百	十	元	角	分	符号
生产领用原材料	生产成本							4	0	0	0	0											
	原材料																	4	0	0	0	0	
附单据 1 张		合 计：					¥	4	0	0	0	0					¥	4	0	0	0	0	

会计主管 关大伟　记账 王平　稽核 关大伟　制单 孙娅　出纳 田力　交领款人

4. 图表2－30所编制的记账凭证中，涉及的账户结构如图表2－31、图表2－32所示。

图表2－31

总　账

会计科目 生产成本　　　　45

2023年		凭证	摘要	借方										贷方										借或贷	余额									
月	日	编号		千	百	十	万	千	百	十	元	角	分	千	百	十	万	千	百	十	元	角	分		千	百	十	万	千	百	十	元	角	分
5	1		略																					借										
			……																															
5	8		生产领料						4	0	0	0	0																					

成本类账户“生产成本”增加，记借方。

图表 2－32

总 账

会计科目 原材料　　　　14

2023年 月	日	凭证编号	摘要	借方（千百十万千百十元角分）	贷方（千百十万千百十元角分）	借或贷	余额（千百十万千百十元角分）
5	1		略			借	
			……				
5	8		生产领料		40000		

资产类账户“原材料”减少，记贷方。

找规律

成本类账户期末余额＝期初借方余额＋本期借方发生额－本期贷方发生额

（四）损益类账户的结构

1. 收入类账户的结构。

【情境展示 2－7】

鸿运食品有限公司发生了一项经济业务，其内容如图表 2－33 所示。

图表 2－33

2100163160　　**辽宁增值税专用发票**　　No 0236958

此联不作报销、扣税凭证使用　　开票日期：2023年05月10日

购买方	名称：锦宁市百货商厦 纳税人识别号：912107054587975845 地址、电话：锦宁市解放东路62号3865700 开户行及账号：工商银行解放支行2125789				密码区	略	
货物或应税劳务、服务名称	规格型号	单位	数量	单价	金额	税率	税额
曲奇	奶油	盒	30	20	600.00	13%	78.00
					¥600.00		¥78.00
价税合计（大写）	⊗陆佰柒拾捌元整				（小写）¥678.00		
销售方	名称：鸿运食品有限公司 纳税人识别号：91210703210719761A 地址、电话：锦宁市渤海大街18号 3769100 开户行及账号：工商银行凌云支行3456178				备注	鸿运食品有限公司 91210703210719761A 发票专用章	

收款人：郑芳　　复核：蔡真　　开票人：周明　　销售方：（章）

第一联 记账联 销售方记账凭证

经济业务分析：

（1）图表 2－33 所列原始凭证记载了一项经济业务：即鸿运食品有限公司 2023 年 5 月 10 日将所生产的产品曲奇销售，取得现金 600 元（暂不考虑增值税）。

（2）这项经济业务引起两个账户的增减变动，即：

资产类账户　“库存现金”　　增加 600

收入类账户　“主营业务收入”　增加 600

提示：

会计扩展等式　　资产 ＋ 费用 ＝ 负债 ＋ 所有者权益 ＋ 收入

经济业务类型：　⇧（资产）600　　⇧（收入）600

会计等式保持平衡

资产类账户“库存现金”增加，登记在借方。根据“有借必有贷，借贷必相等”的记账规则，则收入类账户“主营业务收入”增加，登记在贷方。

由此归纳出，在借贷记账法下：

收入类账户借方登记减少，贷方登记增加，期末一般无余额。

收入类账户的结构如图表 2－34 所示。

图表 2－34

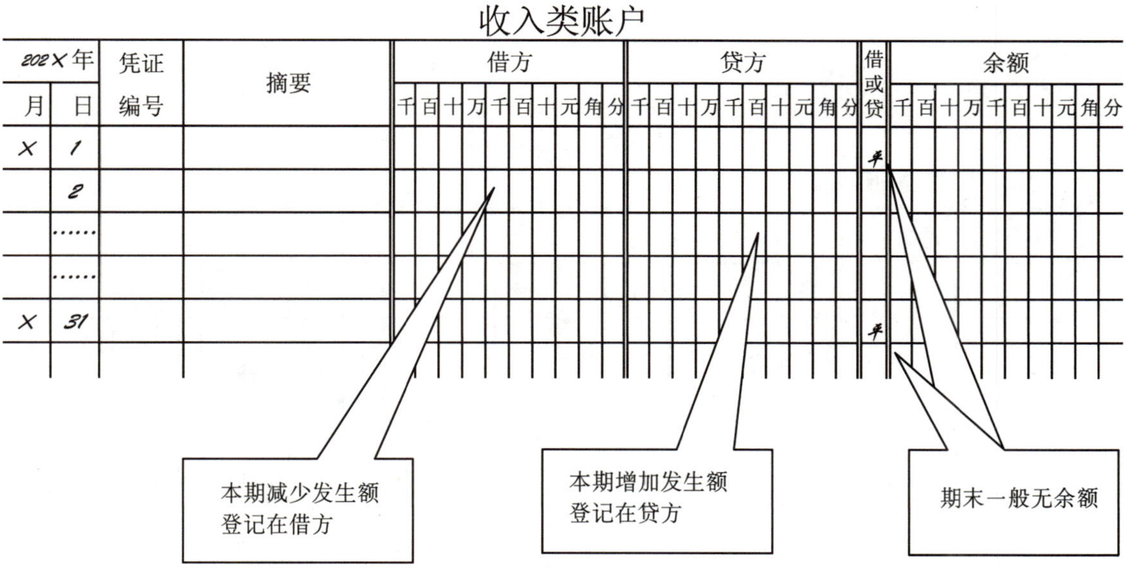

（3）经上述分析，【情境展示 2－7】所发生经济业务应编制记账凭证如图表 2－35 所示。

图表 2－35

通用记账凭证

2023年 5 月 10 日　　　　　　凭证编号：4

摘要	会计科目		借方金额										贷方金额										记账
	总账科目	明细科目	千	百	十	万	千	百	十	元	角	分	千	百	十	万	千	百	十	元	角	分	符号
销售商品收现金	库存现金							6	0	0	0	0											
	主营业务收入																	6	0	0	0	0	
附单据 1 张		合计：					¥	6	0	0	0	0					¥	6	0	0	0	0	

会计主管 吴大伟　　记账 王平　　稽核 吴大伟　　制单 孙姬　　出纳 田力　　交领款人

（4）图表2－35所编制的记账凭证中，涉及的账户结构如图表2－36、图表2－37所示。

图表 2－36

总　　账

1

会计科目 库存现金

2023年		凭证	摘要	借方										贷方										借或贷	余额									
月	日	编号		千	百	十	万	千	百	十	元	角	分	千	百	十	万	千	百	十	元	角	分		千	百	十	万	千	百	十	元	角	分
5	1		略																					借										
			……																															
	10		销售收现						6	0	0	0	0																					

资产类账户“库存现金”增加，记借方。

图表 2－37

总　账

57

会计科目 主营业务收入

2023年 月	日	凭证编号	摘要	借方（千百十万千百十元角分）	贷方（千百十万千百十元角分）	借或贷	余额（千百十万千百十元角分）
5	1		略				
			……				
	10		销售收现		60000		

收入类账户“主营业务收入”增加，记贷方。

提示：

◆ 账户之间的这种相互关系称为“账户对应关系”。

◆ 存在对应关系的账户称为“对应账户”。如本例中“库存现金”账户与“主营业务收入”账户为对应账户。

2. 费用类账户的结构。

【情境展示 2－8】

鸿运食品有限公司发生了一项经济业务，其内容如图表 2－38 所示。

图表 2－38

2100163160　　**辽宁增值税专用发票**　　No 0233369

发票联

开票日期：2023年05月12日

购买方	名称：鸿运食品有限公司 纳税人识别号：91210703210719761A 地址、电话：锦宁市渤海大街18号 3769100 开户行及账号：工商银行凌云支行3456178	密码区	略

货物或应税劳务、服务名称	规格型号	单位	数量	单价	金额	税率	税额
广告服务		项	1	800.00	800.00	6%	48.00
合　计					¥800.00		¥48.00
价税合计（大写）	⊗捌佰肆拾捌圆整				（小写）¥848.00		

销售方	名称：飞天广告公司 纳税人识别号：91210703210618775Q 地址、电话：锦宁市中央大街28号 3987666 开户行及账号：工商银行城内支行 69852225	备注	飞天广告公司 91210703210618775Q 发票专用章

收款人：郑琳　　复核：吴敏　　开票人：王琳　　销售方：（章）

第三联 发票联 购买方记账凭证

分析：

（1）图表 2－38 所列原始凭证记载了一项经济业务：即鸿运食品有限公司 5 月 12 日支付给飞天广告公司广告费 800 元（暂不考虑增值税）。

（2）这项经济业务引起两个账户的增减变动，即：

费用类账户　“销售费用”　　增加 800

资产类账户　“库存现金”　　减少 800

提示：

会计扩展等式：　资产 ＋ 费用 ＝ 负债 ＋ 所有者权益 ＋ 收入

经济业务类型：　⇩　　⇧

800　　800

会计等式保持平衡

资产类账户“库存现金”减少，登记在贷方。根据“有借必有贷，借贷必相等”的记账规则，则费用类账户“销售费用”增加，登记在借方。

由此归纳出，在借贷记账法下：

费用类账户借方登记增加，贷方登记减少，期末一般无余额。

费用类账户的结构如图表 2－39 所示。

图表 2－39

费用类 账户

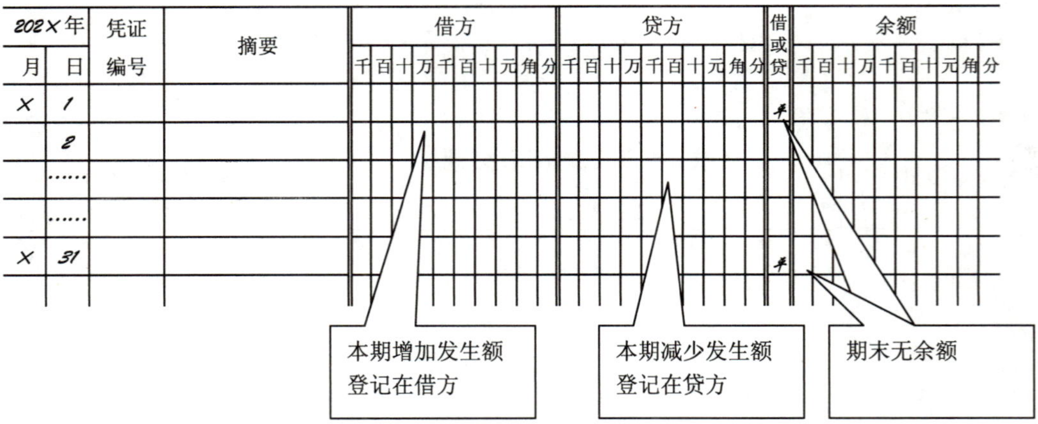

（3）经上述分析，【情境展示 2－8】所发生的经济业务应编制如下记账凭证，如图表 2－40 所示。

（4）图表 2－40 所编制的记账凭证中，涉及的账户结构如图表 2－41、图表 2－42 所示。

图表 2－40

通用记账凭证

2023年 5月12日　　　　凭证编号：5

摘要	会计科目		借方金额										贷方金额										记账符号
	总账科目	明细科目	千	百	十	万	千	百	十	元	角	分	千	百	十	万	千	百	十	元	角	分	
支付广告费	销售费用							8	0	0	0	0											
	库存现金																	8	0	0	0	0	
附单据1张		合　计：					¥	8	0	0	0	0					¥	8	0	0	0	0	

会计主管 吴大伟　记账 王平　稽核 吴大伟　制单 孙娅　出纳 田力　交领款人

图表 2－41

总　　账

会计科目 库存现金　　　　1

2023年		凭证编号	摘要	借方										贷方										借或贷	余额									
月	日			千	百	十	万	千	百	十	元	角	分	千	百	十	万	千	百	十	元	角	分		千	百	十	万	千	百	十	元	角	分
5	1		期初余额																					借					5	5	0	0	0	0
			……																															
	12		付广告费																8	0	0	0	0											

资产类账户“库存现金”减少，记贷方。

图表 2－42

总　　账

会计科目 销售费用　　　　84

2023年		凭证编号	摘要	借方										贷方										借或贷	余额									
月	日			千	百	十	万	千	百	十	元	角	分	千	百	十	万	千	百	十	元	角	分		千	百	十	万	千	百	十	元	角	分
5	1		略																															
			……																															
	12		付广告费						8	0	0	0	0																					

费用类账户“销售费用”增加，记借方。

想一想：

损益类账户为什么没有余额？

企业在生产经营过程中需要按月计算企业实现的利润情况。收入－费用＝利润，企业本月实现的收入扣除本月的各项费用，即为本月的利润。

因此，对于收入类和费用类账户，在月末时应将其本月的发生额结转至“本年利润”账户中，以计算当月实现的利润情况，结转之后的损益类账户余额为零。

根据前述内容，已经明确了在借贷记账法下各类性质账户的结构。归纳起来，全部账户的结构如图表 2－43 所示。

图表 2－43　　借贷记账法下的账户结构

账户性质	借方	贷方	余额
资产类账户	增加	减少	一般在借方
成本类账户	增加	减少	一般在借方
费用类账户	增加	减少	无余额
负债类账户	减少	增加	一般在贷方
所有者权益类账户	减少	增加	一般在贷方
收入类账户	减少	增加	无余额

【记忆小窍门】

你还记得会计扩展等式吗？

资产＋费用＝负债＋所有者权益＋收入

1. 等式左边：增加记借方；等式右边：增加记贷方。
2. 资产、负债、所有者权益一般有余额。
3. 收入、费用无余额。

实训基地三

鸿运食品有限公司发生了一项经济业务，其内容如图表 2－44 所示。

图表 2－44

中国工商银行　贷款转存凭证（借款借据）0017761

2023 年 5 月 14 日　　　　贷款种类：基建

借款人	全　称	中国工商银行凌云支行	收款人	全　称	鸿运食品有限公司
	账　号	35127532968		账　号	3456178
	开户行	工商银行凌云支行		开户行	工商银行凌云支行
大写金额	（币种）人民币捌万元整				亿 千 百 万 千 百 十 元 角 分 ¥ 8 0 0 0 0 0 0
委托你行将上述贷款金额转存/支付 鸿运食品有限公司 存款户。 借款人（签章） 2023 年 5 月 14 日 （鸿运食品有限公司 财务专用章）（张峰印）	业务主管：刘宪伟 经办人：徐阳 （信贷部门签章） 2023 年 5 月 14 日 （中国工商银行股份有限公司凌云支行 2023.05.14 核算用章）			合同号：DK23583537 借款期限：2023 年 5 月 14 日至 2025 年 5 月 13 日	

第四联：收款人收账通知

凭证代码：3052

分析：

1. 图表 2－44 所列原始凭证表明：2023 年 5 月 14 日，鸿运食品有限公司从银行借入 8 万元借款，借款期限为 2 年。

2. 借入款项使公司的资产类账户“银行存款”增加，应记入该账户的借方；同时，公司的负债类账户“长期借款”增加，应记入该账户的贷方。

3. 根据该项经济业务，公司应编制的会计凭证如图表 2－45 所示。

图表 2－45

通 用 记 账 凭 证

2023 年 5 月 14 日　　　　凭证编号：6

摘　要	会计科目		借方金额										贷方金额										记账符号
	总账科目	明细科目	千	百	十	万	千	百	十	元	角	分	千	百	十	万	千	百	十	元	角	分	
借入款项	银行存款					8	0	0	0	0	0	0											
	长期借款															8	0	0	0	0	0	0	
附单据 1 张		合 计：			¥	8	0	0	0	0	0	0			¥	8	0	0	0	0	0	0	

会计主管 吴大伟　记账 王平　稽核 吴大伟　制单 孙娅　出纳 田力　交领款人

> 前面所述的会计分录，借方或贷方均只涉及一个账户，这种一借一贷的会计分录称为简单分录。

4. 根据记账凭证中会计分录所反映的对应关系，相关账户之间的结构如图表2－46、图表2－47所示。

图表2－46

总　账

5

会计科目 银行存款

2023年		凭证	摘要	借方										贷方										借或贷	余额									
月	日	编号		千	百	十	万	千	百	十	元	角	分	千	百	十	万	千	百	十	元	角	分		千	百	十	万	千	百	十	元	角	分
5	1		期初余额																					借			1	2	0	0	0	0	0	0
			……																															
	14		借入款项				8	0	0	0	0	0	0																					

资产类账户“银行存款”增加，记借方。

图表2－47

总　账

40

会计科目 长期借款

2023年		凭证	摘要	借方										贷方										借或贷	余额									
月	日	编号		千	百	十	万	千	百	十	元	角	分	千	百	十	万	千	百	十	元	角	分		千	百	十	万	千	百	十	元	角	分
5	1		期初余额																					贷				1	5	5	0	0	0	0
			……																															
	14		借入款项														8	0	0	0	0	0	0											

负债类账户“长期借款”增加，记贷方。

实训基地四

鸿运食品有限公司2023年5月16日发生了一项经济业务，有关原始凭证如图表2－48和图表2－49所示。

图表2－48

收款收据

No:0478987

收款日期 2023 年 5 月 16 日

<table>
<tr><td>付款单位（交款人）</td><td>王晓玉</td><td>收款单位（收款人）</td><td colspan="4">鸿运食品有限公司</td><td colspan="3">收款项目</td><td colspan="4">投资款</td></tr>
<tr><td rowspan="2">人民币（大写）</td><td colspan="2" rowspan="2">叁万元整</td><td>千</td><td>百</td><td>十</td><td>万</td><td>千</td><td>百</td><td>十</td><td>元</td><td>角</td><td>分</td><td>结算方式</td></tr>
<tr><td></td><td></td><td>¥</td><td>3</td><td>0</td><td>0</td><td>0</td><td>0</td><td>0</td><td>0</td><td>现金</td></tr>
<tr><td rowspan="2">收款事由</td><td colspan="2" rowspan="2">投资款</td><td rowspan="2">经办</td><td colspan="2">部门</td><td colspan="8"></td></tr>
<tr><td colspan="2">人员</td><td colspan="8"></td></tr>
<tr><td colspan="3" rowspan="2">上述款项照数收讫无误
收款单位财务专用章
（领款人签章）</td><td colspan="3">会计主管</td><td colspan="3">稽核</td><td colspan="3">出纳</td><td colspan="2">交款人</td></tr>
<tr><td colspan="3">关大伟</td><td colspan="3">王平</td><td colspan="3">田力</td><td colspan="2">王晓玉</td></tr>
</table>

鸿运食品有限公司 财务专用章

第二联 收款单位记账凭据

图表2－49

固定资产验收交接单

2023 年 5 月 16 日　　金额单位：元

<table>
<tr><td>资产编号</td><td>资产名称</td><td>计量单位</td><td>发票价格</td><td colspan="2">其他费用</td><td>合　计</td></tr>
<tr><td>1005</td><td>厂房</td><td>200平方米</td><td>300000</td><td colspan="2"></td><td>300000</td></tr>
<tr><td>资金来源</td><td colspan="2">投资人投入</td><td>使用年限（年）</td><td>50年</td><td rowspan="4">附属设备</td><td>（略）</td></tr>
<tr><td>制造厂家</td><td colspan="2">自建</td><td>预计净残值率</td><td>1‰</td><td>无</td></tr>
<tr><td>制造日期及编号</td><td colspan="2">年　月</td><td>年折旧率</td><td>2%</td><td></td></tr>
<tr><td>使用部门</td><td colspan="2">生产车间</td><td>系　数</td><td></td><td></td></tr>
</table>

交验部门主管 周月　　设备科 郑林　　点交人　　接管部门主管 张丹　　接管人 才华

原始凭证认知——固定资产验收交接单

企业从各种渠道取得固定资产时，为加强对固定资产的管理与维护，明确责任，应填写固定资产验收交接单。

固定资产验收交接单属企业自制原始凭证，一般一式三联，分别交由资产管理部门、财务部门和采购部门留存。

分析：

1. 图表2－48、图表2－49所列原始凭证表明：鸿运食品有限公司2023年5月16日收到投资人王晓玉以现金3万元、房屋30万元对企业的投资。

2. 这笔经济业务引起如下变化：

资产类账户“库存现金”增加30000，登记在“库存现金”账户借方；

资产类账户“固定资产”增加300000，登记在“固定资产”账户借方。

所有者权益类账户“实收资本”增加330000，登记在“实收资本”账户贷方。

3. 根据该项经济业务，公司应编制的会计凭证如图表2－50所示。

提示：简单分录与复合分录

实际工作中，不允许将多项经济业务合并编制成一笔复合分录。但对于一项经济业务则可以编制成一笔复合分录。

复合分录可以分解为几笔简单分录。如上例中的一笔复合分录可以编制成两笔简单分录：

借：库存现金　　30000

　　贷：实收资本　　30000

借：固定资产　　300000

　　贷：实收资本　　300000

图表2－50

通用记账凭证

2023年 5月 16日　　　　凭证编号：7

摘要	会计科目		借方金额										贷方金额										记账符号
	总账科目	明细科目	千	百	十	万	千	百	十	元	角	分	千	百	十	万	千	百	十	元	角	分	
接受投资	库存现金					3	0	0	0	0	0	0											
	固定资产				3	0	0	0	0	0	0	0											
	实收资本														3	3	0	0	0	0	0	0	
附单据 2 张		合计：		¥	3	3	0	0	0	0	0	0		¥	3	3	0	0	0	0	0	0	

会计主管 关大伟　记账 王丰　稽核 关大伟　制单 孙娅　出纳 田力　交领款人 王晓玉

这笔会计分录，借方涉及两个账户，贷方涉及一个账户，这种一借多贷或多借一贷的会计分录称为复合分录。

4. 根据记账凭证中会计分录所反映的对应关系，相关账户之间的结构如图表2－51至图表2－53所示。

图表 2－51

总　　账

会计科目 库存现金　　　　1

2023年		凭证编号	摘要	借方										贷方										借或贷	余额									
月	日			千	百	十	万	千	百	十	元	角	分	千	百	十	万	千	百	十	元	角	分		千	百	十	万	千	百	十	元	角	分
5	1		略																					借										
			……																															
	16		投资人投入				3	0	0	0	0	0	0																					

资产类账户"库存现金"增加，记借方。

图表 2－52

总　　账

会计科目 固定资产　　　　24

2023年		凭证编号	摘要	借方										贷方										借或贷	余额									
月	日			千	百	十	万	千	百	十	元	角	分	千	百	十	万	千	百	十	元	角	分		千	百	十	万	千	百	十	元	角	分
5	1		略																					借										
			……																															
	16		投资人投入			3	0	0	0	0	0	0	0																					

资产类账户"固定资产"增加，记借方。

图表 2－53

总　　账

会计科目 实收资本　　　　41

2023年		凭证编号	摘要	借方										贷方										借或贷	余额									
月	日			千	百	十	万	千	百	十	元	角	分	千	百	十	万	千	百	十	元	角	分		千	百	十	万	千	百	十	元	角	分
5	1		略																					贷										
			……																															
	16		接受投资													3	3	0	0	0	0	0	0											

所有者权益类账户"实收资本"增加，记贷方。

能力内容三　记账凭证

一、认知记账凭证

记账凭证示意图如图表 2－54 所示。

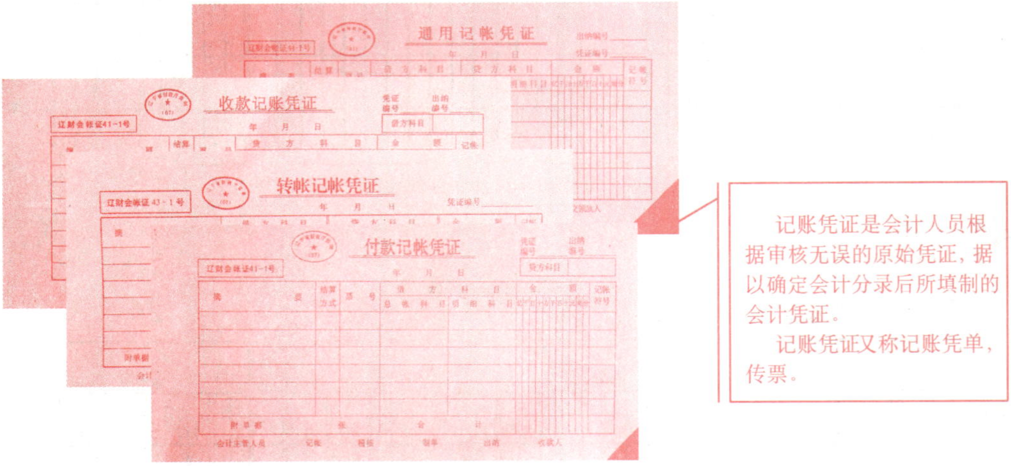

图表 2－54　记账凭证示意图

在实际工作中，会计工作业务流程如图表 2－55 所示。

图表 2－55　会计工作业务流程示意图

由此可知，记账凭证的编制依据是审核无误的原始凭证，编制原理是借贷记账法，核心内容是会计分录，审核无误的记账凭证是登记各种账簿的依据。

二、记账凭证的基本内容

记账凭证的基本内容如图表 2－56 所示。

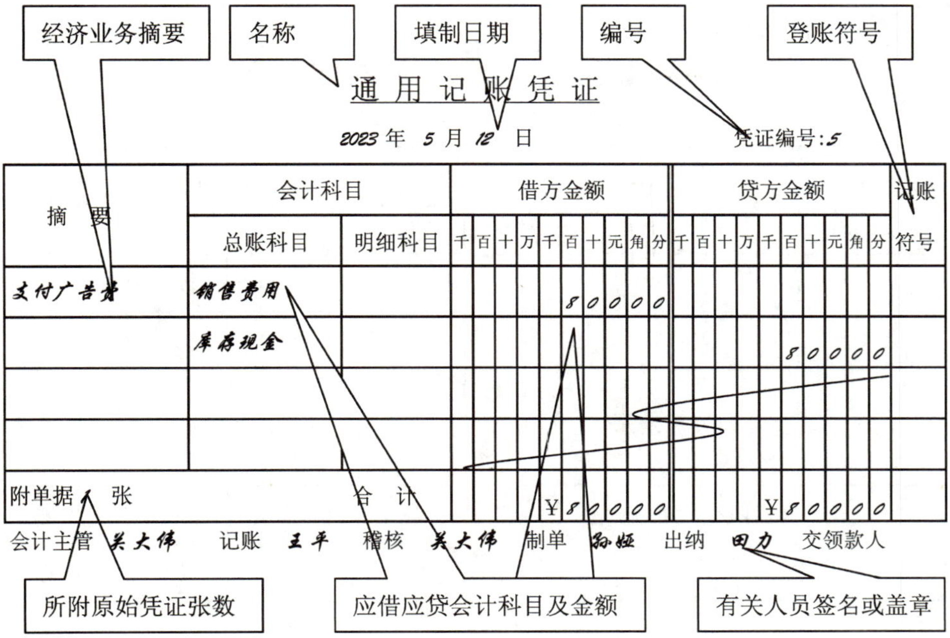

图表2-56 记账凭证内容示意图

三、记账凭证的种类和填制方法

记账凭证按其使用范围的不同可以分为通用记账凭证和专用记账凭证。

（一）通用记账凭证

顾名思义，该种记账凭证可以用来记录各类交易或事项，一般具有统一的格式。如本单元能力内容一中展示的均为通用记账凭证。

（二）专用记账凭证

按反映经济业务的内容不同，记账凭证分为收款凭证、付款凭证和转账凭证。

1. 收款凭证。**收款凭证**是用于记录库存现金和银行存款收入业务的记账凭证。

【情境展示2-9】

鸿运食品有限公司发生了一项经济业务，其内容如图表2-57所示。

图表 2－57

收款收据　　NO：0366478

收款日期 2023 年 5 月 20 日

付款单位（交款人）	王大明	收款单位（收款人）	鸿运食品有限公司	收款项目	罚款收入
人民币（大写）	贰佰元整		千 百 十 万 千 百 十 元 角 分 ¥ 2 0 0 0 0		结算方式 现金
收款事由	违规操作罚款	经办	部门		
			人员		
上述款项照数收讫无误。 收款单位财务专用章： （领款人签章） 鸿运食品有限公司 财务专用章		会计主管 吴大伟	稽核 王平	出纳 田力	交款人 王大明

第二联 收款单位记账凭据

分析：

（1）原始凭证分析：图表 2－57 表明，2023 年 5 月 20 日，鸿运食品有限公司收到王大明因违规操作交来的罚款 200 元。

（2）经济业务分析：该项经济业务的发生，使鸿运食品有限公司的下列账户发生变动：

资产类账户“库存现金”增加 200 元，登记在该账户借方；

损益类账户“营业外收入”增加 200 元，登记在该账户贷方。

（3）填制记账凭证。

①右上角的“借方科目”按收款的性质填写，本例为“库存现金”。

②日期填写为该凭证的编制日期。本例中凭证的编制日期与原始凭证日期一致，为 2023 年 5 月 20 日。

③收款凭证以“收字第 × 号”按收款顺序依次编号，填写在右上角。

提示：

对于收款业务特别多的单位，可以将收款分为“现金收款”和“银行存款收款”两类，其编号可分为“现收第 × 号”和“银收第 × 号”。

④“摘要”栏填写对所记录经济业务的简要说明，即“收取罚款”。

⑤凭证内的“贷方科目”，填写与库存现金或银行存款对应的会计科目，本例中为“营业外收入”。

⑥“金额”栏填写实际收到的库存现金或银行存款金额，本例中金额为 200 元。

⑦凭证中附件数为所附原始凭证的张数，本例为 1 张。

⑧由相关人员签名或盖章，以明确经济责任。

填制完成的记账凭证如图表 2－58 所示。

2. 付款凭证。付款凭证是用于记录库存现金和银行存款支出业务的记账凭证。

图表 2－58

收款记账凭证

凭证编号：收字第15号

2023年5月20日　　　借方科目：库存现金

摘要	结算方式	票号	贷方科目		金额										记账符号
			总账科目	明细科目	千	百	十	万	千	百	十	元	角	分	
收取罚款			营业外收入							2	0	0	0	0	
附单据 1 张			合计						¥	2	0	0	0	0	

会计主管 关大伟　　记账　　稽核 关大伟　　制单 孙娅　　出纳 田力　　交领款人 王大明

【情境展示 2－10】

鸿运食品有限公司发生了一项经济业务，其内容如图表 2－59 所示。

图表 2－59

借　款　单（记账）

2023年5月21日　　　顺序第 18 号

借款单位	*办公室	姓名	*许丽	级别	*科级	出差地点	*上海
						天数	*4
事由	开会	借款金额（大写）	*壹仟捌佰元整			¥ 1800.00	
部门负责人	同意 李勐	借款人签章	许丽	注意事项	一、有*者由借款人填写 二、凡借用公款必须使用本单 三、第三联为正式借据，由借款人和单位负责人签章 四、出差返回在三天内结算		
单位负责人	同意 张峰	审核意见	同意 关大伟				

第三联 借款记账凭证

分析：

（1）原始凭证分析：图表 2－59 表明，2023 年 5 月 21 日，办公室许丽去上海开会借差旅费 1800 元。

（2）经济业务分析：该项经济业务的发生，使鸿运食品有限公司的下列账户发生变动：

资产类账户“库存现金”减少 1800 元，登记在该账户贷方；

资产类账户“其他应收款”增加 1800 元，登记在该账户借方。

（3）填制记账凭证：

①右上角的“贷方科目”按付款的性质填写“库存现金”或“银行存款”。本例应填写“库存现金”。

②凭证内的“借方科目”，填写与库存现金或银行存款对应的会计科目，本例中为“其他应收款”。

③付款凭证以“付字第×号”按付款顺序依次编号，填写在右上角。同样，对于付款业务特别多的单位，可以将付款分为“现金付款”和“银行存款付款”两类，其编号可为分“现付第×号”和“银付第×号”。

④其他内容的填写同“收款凭证”。

填制完成的记账凭证如图表 2－60 所示。

图表 2－60

付 款 记 账 凭 证

凭证编号：付字第5号

2023年5月21日　　贷方科目：库存现金

摘要	结算方式	票号	借方科目		金额										记账
			总账科目	明细科目	千	百	十	万	千	百	十	元	角	分	符号
预借差旅费	现金		其他应收款						1	8	0	0	0	0	
附单据 1 张			合计					¥	1	8	0	0	0	0	

会计主管 吴大伟　　记账　　稽核 吴大伟　　制单 孙娅　　出纳 田力　　领款人 许丽

采用收、付、转记账凭证的企业，对于既涉及库存现金又涉及银行存款的经济业务，应填制何种记账凭证？

【情境展示 2－11】

鸿运食品有限公司发生了一项经济业务，其内容如图表 2－61 所示。

图表 2－61

ICBC 中国工商银行　　现金存款凭条

日期：2023年5月26日

存款人			
全称	鸿运食品有限公司		
账号	3456178	款项来源	现金收入
开户行	工商银行凌云支行	交款人	田力

金额（大写）	金额（小写）	亿	千	百	十	万	千	百	十	元	角	分
柒仟捌佰元整						¥	7	8	0	0	0	0

票面	张数	十	万	千	百	十	元	票面	张数	千	百	十	元	角	分	备注
壹佰元	78			7	8	0	0	伍角								
伍拾元								贰角								
贰拾元								壹角								
拾元								伍分								
伍元								贰分								
贰元								壹分								
壹元								其他								

第二联 客户核对联

（1）原始凭证分析：图表 2－61 表明，2023 年 5 月 26 日，鸿运食品有限公司将 7800 元现金存入银行。

（2）这项经济业务引起两个账户的增减变动，即：

资产类账户“银行存款”增加 7800，登记在该账户借方；

资产类账户“库存现金”减少 7800，登记在该账户贷方。

（3）填制记账凭证：如图表 2－62 所示。

提示：

按照规定，一笔经济业务既涉及库存现金，又涉及银行存款，在采用收、付、转记账凭证时，只编制**付款记账凭证**。

图表 2－62

付 款 记 账 凭 证

凭证编号：付字第15号

2023 年 5 月 26日　　　　贷方科目：库存现金

摘　要	结算方式	票号	借方科目		金　额										记账符号
			总账科目	明细科目	千	百	十	万	千	百	十	元	角	分	
将现金存入银行			银行存款						7	8	0	0	0	0	
附单据　1　张			合　　计					¥	7	8	0	0	0	0	

会计主管 关大伟　　记账　　稽核 关大伟　　制单 孙娅　　出纳 田力　　领款人

3. 转账凭证。转账凭证是用于记录与库存现金和银行存款收支无关的转账业务的记账凭证。

【情境展示 2－12】

鸿运食品有限公司发生了一项经济业务，其内容如图表 2－63、图表 2－64 所示（根据购货合同约定采用先收料后付款结算方式，暂不付款）。

分析：

（1）原始凭证分析：图表 2－63、图表 2－64 表明，2023 年 5 月 22 日，鸿运食品有限公司购入食用油，金额为 960 元，用于产品生产，材料已经入库，款项未付。

（2）经济业务分析：该项经济业务的发生，使鸿运食品有限公司的两个相关账户发生了变动：

资产类账户“原材料”增加 960 元，登记在该账户借方；

负债类账户“应付账款”增加 960 元，登记在该账户贷方。

图表 2－63

2100163160　　**辽宁增值税专用发票**　　**№ 0236958**

发票联

开票日期：2023年05月20日

购买方	名　　称：鸿运食品有限公司 纳税人识别号：91210703210719761A 地 址、电 话：锦宁市渤海大街18号3769100 开户行及账号：工商银行城内支行9787940	密码区	略

货物或应税劳务、服务名称	规格型号	单位	数量	单价	金额	税率	税额
食用性植物油	5kg	桶	12	80.00	960.00	9%	86.40
合　　计					¥960.00		¥86.40
价税合计（大写）	⊗壹仟零肆拾陆元肆角整				（小写）¥1046.40		

销售方	名　　称：锦宁市新都食用油有限公司 纳税人识别号：912107035567896543 地 址、电 话：锦宁市中央大街15号3679470 开户行及账号：工商银行城内支行9871850	备注	锦宁市新都食用油有限公司 912107035567896543 发票专用章

收款人：　　复核：赵新　　开票人：李小玉　　销售方：（章）

第三联：发票联　购买方记账凭证

图表 2－64

材料验收入库单 ②记账

验收仓库 2#

2023年 5月 22日　　　　第 15 号

供应单位：新都公司				合同号		发票号	1002987	托收支票	
物资名称	材质	规格型号	单位	数量		实际价格			
				应收	实收	单价	金额	运杂费	合计
食用油		5kg	桶	12	12	80	960.00		960.00
合　计							960.00		960.00

会计　　　　记账　　　　保管员　李林　　　　经办人　李明

（3）填制记账凭证：

①按先借后贷的顺序记入“会计科目”栏中；

②按应借方向金额记入“借方金额”栏，按应贷方向金额记入“贷方金额”栏；

③转账凭证以“转字第×号”按时间先后顺序依次编号，填写在右上角。

提示：

一笔经济业务需填制两张以上记账凭证的，可以采用**分数编号法**编号。如一笔转账业务为本月第五笔业务，需要填制三张记账凭证，则第一张记账凭证可以编号为“转字第 $5\frac{1}{3}$ 号”，第二张记账凭证可以编号为“转字第 $5\frac{2}{3}$ 号”，第三张记账凭证可以编号为“转字第 $5\frac{3}{3}$ 号”。

前面的整数表示业务顺序，分子表示三张转账凭证中的第一张、第二张和第三张，分母表示共编制 3 张记账凭证。以此类推。一笔经济业务所编制的记账凭证必须连续编号。

④其他内容的填写同“收款凭证”。

填制完成的记账凭证如图表 2－65 所示。

图表 2－65

转 账 记 账 凭 证

2023 年 5 月 22 日　　　　凭证编号：转字第17号

摘要	会计科目		借方金额										贷方金额										记账
	总账科目	明细科目	千	百	十	万	千	百	十	元	角	分	千	百	十	万	千	百	十	元	角	分	符号
购入材料款项未付	原材料							9	6	0	0	0											
	应付账款																	9	6	0	0	0	
附单据 2 张		合 计：					¥	9	6	0	0	0					¥	9	6	0	0	0	

会计主管 关大伟　　记账　　稽核 关大伟　　制单 孙娅　　出纳　　交领款人

四、记账凭证的审核

以通用记账凭证为例，编制完成的记账凭证应审核的内容如图表 2－66 所示。

图表 2－66

会计科目是否正确

日期、编号是否齐备

通 用 记 账 凭 证

2023 年 5 月 20 日　　　　凭证编号：8

摘要	会计科目		借方金额										贷方金额										记账
	总账科目	明细科目	千	百	十	万	千	百	十	元	角	分	千	百	十	万	千	百	十	元	角	分	符号
盈余公积转增资本	盈余公积					2	0	0	0	0	0	0											
	实收资本															2	0	0	0	0	0	0	
附单据 1 张		合 计：			¥	2	0	0	0	0	0	0			¥	2	0	0	0	0	0	0	

会计主管 关大伟　　记账 王平　　稽核 关大伟　　制单 孙娅　　出纳　　交领款人

与所附原始凭证张数、内容是否相符

金额计算是否正确

人员签章是否完整

在审核记账凭证的过程中，如果发现错误，应及时予以更正。只有经过审核无误的记账凭证，才能作为记账的依据。

能力内容四　装订会计凭证

一、会计凭证的内容

原始凭证和记账凭证，统称为会计凭证，简称“凭证”。

会计凭证是记录经济业务发生和完成情况、明确经济责任，并作为登记账簿依据的书面证明。

在实际工作中，企业在发生各项经济业务时，会取得或填制有关的原始凭证，这些原始凭证按照管理权限的授权要求，由经办人员、相关责任人员及领导审批后，交到财务部门，由财务部门进行整理，并按照复式记账法的要求填制记账凭证。填制完成的记账凭证应与原始凭证粘贴在一起，以免遗失。如图表 2－67 所示。

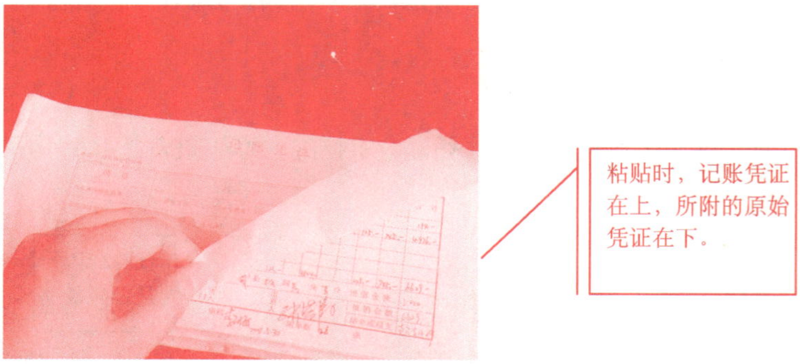

图表 2－67　装订会计凭证示意图

实际工作中收到的原始凭证往往大小不一，对面积大于记账凭证的原始凭证应将其折叠，折叠时应注意将凭证的左下角或左侧面空出，以便于装订后的展开查阅。对于纸张面积过小的原始凭证，则采用粘贴的方法，即按一定次序和类别将原始凭证粘贴在一张与记账凭证大小相同的白纸上。

对于数量过多的原始凭证，如工资结算表等，可以单独装订保管，但应在封面上注明原始凭证的张数、金额，所属记账凭证的日期、编号、种类。封面应一式两份，一份作为原始凭证装订成册的封面，封面上注明“附件”字样；另一份附在记账凭证的后面，同时在记账凭证上注明“附件另订”，以备查找。

二、装订会计凭证的方法

将整理好的会计凭证按顺序排列好后，应加上封皮，将其装订成册。一般每月装订一次，如果会计凭证较多，则可以装订成若干册。

会计凭证的装订方法较多，下面介绍一种较为常见的装订方法。

（一）装订工具

凭证装订工具包括装订机、账绳、夹子、封皮等，见图表 2－68。

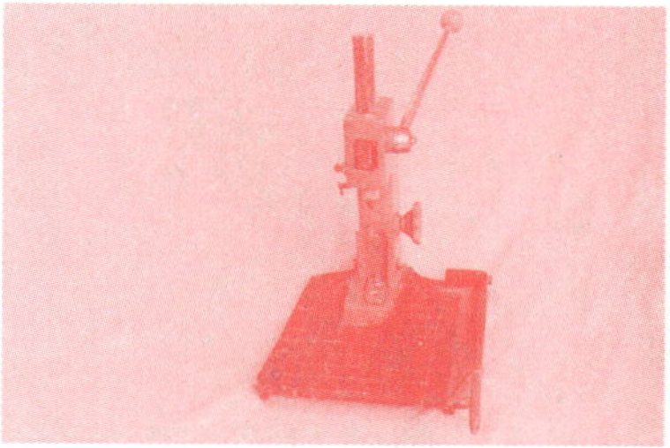

装订机

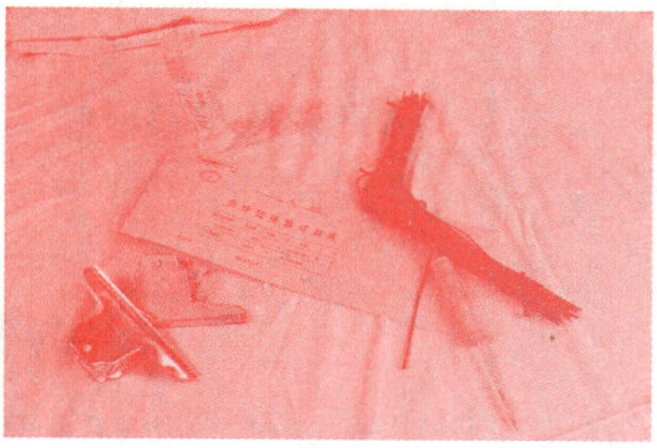

封皮、账绳、夹子、胶水

图表 2－68 装订工具

（二）装订方法

第一步：把凭证封皮与封底相对、折叠。注意封底比封面留长一些，再将凭证整理对齐。见图表 2－69。

图表 2－69

第二步：将凭证整理对齐后，把封皮放在凭证上，对齐后用夹子将凭证固定（见图表 2－70）。

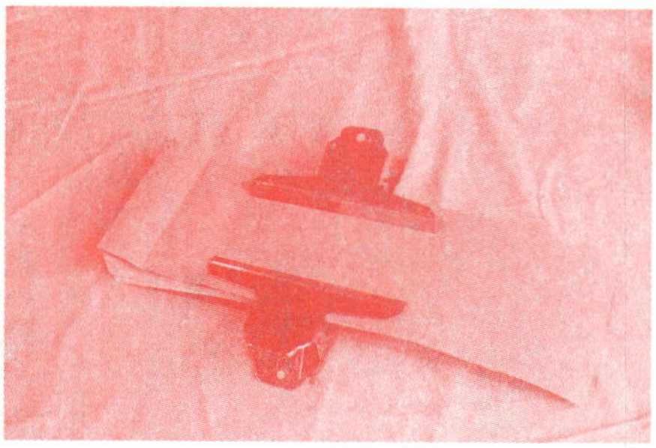

图表 2－70

第三步：将凭证放到装订机上依次打三个孔，将账绳穿入孔内（见图表2－71）。

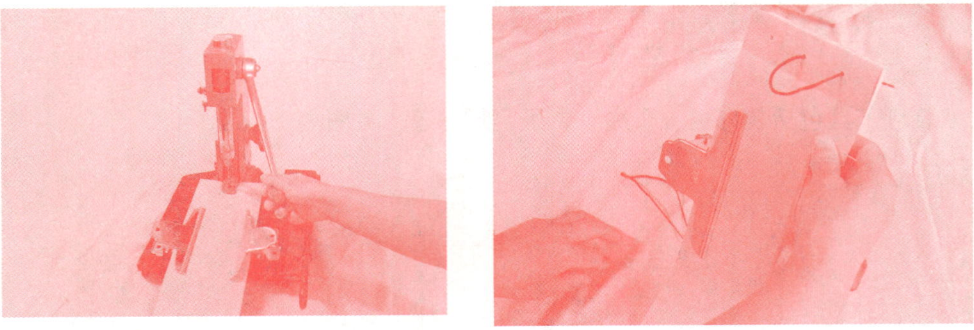

图表 2－71

第四步：在背面将账绳打结，装订孔周围涂抹胶水，翻转封底，折好压实（见图表2－72）。

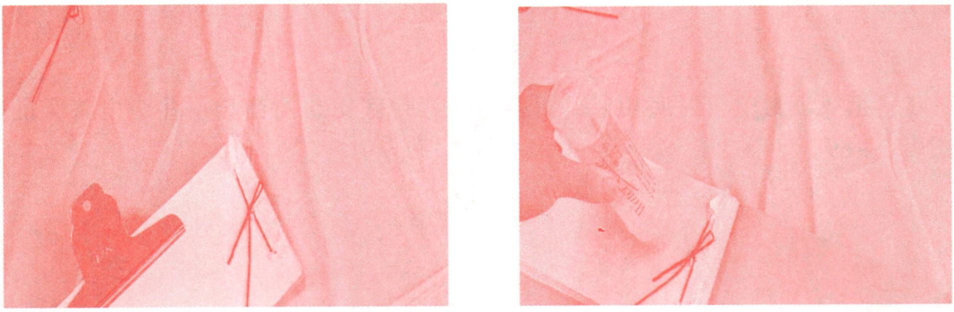

图表 2－72

装订完成的会计凭证如图表2－73所示。

图表 2－73

第三单元

企业主要经济业务的核算

【学习目标】

◇ 了解企业生产经营过程中发生的主要经济业务

◇ 掌握企业主要经济业务的账务处理

◇ 熟练运用借贷记账法

【职业能力目标】

◇ 熟练掌握常用原始凭证的填制

◇ 掌握根据原始凭证编制记账凭证的会计技能

【导语】

党的二十大报告指出，“要增强全党全国各族人民的志气、骨气、底气，知难而进、迎难而上，全力战胜前进道路上各种困难和挑战，依靠顽强斗争打开事业发展新天地。”

鸿运食品有限公司成立后，通过潜心运营，企业很快走上正轨。而经理张峰需要随时了解企业的生产经营状况，比如材料的采购成本、产品的生产成本、销售情况、货款的结算情况、企业的生产经营实现盈利还是发生亏损等情况。这些信息都可以通过阅读会计资料来获得，也就是说，会计工作贯穿了企业生产经营全过程。会计人员通过审核原始凭证，分析经济业务，将生产准备过程、产品生产过程、销售过程中各项业务引起会计要素的变化完整地体现在会计资料中，为企业经营管理提供整体的信息。

具体来说，企业的经营过程与会计处理有什么关系呢？作为企业会计人员，如何把经济业务体现在会计资料中呢？这就是本单元要介绍的主要内容。

能力内容一　企业的资金周转

一、生产经营过程的主要特征

企业生产经营过程包括生产准备过程、产品生产过程和销售过程三个阶段。

（一）生产准备过程

生产准备过程是企业生产经营过程的第一阶段，主要任务是采购、储备生产需要的各项物资。简单地说，就是“花钱”的过程，买设备、买材料，做好产品生产的各项准备工作。

（二）产品生产过程

产品生产过程是企业生产经营过程的中心环节，主要任务是生产产品验收入库。简单地说，就是“使用”的过程，用人、用料、用设备，生产出符合市场需要的各种产品。

（三）销售过程

销售过程是企业生产经营过程的最后阶段，主要任务是将生产的产品销售出去以满足市场需要，取得销售收入，使企业的生产耗费得到补偿。简单地说，就是“收钱”的过程，尽可能地把产品用更高的价格卖出去，收回资金，尽可能多地实现盈余。

二、企业资金周转

在企业生产经营过程中，资金在购进材料时由货币形态转化为生产准备资金，继而形成生产资金和产成品资金，随着商品的销售，购买材料时所垫支的货款得以收回，企业的资金又回归为货币形态，企业资金的这种存在形态的转换和回归，随着商品流转周而复始、延续不断，称为**资金周转**（见图表 3－1）。

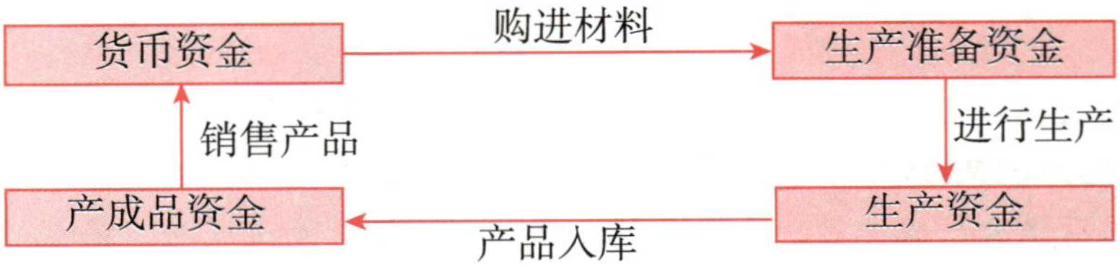

图表 3－1　资金周转示意图

能力内容二　生产准备过程的核算

一、采购材料的核算

【情境展示 3－1】

鸿运食品有限公司 2023 年 6 月份办理了增值税一般纳税人手续。2023 年 6 月 9 日发生相关业务取得原始凭证如图表 3－2 至图表 3－5 所示（根据购货合同约定采用先收料后付款结算方式，暂不付款）。

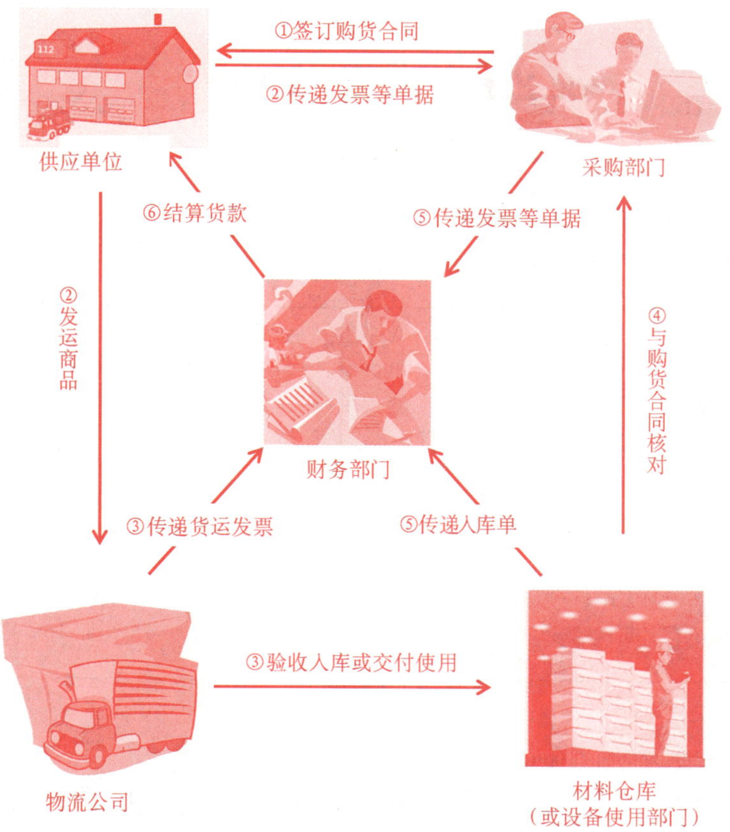

图表 3－2 生产准备过程业务示意图

图表 3－3

2100163160

辽宁增值税专用发票

抵扣联

No 0236958

开票日期：2023年06月09日

购买方	名　　称：鸿运食品有限公司 纳税人识别号：91210703210719761A 地 址、电 话：锦宁市渤海大街18号 3769100 开户行及账号：工商银行凌云支行3456178	密码区	略

货物或应税劳务、服务名称	规格型号	单位	数量	单价	金额	税率	税额
高筋面粉	50kg	袋	400	150.00	60000.00	9%	5400.00
					¥60000		¥5400.00
价税合计（大写）	⊗陆万伍仟肆佰圆整				（小写）¥65400.00		

销售方	名　　称：锦宁市面粉厂 纳税人识别号：912107034567896546 地 址、电 话：锦宁市中央大街55号3675823 开户行及账号：工商银行城内支行9871230	备注	锦宁市面粉厂 912107034567896546 发票专用章

收款人：　　复核：蔡真　　开票人：周军　　销售方：（章）

第二联：抵扣联 购买方扣税凭证

图表 3－4

2100163160　　　　辽宁增值税专用发票　　　　№ 0236958

发票联　　　　开票日期：2023年06月09日

购买方	名　　称：鸿运食品有限公司 纳税人识别号：91210703210719761A 地址、电话：锦宁市渤海大街18号 3769100 开户行及账号：工商银行凌云支行3456178				密码区	略	
货物或应税劳务、服务名称	规格型号	单位	数量	单价	金额	税率	税额
高筋面粉	50kg	袋	400	150.00	60000.00	9%	5400.00
					¥60000.00		¥5400.00
价税合计（大写）	⊗陆万伍仟肆佰圆整				（小写）¥65400.00		
销售方	名　　称：锦宁市面粉厂 纳税人识别号：912107034567896546 地址、电话：锦宁市中央大街55号3675823 开户行及账号：工商银行城内支行9871230				备注	锦宁市面粉厂 912107034567896546 发票专用章	

收款人：　　复核：蔡真　　开票人：周军　　销售方：（章）

第三联：发票联　购买方记账凭证

图表 3－5

验收仓库	2#

材料验收入库单　②记账

2023年　6月　9日　　　　第11　号

供应单位：锦宁市面粉厂			合同号			发票号	No00399727	托收支票	
物资名称	材质	规格型号	单位	数量		实际价格			
				应收	实收	单价	金额	运杂费	合计
高筋面粉		50kg	袋	400	400	150	60000		60000
合　计							60000		60000

会计　　记账　　保管员　李林　　经办人　李明

原始凭证审核：

（1）本业务的原始凭证包括鸿运食品有限公司取得的增值税专用发票的发票联以及企业自行填制的材料验收入库单的记账联。

（2）企业取得增值税专用发票的发票联，说明本业务是企业的购货业务；填制材料验收入库单，说明仓库中原材料增加；根据购货合同的约定，款项尚未支付。

（3）综合上述分析，本业务可以描述为：2023 年 6 月 9 日公司购买高筋面粉 400 袋，单价 150 元，价款 6 万元，已经验收入库，款项尚未支付。

相关链接

增值税是根据企业流转环节的增值额计算缴纳的税种，在我国境内销售货物、提供应税劳务以及进口货物的单位和个人都应该缴纳增值税。增值税纳税人有一般纳税人和小规模纳税人之分。一般纳税人在“应交税费——应交增值税”账户下设置“进项税额”“销项税额”等专栏。在商品采购过程中，企业主要用“应交税费——应交增值税（进项税额）”记录一般纳税人购货或接受应税劳务而支付的、准予从销项税额中抵扣的增值税额。在商品销售过程中，企业主要用“应交税费——应交增值税（销项税额）”记录一般纳税人销售商品或提供劳务时向购买方收取的增值税额。

原始凭证认知——增值税专用发票

增值税专用发票是发票的一种，由销售单位开具，只限于增值税一般纳税人领购使用。

增值税专用发票有纸质版和电子版两种，其法律效力、基本用途、基本使用规定等相同。以下所称“增值税专用发票”均指纸质版增值税专用发票。增值税专用发票一式三联，第一联记账联，销货方保留作为销售货物的原始凭证；第二联抵扣联，购货方用来扣税；第三联发票联，购货方用来记账。销货方开具增值税专用发票后，将抵扣联和发票联交给购货方。

购货方取得增值税专用发票的抵扣联，需要单独装订成册，以便日后到税务机关办理增值税抵扣时使用，不能作为原始凭证附在记账凭证后面。

经济业务分析：

购货方取得增值税专用发票的发票联，应将相关的增值税额记录在“应交税费——应交增值税（进项税额）”中；填制材料验收入库单体现原材料增加，应记录在“原材料”账户的借方；从锦宁市面粉厂购买面粉未付款，形成企业的一项负债，应记入“应付账款”账户的贷方。据此，会计孙娅编制记账凭证如图表 3－6 所示。

图表 3－6

通 用 记 账 凭 证

2023年 6月 9日　　　　凭证编号：1

摘要	会计科目		借方金额										贷方金额										记账
	总账科目	明细科目	千	百	十	万	千	百	十	元	角	分	千	百	十	万	千	百	十	元	角	分	符号
购买高筋面粉	原材料	高筋面粉				6	0	0	0	0	0	0											
	应交税费	应交增值税（进项税额）					5	4	0	0	0	0											
	应付账款	锦宁市面粉厂														6	5	4	0	0	0	0	
附单据 2 张	合	计：			¥	6	5	4	0	0	0	0			¥	6	5	4	0	0	0	0	

会计主管人员 吴大伟　　记账　　稽核 吴大伟　　制单 孙娅　　出纳　　交领款人

相关账户介绍：

“原材料”账户属于资产类账户，用来核算企业库存的各种材料，包括原料及主要材料、辅助材料、包装材料等的成本。如图表3－7所示。

“原材料”账户按材料种类及规格设置明细账。

图表3－7

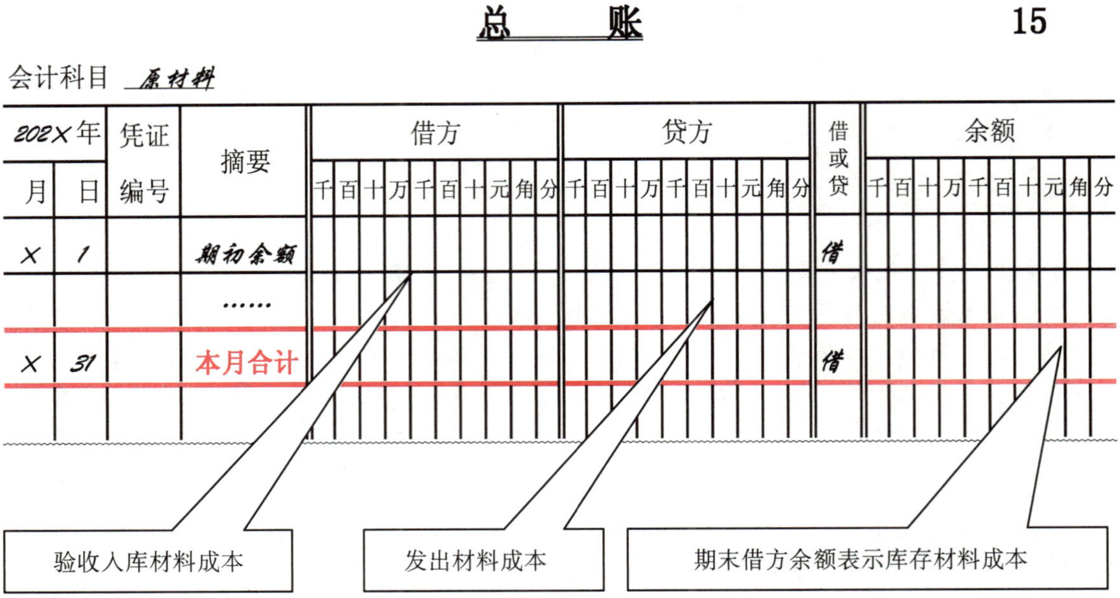

“应交税费”账户属于负债类账户，用来核算企业按照税法等规定计算应缴纳的各种税费，包括增值税、所得税、城市维护建设税等。如图表3－8所示。

“应交税费”账户按税种设置明细账。

图表3－8

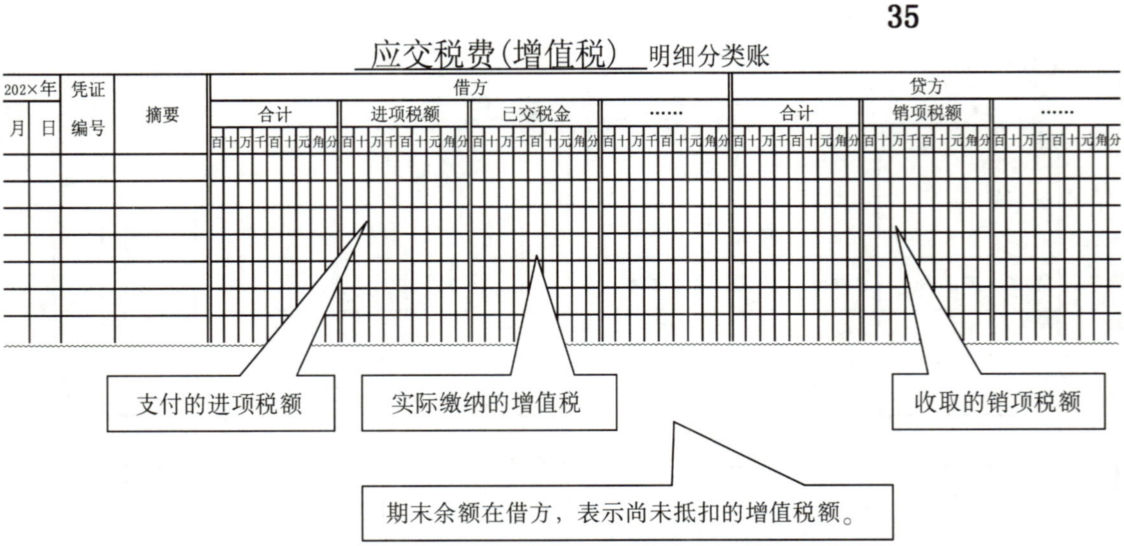

“应付账款”账户属于负债类账户，用来核算企业因购买材料、商品和接受劳务等经营活动应支付的款项。如图表 3－9 所示。

“应付账款”账户按债权人设置明细账。

图表 3－9

总　　账

会计科目 应付账款　　　　30

202X年		凭证编号	摘要	借方										贷方										借或贷	余额									
月	日			千	百	十	万	千	百	十	元	角	分	千	百	十	万	千	百	十	元	角	分		千	百	十	万	千	百	十	元	角	分
X	1		期初余额																					贷										
			……																															
X	31		本月合计																					贷										

实际偿还金额

应付款项

贷方余额表示期末尚未偿还的款项

【情境展示 3－2】

鸿运食品有限公司 2023 年 6 月 10 日相关业务原始凭证如图表 3－10 所示。

图表 3－10

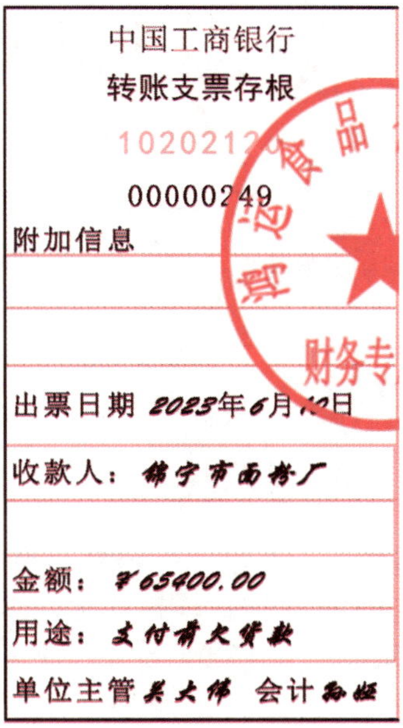
中国工商银行
转账支票存根
10202120
00000249
附加信息

出票日期 2023年6月10日
收款人：锦宁市面粉厂

金额：￥65400.00
用途：支付前欠货款
单位主管 吴大伟　会计 孙怡

原始凭证审核：

（1）本业务的原始凭证为鸿运食品有限公司签发的转账支票存根。

（2）附转账支票存根，说明本企业是付款方；存根中标明收款人是锦宁市面粉厂；用于支付前欠货款 65400 元，说明企业将款项支付给锦宁市面粉厂以偿还前欠货款。

（3）综合上述分析，本业务可以描述为：2023 年 6 月 10 日鸿运食品有限公司签发支票支付前欠锦宁市面粉厂货款 65400 元。

原始凭证认知——支票

支票是出票人签发的，委托办理支票存款业务的银行见票时无条件支付确定的金额给收款人或持票人的票据。支票为单联式，分左右两部分，左边存根联，签发方作为原始凭证；右边支票联，交收款方。【情景展示 3－2】中所签发的支票全貌如图表 3－11 所示，签发后支票联交付锦宁市面粉厂，存根联作为企业原始凭证，即图表 3－10 所示。

图表 3－11

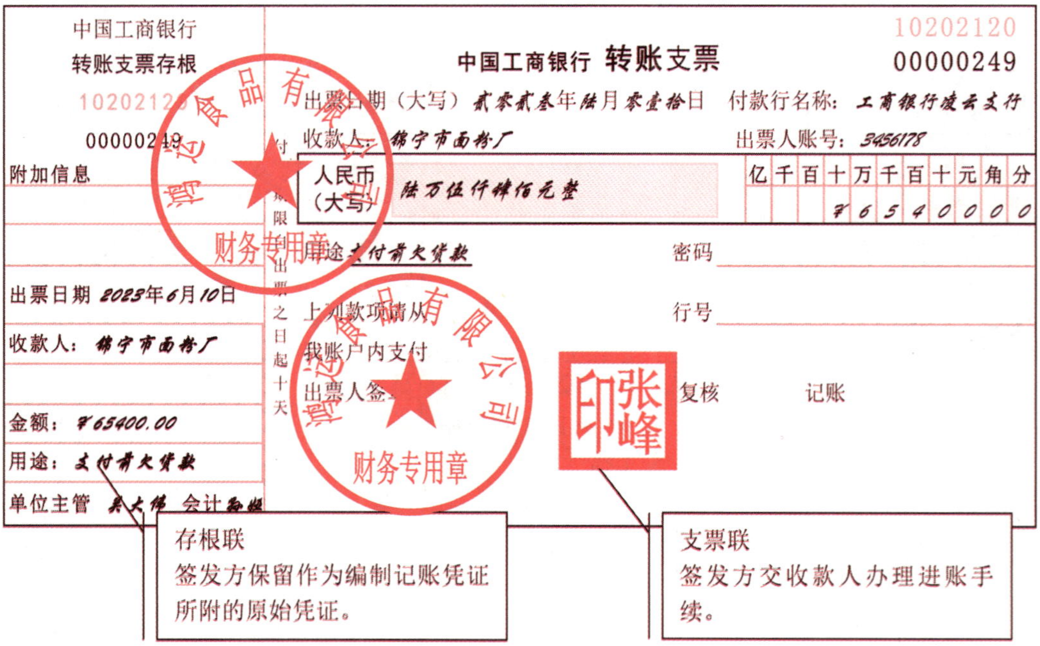

中国工商银行
转账支票存根
10202120
00000249
附加信息
出票日期 2023年6月10日
收款人：锦宁市面粉厂
金额：￥65400.00
用途：支付前欠货款
单位主管 吴大伟 会计 孙妞

中国工商银行 转账支票 10202120 00000249
出票日期（大写）贰零贰叁年陆月零壹拾日 付款行名称：工商银行凌云支行
收款人：锦宁市面粉厂 出票人账号：3456178
人民币（大写）陆万伍仟肆佰元整 亿 千 百 十 万 千 百 十 元 角 分 ￥ 6 5 4 0 0 0 0
付款期限自出票之日起十天
用途 支付前欠货款 密码
上列款项请从我账户内支付 行号
出票人签章 复核 记账

相关链接

支票上印有“现金”字样的称为**现金支票**，用于从银行提取现金；支票上印有“转账”字样的称为**转账支票**，只能用于转账，不能提取现金；支票上未印有“现金”或“转账”字样的称为**普通支票**，可以从银行提取现金，也可以用于转账；在普通支票左上角划两条平行线的称为**划线支票**，只能用于转账，不能提取现金。支票适用于同城单位和个人之间各种款项的结算。

经济业务分析：

鸿运食品有限公司签发支票支付款项，导致银行存款减少，应记入“银行存款”账户的贷方；支付款项偿还前欠锦宁市面粉厂货款，负债减少，应记入“应付账款”账户的借方。据此，会计孙娅编制记账凭证如图表 3－12 所示。

图表 3－12

通 用 记 账 凭 证

2023 年 6 月 10 日　　　　凭证编号：2

摘要	会计科目：总账科目	会计科目：明细科目	借方金额（千百十万千百十元角分）	贷方金额（千百十万千百十元角分）	记账符号
支付前欠货款	应付账款	锦宁市面粉厂	6540000		
	银行存款			6540000	
附单据 1 张	合	计：	¥6540000	¥6540000	

会计主管人员 关大伟　　记账　　稽核 关大伟　　制单 孙娅　　出纳 田力　　交领款人

相关账户介绍（见图表 3－13）：

图表 3－13

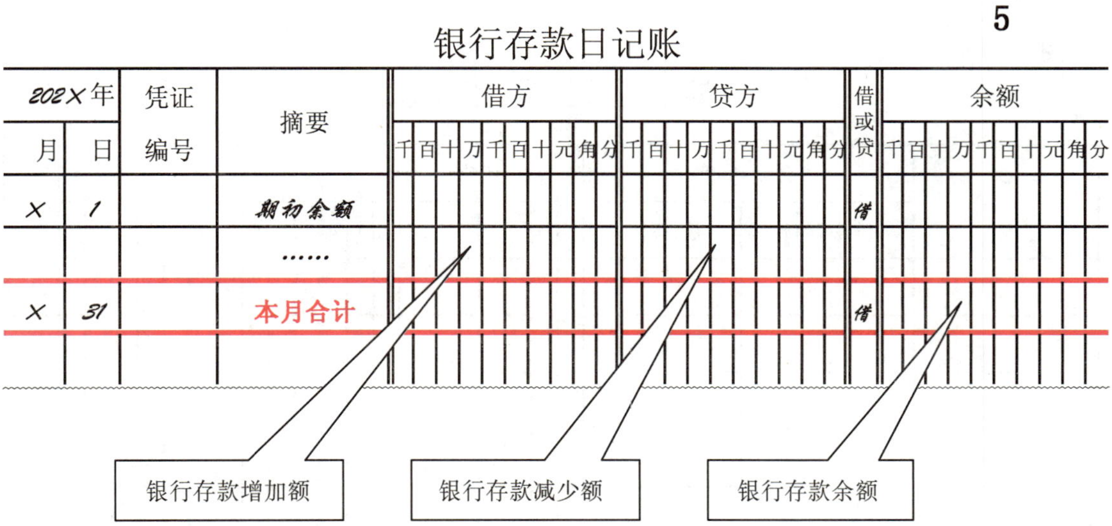

实训基地一

1. 鸿运食品有限公司 2023 年 7 月 9 日开出转账支票交锦宁市保真养鸡场。请分析该凭证（见图表 3－14）存在哪些问题？

图表 3－14

中国工商银行
转账支票存根
10202120
00000259
附加信息
出票日期 2023年7月9日
收款人：
金额：4000.00
用途：偿还欠款
单位主管 吴大伟 会计

付款期限自出票之日起十天

中国工商银行 转账支票 10202120 00000259
出票日期（大写）贰零贰叁年柒月玖日 付款行名称：工行凌云
收款人： 出票人账号：3456178

人民币（大写）	亿	千	百	十	万	千	百	十	元	角	分
四千元整					¥	4	0	0	0	0	0

用途 偿还欠款 密码
上列款项请从 行号
我账户内支付
出票人签章 张峰印 复核 记账

2. 由于存在上述错误，鸿运食品有限公司将该支票作废，重新开具了正确的支票，请编制记账凭证（见图表 3－15）。

图表 3－15

通 用 记 账 凭 证

年 月 日 凭证编号：

摘要	会计科目		借方金额										贷方金额										记账
	总账科目	明细科目	千	百	十	万	千	百	十	元	角	分	千	百	十	万	千	百	十	元	角	分	符号
附单据 张		合计：																					

会计主管人员 记账 稽核 制单 出纳 交领款人

实训基地二

鸿运食品有限公司 2023 年 7 月 18 日购买白糖，相关原始凭证如图表 3 – 16 至图表 3 – 19所示。请编制记账凭证（见图表 3 – 20）。

图表 3 – 16

2100163160　　**辽 宁 增 值 税 专 用 发 票**　　№ 0236739

抵 扣 联　　开票日期： 2023年07月18日

购买方	名　　称：鸿运食品有限公司 纳税人识别号：912107032107197 61A 地 址、电 话：锦宁市渤海大街18号 3769100 开户行及账号：工商银行凌云支行3456178			密码区	略		
货物或应税劳务、服务名称	规格型号	单位	数量	单价	金额	税率	税额
白糖		kg	1000	7.00	7000.00	13%	910.00
合　　计					¥7000.00		¥910.00
价税合计（大写）	⊗柒仟玖佰壹拾圆整				（小写）¥7910.00		
销售方	名　　称：锦宁市糖业有限公司 纳税人识别号：912107034569642358 地 址、电 话：锦宁市云飞大街25号3857222 开户行及账号：工商银行兴旺支行5687129			备注	锦宁市糖业有限公司 912107034569642358 发票专用章		

收款人： 马为　　复核： 陈列　　开票人： 张真　　销售方：（章）

第二联：抵扣联　购买方扣税凭证

图表 3 – 17

2100163160　　**辽 宁 增 值 税 专 用 发 票**　　№ 0236739

发 票 联　　开票日期： 2023年07月18日

购买方	名　　称：鸿运食品有限公司 纳税人识别号：912107032107197 61A 地 址、电 话：锦宁市渤海大街18号 3769100 开户行及账号：工商银行凌云支行3456178			密码区	略		
货物或应税劳务、服务名称	规格型号	单位	数量	单价	金额	税率	税额
白糖		kg	1000	7.00	7000.00	13%	910.00
合　　计					¥7000.00		¥910.00
价税合计（大写）	⊗柒仟玖佰壹拾圆整				（小写）¥7910.00		
销售方	名　　称：锦宁市糖业有限公司 纳税人识别号：912107034569642358 地 址、电 话：锦宁市云飞大街25号3857222 开户行及账号：工商银行兴旺支行5687129			备注	锦宁市糖业有限公司 912107034569642358 发票专用章		

收款人： 马为　　复核： 陈列　　开票人： 张真　　销售方：（章）

第三联：发票联　购买方记账凭证

图表 3－18

中国工商银行 网上银行电子回单

电子回单号码：0065-6002-0836-1500

付款人	户　名	鸿运食品有限公司	收款人	户　名	锦宁市糖业有限公司
	账　号	3456178		账　号	5687129
	开户银行	工商银行凌云支行		开户银行	工商银行兴旺支行
金　额		¥7,910.00	金额（大写）		人民币柒仟玖佰壹拾元整
摘　要		购货款	业务（产品）种类		网银互联
用　途		购货款			
交易流水号		0000000	时间戳		2023-07-18-00.10.25.635
中国工商银行 电子回单 专用章		备注： 附言：指令编号：HDIOAN1564132 提交人：45464FIJI			
		验证码：ljidjojadDDFCfa+djoaji			
记账网点		2003	记账柜员 3258	记账日期	2023年7月18日

打印日期：2023年07月18日

图表 3－19

材料验收入库单　②记账

验收仓库　2#

2023年　7月　18日　　　　第 19 号

供应单位：锦宁市糖业有限公司			合同号			发票号 No00436738		托收支票	
物资名称	材质	规格	单位	数量		实际价格			
				应收	实收	单价	金额	运杂费	合计
白糖			kg	1000	1000	7	7000		7000
合　计							¥7000.00		¥7000.00

会计　　　记账　　　保管员　李林　　　经办人　李明

图表 3－20

通用记账凭证

年　月　日　　　　凭证编号

摘　要	会计科目		借方金额										贷方金额										记账
	总账科目	明细科目	千	百	十	万	千	百	十	元	角	分	千	百	十	万	千	百	十	元	角	分	符号
附单据　张		合计：																					

会计主管人员　　记账　　稽核　　制单　　出纳　　交领款人

二、购入固定资产的核算

【情境展示 3－3】

鸿运食品有限公司 2023 年 6 月 11 日相关业务原始凭证如图表 3－21 至图表 3－24 所示。

图表 3－21

2100163160　　**辽宁增值税专用发票**　　**No 00699782**

抵扣联　　开票日期：2023年06月11日

购买方	名　　称：鸿运食品有限公司 纳税人识别号：912107032107l9761A 地址、电话：锦宁市渤海大街18号 3769100 开户行及账号：工商银行凌云支行3456178				密码区	略	
货物或应税劳务、服务名称	规格型号	单位	数量	单价	金额	税率	税额
全自动饼干机		台	1	50000.00	50000.00	13%	6500.00
合　　计					¥50000.00		¥6500.00
价税合计（大写）	⊗伍万陆仟伍佰圆整				（小写）¥56500.00		
销售方	名　　称：锦宁市第二机械厂 纳税人识别号：912107034677896572 地址、电话：锦宁市解放路59号3910478 开户行及账号：工商银行和平支行3654789				备注	锦宁市第二机械厂 912107034677896572 发票专用章	

收款人：吴娜　　复核：楚西涵　　开票人：陈凤　　销售方：（章）

第二联：抵扣联 购买方扣税凭证

图表 3－22

2100163160　　**辽宁增值税专用发票**　　**No 00699782**

发票联　　开票日期：2023年06月11日

购买方	名　　称：鸿运食品有限公司 纳税人识别号：912107032107l9761A 地址、电话：锦宁市渤海大街18号 3769100 开户行及账号：工商银行凌云支行3456178				密码区	略	
货物或应税劳务、服务名称	规格型号	单位	数量	单价	金额	税率	税额
全自动饼干机		台	1	50000.00	50000.00	13%	6500.00
合　　计					¥50000.00		¥6500.00
价税合计（大写）	⊗伍万陆仟伍佰圆整				（小写）¥56500.00		
销售方	名　　称：锦宁市第二机械厂 纳税人识别号：912107034677896572 地址、电话：锦宁市解放路59号3910478 开户行及账号：工商银行和平支行3654789				备注	锦宁市第二机械厂 912107034677896572 发票专用章	

收款人：吴娜　　复核：楚西涵　　开票人：陈凤　　销售方：（章）

第三联：发票联 购买方记账凭证

图表 3－23

中国工商银行
转账支票存根
10202120
00000249
附加信息

出票日期 2023年6月11日
收款人：锦宁市第二机械厂
金额：￥56500.00
用途：购设备款
单位主管 吴大伟 会计 孙娅

图表 3－24

固定资产验收交接单

2023 年 6 月 11 日 金额单位：元

资产编号	资产名称	计量单位	发票价格	其他费用	合 计
3001	全自动饼干机	台	50000		50000
资产来源	外购	使用年限（年）	5年	附属设备	（略）
制造厂家	锦宁市第二机械厂	预计净残值率	1‰		无
制造日期及编号	2022年3月	年折旧率	2%		
使用部门	生产车间	系 数			

财务留存

交验部门主管 周月 设备科 郑林 点交人 接管部门主管 张伟 接管人

原始凭证审核：

（1）该业务的原始凭证包括鸿运食品有限公司取得的增值税专用发票的发票联、签发转账支票的存根联以及自行填制的固定资产验收交接单。

（2）企业取得增值税专用发票的发票联，说明企业是购买方，该业务是购货业务；填制固定资产验收交接单说明企业采购的全自动饼干机作为固定资产已经投入使用；附有转账支票存根说明企业已经支付款项，银行存款减少。

（3）综合上述分析，本业务可以描述为：鸿运食品有限公司于 2023 年 6 月 11 日购买全自动饼干机一台，货款 50000 元，税款 6500 元，款项已经支付，饼干机已经运达企业并交付使用。

经济业务分析：

企业取得增值税专用发票的发票联，应将相关的增值税额6500元记录在“应交税费——应交增值税（进项税额）”账户的借方；企业采购全自动饼干机使固定资产增加，应记入“固定资产”账户的借方；签发支票支付款项，银行存款减少，应记入“银行存款”账户贷方。据此，会计孙娅编制记账凭证如图表3－25所示。

图表3－25

通用记账凭证

2023年 6月 11日　　　　凭证编号：3

摘要	会计科目		借方金额	贷方金额	记账
	总账科目	明细科目	千百十万千百十元角分	千百十万千百十元角分	符号
购买全自动饼干机	固定资产	全自动饼干机	5000000		
	应交税费	应交增值税（进项税额）	650000		
	银行存款			5650000	
附单据 3 张		合　计：	¥5650000	¥5650000	

会计主管人员 关大伟　　记账　　稽核 关大伟　　制单 孙娅　　出纳 田力　　交领款人

相关账户介绍：

“固定资产”账户属于资产类账户，用来核算企业目前持有的固定资产原价（见图表3－26）。

“固定资产”账户按资产类别和项目设置明细账。

图表3－26

总　　账　　　25

会计科目 固定资产

202X年		凭证	摘要	借方	贷方	借或贷	余额
月	日	编号		千百十万千百十元角分	千百十万千百十元角分		千百十万千百十元角分
X	1		期初余额			借	
			……				
X	31		本月合计			借	

增加的固定资产原价（借方）　　减少的固定资产原价（贷方）　　现有固定资产的原价（余额）

实训基地三

2023 年 7 月 21 日，鸿运食品有限公司购买智能化和面机一台，取得对方开具的增值税专用发票如图表 3－27 所示，请指出不规范之处。

图表 3－27

2100163160　　　　**辽 宁 增 值 税 专 用 发 票**　　　　**№ 00238647**

发 票 联

开票日期：2023年06月21日

购买方	名　　称：鸿运食品有限公司 纳税人识别号： 地 址、电 话： 开户行及账号：				密码区	略		
货物或应税劳务、服务名称		规格型号	单位	数量	单价	金额	税率	税额
智能化和面机						40000.00	13%	5200.00
合　　计								
价税合计（大写）						（小写）¥45,200.00		
销售方	名　　称：锦宁市第二机械厂 纳税人识别号：210703467789657 地 址、电 话：锦宁市解放路59号3910478 开户行及账号：工商银行和平支行3654789				备注	锦宁市第二机械厂 912107034677896572 发票专用章		

收款人：　　　　复核：　　　　开票人：　　　　销售方：（章）

第三联：发票联 购买方记账凭证

想一想：

企业取得这样的增值税专用发票应该怎么处理呢？

能力内容三　产品生产过程的核算

产品生产过程业务示意图如图表 3－28 所示。

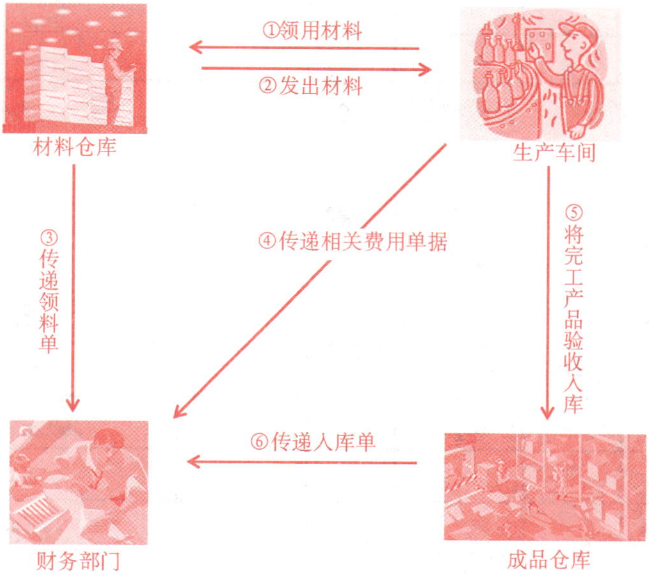

图表 3－28　产品生产过程业务示意图

一、材料费用的核算

【情境展示 3－4】

鸿运食品有限公司 2023 年 6 月 13 日相关业务原始凭证如图表 3－29 至图表 3－31 所示。

图表 3－29

领　料　单

领料单位：生产车间　　　　编号：L00125

用途：生产产品（奶油面包）　　2023 年 6 月 13 日　　发料仓库：2号库

材料名称	材料编号	规格	计量单位	数量	单位成本	金额	备注
高筋面粉	11	50kg	袋	20	150	3000.00	
合计						¥3000.00	

财务留存

发料人：李林　　领料单位负责人：张伟　　领料人：王力

图表 3－30

领　料　单

领料单位：生产车间　　　　　　　　　　　　编号：L00126

用途：生产产品（奶油面包）　　2023年6月13日　　发料仓库：2号库

材料名称	材料编号	规格	计量单位	数量	单位成本	金额	备注
鲜鸡蛋	15		kg	100	8	800.00	
合计						¥800.00	

财务留存

发料人：李林　　领料单位负责人：张伟　　领料人：王力

图表 3－31

领　料　单

领料单位：生产车间　　　　　　　　　　　　编号：L00127

用途：生产产品（奶油面包）　　2023年6月13日　　发料仓库：2号库

材料名称	材料编号	规格	计量单位	数量	单位成本	金额	备注
奶油	18		L	10	24	240.00	
合计						¥240.00	

财务留存

发料人：李林　　领料单位负责人：张伟　　领料人：王力

原始凭证审核：

（1）该业务的原始凭证是鸿运食品有限公司自制的领料单。

（2）领料单表明领用材料分别为高筋面粉、鲜鸡蛋、奶油，用于奶油面包的生产。材料领用部门办理领料手续后，仓储部门发出材料，材料库中原材料减少；车间领用材料进行产品生产，生产成本增加。

（3）综合上述分析，本业务可以描述为：2023 年 6 月 13 日，鸿运食品有限公司生产奶油面包领用高筋面粉 3000 元，鲜鸡蛋 800 元，奶油 240 元。

经济业务分析：

仓储部门发出材料，仓库中原材料减少，应记入“原材料”账户的贷方；产品生产成本增加，应记入“生产成本——奶油面包”账户的借方。据此，会计孙娅编制记账凭证如图表 3－32 所示。

图表 3－32

通用记账凭证

2023年 6 月 13日　　　　凭证编号：4

摘　要	会计科目		借方金额	贷方金额	记账符号
	总账科目	明细科目	千百十万千百十元角分	千百十万千百十元角分	
生产奶油面包领用原材料	生产成本	奶油面包	404000		
	原材料	高筋面粉		300000	
	原材料	鲜鸡蛋		80000	
	原材料	奶油		24000	
附单据 3 张	合 计：		￥404000	￥404000	

会计主管 关大伟　　记账　　稽核 关大伟　　制单 孙娅　　出纳　　交领款人

相关账户介绍：

“生产成本”账户属于成本类账户，用来核算企业进行工业性生产发生的各项生产成本（见图表 3－33）。

“生产成本”账户按产品种类设置明细账。

图表 3－33

总　　账　　45

会计科目 生产成本

202X年		凭证编号	摘要	借方	贷方	借或贷	余额
月	日			千百十万千百十元角分	千百十万千百十元角分		千百十万千百十元角分
X	1		期初余额			借	
			……				
X	31		本月合计			借	

生产产品直接消耗的材料费、人工费以及月末转入的制造费用

月末转出的完工入库产品的成本

期末借方余额表示月末尚未完工的在产品的成本

实训基地四

鸿运食品有限公司生产车间 2023 年 7 月 22 日领用原材料，领料单如图表 3－34、图表

3－35 所示。请编制记账凭证（见图表 3－36）。

图表 3－34

领 料 单

领料单位：生产车间　　　　编号：L00320

用途：生产产品（曲奇）　　2023年7月22日　　发料仓库：2号库

材料名称	材料编号	规格	计量单位	数量	单位成本	金额	备注
高筋面粉	11	50kg	袋	40	150	6000.00	
合计						¥6000.00	

财务留存

发料人：李林　　领料单位负责人：张伟　　领料人：王力

图表 3－35

领 料 单

领料单位：生产车间　　　　编号：L00321

用途：生产产品（曲奇）　　2023年7月22日　　发料仓库：2号库

材料名称	材料编号	规格	计量单位	数量	单位成本	金额	备注
白糖	21		kg	100	7	700.00	
合计						¥700.00	

财务留存

发料人：李林　　领料单位负责人：张伟　　领料人：王力

图表 3－36

通 用 记 账 凭 证

年　月　日　　　　凭证编号：

摘要	会计科目		借方金额										贷方金额										记账
	总账科目	明细科目	千	百	十	万	千	百	十	元	角	分	千	百	十	万	千	百	十	元	角	分	符号
附单据　张		合　计：																					

会计主管　　记账　　稽核　　制单　　出纳　　交领款人

二、职工薪酬的核算

【情境展示3－5】

鸿运食品有限公司2023年6月14日相关业务原始凭证如图表3－37所示。

图表3－37

中国工商银行
现金支票存根
10202110
00000146
附加信息

出票日期 2023 年 6月 14日
收款人：鸿运食品有限公司
金额：￥205686.00
用途：发放工资
单位主管 关大伟 会计 孙娅

中国工商银行 现金支票　10202110　00000146

付款期限自出票之日起十天

出票日期（大写）贰零贰叁年陆月壹拾肆日　付款行名称：工商银行凌云支行
收款人：鸿运食品有限公司　出票人账号：3456178

人民币（大写）	亿	千	百	十	万	千	百	十	元	角	分
贰拾万伍仟陆佰捌拾陆元整			￥	2	0	5	6	8	6	0	0

用途 发放工资　密码

上列款项请从
我账户内支付
出票人签章　鸿运食品有限公司 财务专用章　张峰印　复核　记账

存根联
鸿运食品有限公司保留作为编制记账凭证所附的原始凭证。

支票联
鸿运食品有限公司交付银行提取现金。

原始凭证审核：

（1）该业务的原始凭证是现金支票存根。

（2）企业签发现金支票提取现金，导致银行存款减少；支票存根联中收款人为鸿运食品有限公司，用途是发放工资，说明该公司提取现金自用，库存现金增加。

（3）综合上述分析，本业务可以描述为：2023年6月14日，鸿运食品有限公司从银行提取现金205686元准备发放工资。

经济业务分析：

企业签发现金支票从银行提取现金，导致银行存款减少，应记入“银行存款”账户的贷方；库存现金增加，应记入“库存现金”账户的借方。据此，会计孙娅编制记账凭证如图表3－38所示。

图表 3－38

通 用 记 账 凭 证

2023 年　6 月　14 日　　　　凭证编号：5

摘　要	会计科目		借方金额										贷方金额										记账
	总账科目	明细科目	千	百	十	万	千	百	十	元	角	分	千	百	十	万	千	百	十	元	角	分	符号
提现备发工资	库存现金				2	0	5	6	8	6	0	0											
	银行存款														2	0	5	6	8	6	0	0	
附单据 1 张	合　计：			¥	2	0	5	6	8	6	0	0		¥	2	0	5	6	8	6	0	0	

会计主管　关大伟　　记账　　稽核　关大伟　　制单　孙娅　　出纳　田力　　交领款人

【情境展示 3－6】

鸿运食品有限公司 2023 年 6 月 14 日相关业务原始凭证如图表 3－39 至图表 3－42 所示。

图表 3－39

工 资 结 算 单

部门：生产车间　　2023 年 6 月 14 日

序号	姓名	应发工资					代扣项目				实发工资	领款人签字
		基本工资	岗位津贴	月奖	技术津贴	小计	养老保险	医疗保险	个人所得税	小计		
1	张迪	450	820	100	500	1870	149.60	40.40		190	1680	张迪
2	刘丽	450	760	120	400	1730	138.40	37.60		176	1554	刘丽
	……											
	合计	25400	47200	6400	24000	103000	8240	2063		10303	92697	

部门主管：张伟　　工资核算员：董莉　　复核：张丽萍

图表 3－40

工 资 结 算 单

部门：生产管理　　2023 年 6 月 14 日

序号	姓名	应发工资					代扣项目				实发工资	领款人签字
		基本工资	岗位津贴	月奖	技术津贴	小计	养老保险	医疗保险	个人所得税	小计		
1	宋平	820	980	360	500	2660	212.80	56.20		269	2391	宋平
2	李晓慧	820	450	120	400	1790	143.20	38.80		182	1608	李晓慧
	……											
	合计	12000	10550	3150	7000	32700	2616	657		3273	29427	

部门主管：张伟　　工资核算员：刘媛　　复核：陈萍

图表 3－41

工资结算单

部门：行政管理　　　　2023年 6 月 14 日

序号	姓名	应发工资					代扣项目				实发工资	领款人签字
		基本工资	岗位津贴	月奖	技术津贴	小计	养老保险	医疗保险	个人所得税	小计		
1	张峰	1020	870	500	300	2690	215.20	56.80		272	2418	张峰
2	吴大伟	820	680	300		1800	144	39		183	1617	吴大伟
	……											
	合计	37200	34650	16500	4500	92850	7428	1860		9288	83562	

部门主管：张世红　　　工资核算员：董娜　　　复核：乔爽

图表 3－42

工资结算汇总表

单位：鸿运食品有限公司　　　　2023 年 6 月 14 日

项目	人数	应发工资					代扣项目				实发工资
		基本工资	岗位津贴	月奖	技术津贴	小计	养老保险	医疗保险	个人所得税	小计	
生产产品工人	60	25400	47200	6400	24000	103000	8240	2063		10303	92697
车间管理人员	15	12000	10550	3150	7000	32700	2616	657		3273	29427
行政管理人员	45	37200	34650	16500	4500	92850	7428	1860		9288	83562
合计	120	74600	92400	26050	35500	228550	18284	4580		22864	205686

原始凭证审核：

（1）该业务的原始凭证是企业自制的工资结算单和工资结算汇总表。

（2）工资结算单中“领款人签字”处相关职工已经签名，说明该工资已经发放给职工，企业的库存现金减少，应付职工的劳动报酬已经支付，负债减少。

（3）综合上述分析，本业务可以描述为：2023 年 6 月 14 日，鸿运食品有限公司用现金发放上月职工工资 205686 元。

经济业务分析：

企业以库存现金发放上月职工工资，库存现金减少，应记入“库存现金”账户的贷方；应付职工的劳动报酬减少，应记入“应付职工薪酬——工资”账户的借方。据此，会计孙娅编制记账凭证如图表 3－43 所示（本例仅考虑实付工资的会计处理，代扣款项的核算将在以后课程中详尽介绍）。

图表 3－43

通用记账凭证

2023年 6 月 14 日　　　　凭证编号：6

摘要	会计科目		借方金额（千百十万千百十元角分）	贷方金额（千百十万千百十元角分）	记账符号
	总账科目	明细科目			
用现金发放上月职工工资	应付职工薪酬	工资	20568600		
	库存现金			20568600	
附单据 4 张		合　计：	¥20568600	¥20568600	

会计主管 吴大伟　记账　稽核 吴大伟　制单 孙娅　出纳 田力　交领款人

> 附单据 4 张，是指所附的工资结算汇总表和工资结算单。
> 企业各部门编制工资结算单，反映本部门工资情况，然后由有关部门根据各部门提供的工资结算单汇总编制工资结算汇总表。
> 发放职工工资时，工资单较多时可以单独装订，作为工资结算汇总表的附件。

相关账户介绍：

“应付职工薪酬”账户属于负债类账户，用来核算企业根据有关规定应付给职工的各种薪酬（见图表 3－44）。

“应付职工薪酬”账户按职工薪酬内容设置明细账。

图表 3－44

总　　账　　32

会计科目　应付职工薪酬

202X年		凭证编号	摘要	借方（千百十万千百十元角分）	贷方（千百十万千百十元角分）	借或贷	余额（千百十万千百十元角分）
月	日						
X	1		期初余额			贷	
			……				
X	31		本月合计			贷	

借方：实际支付的职工薪酬

贷方：应付职工的各种薪酬

余额：贷方余额表示期末应付而未付的职工薪酬

实训基地五

鸿运食品有限公司 2023 年 7 月 22 日签发现金支票 5000 元提现备用。请签发现金支票（见图表 3－45），并编制记账凭证（见图表 3－46）。

图表 3－45

中国工商银行 现金支票存根 10202110 00000156 附加信息： 出票日期　年　月　日 收款人： 金额： 用途： 单位主管　会计	付款期限自出票之日起十天	中国工商银行 **现金支票**　　10202110　00000156 出票日期（大写）　年　月　日　付款行名称： 收款人：　出票人账号： 人民币（大写）　亿 千 百 十 万 千 百 十 元 角 分 用途＿＿＿＿＿　密码 上列款项请从 我账户内支付 出票人签章　复核　记账

图表 3－46

通用记账凭证

年　月　日　　凭证编号：

摘　要	会计科目		借方金额										贷方金额										记账
	总账科目	明细科目	千	百	十	万	千	百	十	元	角	分	千	百	十	万	千	百	十	元	角	分	符号
附单据　张		合 计：																					

会计主管人员　　记账　　稽核　　制单　　出纳　　交领款人

【情境展示 3－7】

鸿运食品有限公司 2023 年 6 月 30 日相关业务原始凭证如图表 3－47 所示。

原始凭证审核：

（1）本业务的原始凭证为企业自制的工资费用分配表（见图表 3－47）。

（2）企业 6 月应付职工工资总额 152000 元，其中，应付生产工人工资 120000 元，车间管理人员工资 13000 元，企业管理人员工资 19000 元。

（3）综合上述分析，本业务可以描述为：2023 年 6 月 30 日，企业计算并分配当月职工工资 152000 元。

图表 3－47

工资费用分配表

2023年 6月 30日　　　　单位：元

车间及部门	应分配工资额
生产车间工人工资	120000.00
车间管理人员工资	13000.00
企业管理人员工资	19000.00
合计	152000.00

原始凭证认知——工资费用分配表

工资费用分配表反映企业每期计算和分配职工薪酬的情况。一般在月末由财会部门编制，作为记账凭证的附件。

经济业务分析：

企业月末编制工资费用分配表仅反映企业应支付给职工的薪酬，并未实际发放工资，形成企业的负债，应记入“应付职工薪酬”账户的贷方；月末计算并分配职工工资，应按职工所在部门或用途不同，记入不同的会计账户：生产工人直接进行产品生产（当月仅生产奶油面包一种产品），其薪酬应记入“生产成本”账户借方，车间管理人员薪酬应记入“制造费用”账户借方，企业管理人员薪酬应记入“管理费用”账户借方。据此，会计孙娅编制记账凭证如图表 3－48 所示。

图表 3－48

通 用 记 账 凭 证

2023年　6月　30 日　　　　凭证编号：35

摘要	会计科目		借方金额										贷方金额										记账
	总账科目	明细科目	千	百	十	万	千	百	十	元	角	分	千	百	十	万	千	百	十	元	角	分	符号
月末分配职工工资	生产成本	奶油面包			1	2	0	0	0	0	0	0											
	制造费用					1	3	0	0	0	0	0											
	管理费用					1	9	0	0	0	0	0											
	应付职工薪酬	工资													1	5	2	0	0	0	0	0	
附单据 1 张	合 计：			¥	1	5	2	0	0	0	0	0		¥	1	5	2	0	0	0	0	0	

会计主管 吴大伟　　记账　　稽核 吴大伟　　制单 孙娅　　出纳　　交领款人

相关账户介绍：

“制造费用”账户属于成本类账户，用来核算企业生产车间（或部门）为生产产品和提供劳务而发生的各项间接费用（见图表3－49）。

“制造费用”账户按车间或部门设置明细账。

图表3－49

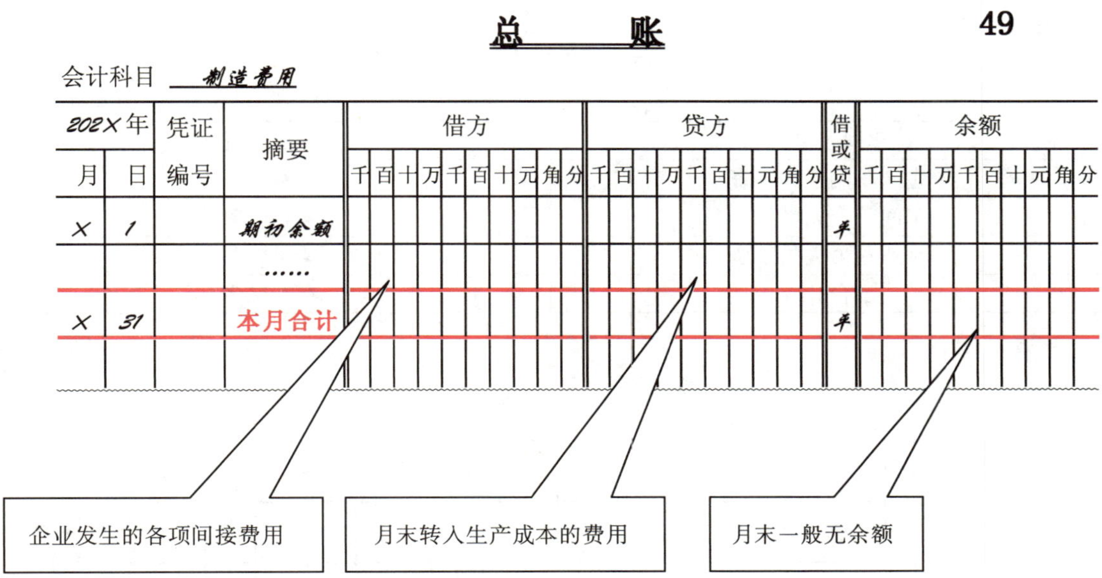

“管理费用”账户属于损益类账户，用来核算企业为组织和管理企业生产经营活动所发生的管理费用（见图表3－50）。

“管理费用”账户按费用项目进行明细核算。

图表3－50

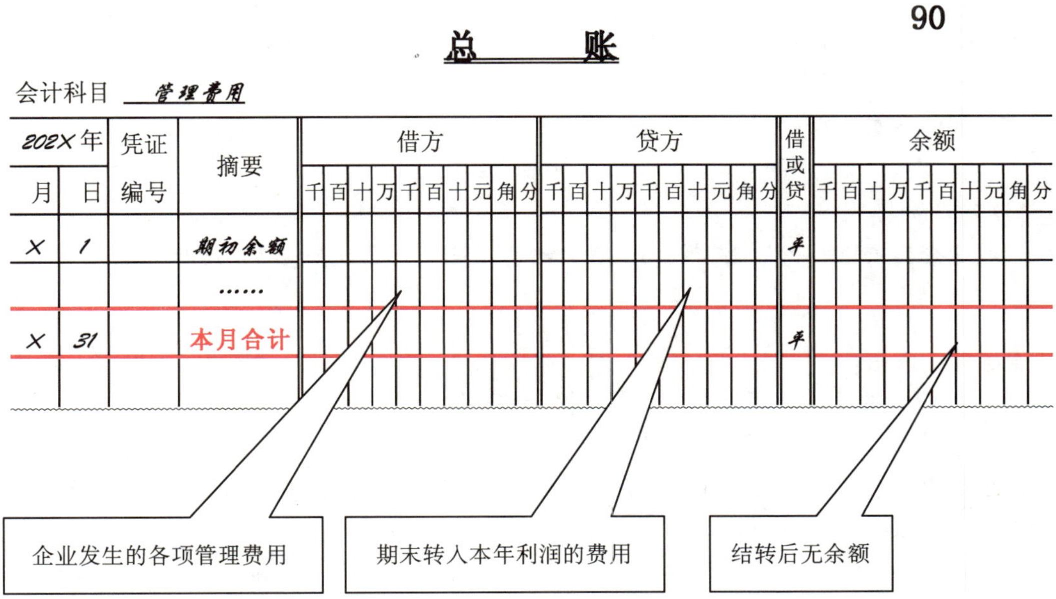

实训基地六

鸿运食品有限公司 2023 年 7 月 31 日计算并分配本月职工工资。相关原始凭证如图表 3－51 所示，请编制记账凭证（见图表 3－52）。

图表 3－51

工资费用分配表

2023 年 7 月 31 日　　　　单位：元

车间及部门	应分配工资额
生产车间工人工资	140000.00
车间管理人员工资	23000.00
企业管理人员工资	29000.00
合计	192000.00

图表 3－52

通 用 记 账 凭 证

年　月　日　　　　凭证编号：

摘　要	会计科目		借方金额										贷方金额										记账
	总账科目	明细科目	千	百	十	万	千	百	十	元	角	分	千	百	十	万	千	百	十	元	角	分	符号
附单据　张		合 计：																					

会计主管　　记账　　稽核　　制单　　出纳　　交领款人

三、折旧费用的核算

【情境展示 3－8】

鸿运食品有限公司 2023 年 6 月 30 日相关业务原始凭证如表 3－53 所示。

原始凭证审核：

（1）该业务的原始凭证是企业自制的固定资产折旧计算表。

（2）企业在 2023 年 6 月 30 日计算当月固定资产应提折旧总额 5860 元，其中，车间房屋建筑物计提折旧 2000 元，车间机器设备计提折旧 1960 元，管理部门房屋建筑物和设备分别计提折旧 1000 元和 900 元。

图表 3－53

固定资产折旧计算表

2023 年 6 月 30 日　　　　单位：元

固定资产项目		月折旧率	上月计提		上月增加		上月减少		本月计提	
			原值	折旧额	原值	折旧额	原值	折旧额	原值	折旧额
车间房屋建筑物		1%	200000	2000					200000	2000
车间机器设备	和面机	2%	20000	400					20000	400
	盐糖撒布机	2%	15000	300					15000	300
	醒发箱	2%	18000	360					18000	360
	烤箱	2%	30000	600					30000	600
	土司切片机	2%	15000	300					15000	300
	小计		98000	1960					98000	1960
管理部门房屋建筑物		1%	100000	1000					100000	1000
管理部门设备		3%	30000	900					30000	900
合计			428000	5860					428000	5860

（3）综合上述分析，本业务可以描述为：2023 年 6 月 30 日，鸿运食品有限公司计提当月固定资产折旧 5860 元。

相关链接

固定资产在使用过程中始终保持其原有实物形态，但其价值却随着固定资产的磨损而逐渐转移到成本费用中，最终从企业取得的产品销售收入中得到补偿。这部分逐渐转移的价值，称为**固定资产折旧**。

原始凭证认知——固定资产折旧计算表

固定资产折旧计算表反映企业每期计提固定资产折旧情况，一般在月末由财会部门编制，作为记账凭证的附件。

经济业务分析：

企业 2023 年 6 月 30 日固定资产计提折旧 5860 元，应记入“累计折旧”账户贷方；车间房屋建筑物及机器设备计提折旧 3960 元应记入“制造费用”账户的借方，管理部门房屋建筑物及设备计提折旧 1900 元应记入“管理费用”账户的借方。据此，会计孙娅编制记账凭证如图表3－54 所示。

图表 3－54

通用记账凭证

2023年　6 月　30 日　　　　　　　　凭证编号：36

摘要	会计科目		借方金额										贷方金额										记账
	总账科目	明细科目	千	百	十	万	千	百	十	元	角	分	千	百	十	万	千	百	十	元	角	分	符号
固定资产计提折旧	制造费用						3	9	6	0	0	0											
	管理费用						1	9	0	0	0	0											
	累计折旧																5	8	6	0	0	0	
附单据 1 张	合计：					¥	5	8	6	0	0	0				¥	5	8	6	0	0	0	

会计主管　关大伟　　记账　　稽核　关大伟　　制单　孙娅　　出纳　　交领款人

相关账户介绍：

"累计折旧"账户属于资产类账户的备抵账户，用来核算企业固定资产的累计折旧（见图表 3－55）。

"累计折旧"账户按固定资产的类别或项目设置明细账。

图表 3－55

26

总　　账

会计科目　累计折旧

202X年		凭证	摘要	借方										贷方										借	余额									
月	日	编号		千	百	十	万	千	百	十	元	角	分	千	百	十	万	千	百	十	元	角	分	或贷	千	百	十	万	千	百	十	元	角	分
×	1		期初余额																					贷										
			……																															
×	31		本月合计																					贷										

企业处置固定资产转出的折旧费用（借方）

企业计提的折旧费用（贷方）

期末贷方余额表示企业累计计提的折旧费用（余额）

实训基地七

鸿运食品有限公司2023年7月31日编制固定资产折旧计算表如图表3－56所示，请编制记账凭证（见图表3－57）。

图表3－56

固定资产折旧计算表

2023年7月31日

单位：元

固定资产项目		月折旧率	上月计提		上月增加		上月减少		本月计提	
			原值	折旧额	原值	折旧额	原值	折旧额	原值	折旧额
车间房屋建筑物		1%	200000	2000					200000	2000
车间机器设备	和面机	2%	20000	400					20000	400
	盐糖撒布机	2%	15000	300					15000	300
	醒发箱	2%	18000	360					18000	360
	烤箱	2%	30000	600					30000	600
	土司切片机	2%	15000	300					15000	300
	全自动饼干机	2%	50000	1000					50000	1000
	小计		98000	1960					148000	2960
管理部门房屋建筑物		1%	100000	1000					100000	1000
管理部门设备		3%	30000	900					30000	900
合计			478000	6860					478000	6860

图表3－57

通用记账凭证

年 月 日

凭证编号：

摘要	会计科目		借方金额										贷方金额										记账
	总账科目	明细科目	千	百	十	万	千	百	十	元	角	分	千	百	十	万	千	百	十	元	角	分	符号
附单据 张		合 计：																					

会计主管　　记账　　稽核　　制单　　出纳　　交领款人

四、完工产品入库的核算

【情境展示3－9】

鸿运食品有限公司2023年6月30日相关业务原始凭证如图表3－58、图表3－59所示。

图表3－58

产成品入库单

2023年6月30日　　　　单位：元

品名		规格	单位	数量	单位成本		金额
奶油面包		20个	箱	16000	40.00		640000.00
负责人	张伟	仓库负责人	李林	入库经手人	王力	合计	640000.00

图表3－59

产品成本计算单

2023年6月30日

车间名称：生产车间

产品名称：奶油面包　　　　单位：元

完工产品数量：16000箱　　　　在产品数量：2000箱　　完工程度：50%

项目	直接材料	直接人工	制造费用	合计
月初在产品成本	87000	13000	1500	101500
本月生产费用	453000	140000	15500	608500
生产费用合计	540000	153000	17000	710000
单位成本	30	9	1	40
完工产品成本	480000	144000	16000	640000
月末在产品成本	60000	9000	1000	70000

原始凭证审核：

（1）本业务的原始凭证为产成品入库单和产品成本计算单。

（2）企业需要在月末计算并结转完工入库产品成本，入库后，仓库中可以直接对外出售的产品即库存商品增加，相应地，该批产品的成本也应结转。

（3）综合上述分析，本业务可以描述为：2023年6月30日结转完工入库奶油面包的成本640000元。

原始凭证认知——产成品入库单

产成品入库单反映企业产成品入库情况，由仓库保管员开具。一般为一式四联，一联为财务统计联；一联为财务记账联，是成本会计进行产成品入库账务处理的原始依据；一联为仓库记账联；一联为车间统计联。

相关链接

完工产品成本的计算，需要通过产品成本计算单进行。产品完工验收入库时，产品成本计算单和入库单缺一不可。产品成本计算单的具体内容及编制方法，将在以后课程中介绍。

经济业务分析：

产品完工验收入库，库存商品增加，应记入“库存商品”账户的借方，同时，将该批商品的成本从“生产成本”账户转出，贷记“生产成本”账户。据此，会计孙娅编制记账凭证如图表 3－60 所示。

图表 3－60

通 用 记 账 凭 证

2023 年 6 月 30 日　　　　凭证编号：38

摘要	会计科目		借方金额										贷方金额										记账
	总账科目	明细科目	千	百	十	万	千	百	十	元	角	分	千	百	十	万	千	百	十	元	角	分	符号
月末结转完工入库产品成本	库存商品	奶油面包			6	4	0	0	0	0	0	0											
	生产成本	奶油面包													6	4	0	0	0	0	0	0	
附单据 2 张	合 计：			¥	6	4	0	0	0	0	0	0		¥	6	4	0	0	0	0	0	0	

会计主管 吴大伟　　记账　　稽核 吴大伟　　制单 孙娅　　出纳　　交领款人

相关账户介绍：

“库存商品”账户属于资产类账户，用来核算库存商品的增减变动情况（见图表 3－61）。“库存商品”账户按商品种类设置明细账。

图表 3－61

20

总　　账

会计科目 库存商品

202X 年		凭证编号	摘要	借方	贷方	借或贷	余额
月	日			千百十万千百十元角分	千百十万千百十元角分		千百十万千百十元角分
X	1		期初余额			借	
			……				
X	31		本月合计			借	

验收入库商品成本

发出商品的成本

期末借方余额表示库存商品的成本

实训基地八

鸿运食品有限公司 2023 年 7 月 31 日编制产品成本计算单计算产品成本，填制产品入库单如图表 3－62、图表 3－63 所示，请编制记账凭证（见图表 3－64）。

图表 3－62

车间名称：生产车间

产品成本计算单

产品名称：曲奇　　2023 年 7 月 31 日　　单位：元

完工产品数量：25000 盒　　在产品数量：2000 盒　完工程度：50%

项目	直接材料	直接人工	制造费用	合计
月初在产品成本	27000	8100	2000	37100
本月生产费用	243000	69900	50000	362900
生产费用合计	270000	78000	52000	400000
单位成本	10	3	2	15
完工产品成本	250000	75000	50000	375000
月末在产品成本	20000	3000	2000	25000

图表 3－63

产成品入库单

2023 年 7 月 31 日　　单位：元

品名		规格	单位	数量	单位成本		金额
曲奇		1kg	盒	25000	15.00		375000.00
负责人	张伟	仓库负责人	李林	入库经手人	王力	合计	375000.00

图表 3－64

通 用 记 账 凭 证

年 月 日　　　　凭证编号：

摘要	会计科目		借方金额										贷方金额										记账
	总账科目	明细科目	千	百	十	万	千	百	十	元	角	分	千	百	十	万	千	百	十	元	角	分	符号
附单据 张		合计：																					

会计主管　　记账　　稽核　　制单　　出纳　　交领款人

能力内容四　销售过程的核算

销售过程业务示意图如图表 3－65 所示。

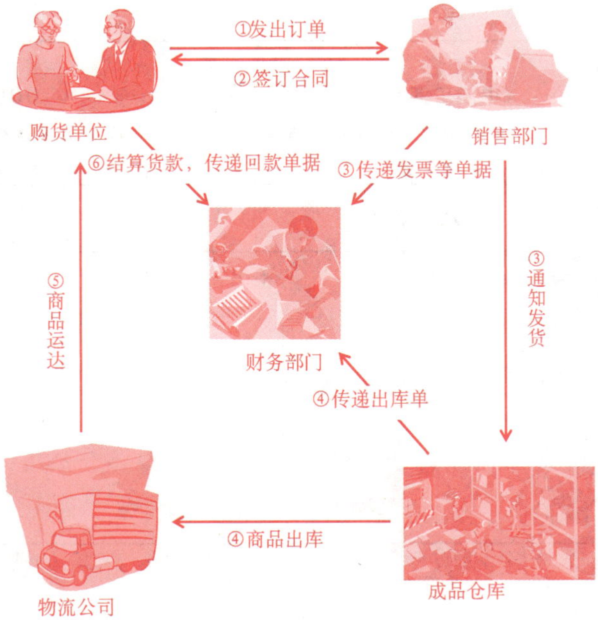

图表 3－65　销售过程业务示意图

一、销售收入的核算

【情境展示 3－10】

鸿运食品有限公司 2023 年 6 月 15 日相关业务原始凭证如图表 3－66 至图表 3－68 所示。

图表 3－66

2100163160　　**辽宁增值税专用发票**　　No 00425107

此联不作报销、扣税凭证使用　　开票日期：2023年06月15日

购买方	名　称：锦宁市百货商厦 纳税人识别号：912107034587975845 地址、电话：锦宁市解放东路62号3865700 开户行及账号：工商银行解放支行2125789				密码区	略	
货物或应税劳务、服务名称	规格型号	单位	数量	单价	金额	税率	税额
奶油面包	20个	箱	5000	60.00	300000.00	13%	39000.00
					¥300000.00		¥39000.00
价税合计（大写）	⊗叁拾叁万玖仟圆整				（小写）¥339000.00		
销售方	名　称：鸿运食品有限公司 纳税人识别号：91210703210719761A 地址、电话：锦宁市渤海大街18号 3769100 开户行及账号：工商银行凌云支行3456178				备注	鸿运食品有限公司 91210703210719761A 发票专用章	

收款人：郑芳　　复核：蔡森　　开票人：周明　　销售方：（章）

第一联：记账联　销售方记账凭证

图表 3－67

中国工商银行 **转账支票**　　10202120　00000249

出票日期（大写）贰零贰叁年陆月壹拾伍日　付款行名称：工商银行解放支行

收款人：鸿运食品有限公司　出票人账号：2125789

人民币（大写）	亿	千	百	十	万	千	百	十	元	角	分
叁拾叁万玖仟元整			¥	3	3	9	0	0	0	0	0

付款期限自出票之日起十天

用途 支付购货款　　密码

上列款项请从我账户内支付　　行号

出票人签章　（锦宁市百货商厦财务专用章）（刘强印）　　复核　　记账

图表 3－68

进账单（收账通知）　3

2023年　6月　15　日

出票人	全　称	锦宁市百货商厦	收款人	全　称	鸿运食品有限公司
	账　号	2125789		账　号	3456178
	开户银行	工商银行解放支行		开户银行	工商银行凌云支行
金额	人民币（大写）	叁拾叁万玖仟元整			

亿	千	百	十	万	千	百	十	元	角	分
		¥	3	3	9	0	0	0	0	0

票据种类	转账支票	票据张数	1
票据号码	10202120000000249		

复核　　记账

开户银行签章

中国工商银行股份有限公司锦宁凌云支行 业务专用章

此联是收款人开户银行交给收款人的收账通知

原始凭证审核：

（1）本业务的原始凭证包括鸿运食品有限公司开出的增值税专用发票的记账联以及取得的进账单的收账通知联。

提示：企业取得转账支票的支票联后，到银行填写进账单办理进账手续，支票联连同进账单交付银行，不能作为收入款项的原始凭证。

（2）企业开出增值税专用发票并留存记账联说明企业是销售方，销售商品实现收入；取得进账单的收账通知联，说明该款项已收妥，企业的银行存款增加。

（3）综合上述分析，本业务可以描述为：2023 年 6 月 15 日，鸿运食品有限公司销售奶油面包 5000 箱，价款 300000 元，增值税款 39000 元，款项已收妥。

原始凭证认知——银行进账单

银行进账单是持票人或收款人将票据存入银行时填制的凭证，也是银行将票据款项记入收款人账户的凭证。银行进账单一式三联，第一联是回单联，是银行收到该票据给收款人的依据；第二联是银行贷方凭证，表示该票据出票方付出该款可以进收款人账户；第三联是收账通知联，表示银行已将该款项存入收款人账户，收款人可凭此联与银行对账。

经济业务分析：

销售方销售商品取得收入，应记入“主营业务收入”账户的贷方；销售时开出增值税专用发票，应将相关的增值税额记录在“应交税费——应交增值税（销项税额）”账户的贷方；款项收妥，银行存款增加，应记入“银行存款”账户的借方。据此，会计孙娅编制记账凭证如图表 3－69 所示。

图表 3－69

通 用 记 账 凭 证

2023 年 6 月 15 日　　　　凭证编号：7

摘要	会计科目		借方金额（千百十万千百十元角分）	贷方金额（千百十万千百十元角分）	记账符号
	总账科目	明细科目			
销售奶油面包	银行存款		33900000		
	主营业务收入	奶油面包		30000000	
	应交税费	应交增值税（销项税额）		3900000	
附单据 2 张		合 计：	¥33900000	¥33900000	

会计主管 关大伟　记账　　稽核 关大伟　制单 孙娅　出纳 田力　交领款人

附单据2张，分别是增值税专用发票的记账联和银行进账单的收账通知联。转账支票已经交存银行，不能作为附件。

相关账户介绍：

“主营业务收入”账户属于损益类账户，用来核算企业确认的销售商品、提供劳务等主营业务的收入额（见图表 3－70）。

“主营业务收入”账户按商品种类设置明细账。

图表 3－70

总　　账　　59

会计科目 主营业务收入

202X 年 月	日	凭证编号	摘要	借方（千百十万千百十元角分）	贷方（千百十万千百十元角分）	借或贷	余额（千百十万千百十元角分）
X	1		期初余额			平	
			……				
X	31		本月合计			平	

期末结转到“本年利润”账户的金额

实现的主营业务收入

期末无余额

实训基地九

1. 鸿运食品有限公司2023年7月23日销售曲奇2000盒，单价21.00元。购销双方合同约定款项暂不结算。购买方锦宁市宏兴超市有关资料如下，请开具增值税专用发票（见图表3－71），编制记账凭证（见图表3－72）。

宏兴超市有关资料：

名称：锦宁市宏兴超市

纳税人识别号：912107034587882231

地址、电话：锦宁市云飞大街16号　3921300

开户行及账号：工商银行站前支行　3568975

图表3－71

2100163160　　**辽宁增值税专用发票**　　**No 00425236**

此联不作报销、扣税凭证使用　　开票日期：　年　月　日

购买方	名　称： 纳税人识别号： 地址、电　话： 开户行及账号：				密码区	略	
货物或应税劳务、服务名称	规格型号	单位	数量	单价	金额	税率	税额
合　计							
价税合计（大写）					（小写）		
销售方	名　称： 纳税人识别号： 地址、电　话： 开户行及账号：				备注		

收款人：　　复核：　　开票人：　　销售方：（章）

第一联：记账联　销售方记账凭证

图表3－72

通用记账凭证

年　月　日　　凭证编号：

摘　要	会计科目		借方金额										贷方金额										记账
	总账科目	明细科目	千	百	十	万	千	百	十	元	角	分	千	百	十	万	千	百	十	元	角	分	符号
附单据　张		合　计：																					

会计主管　　记账　　稽核　　制单　　出纳　　交领款人

2. 2023年7月25日，鸿运食品有限公司收到宏兴超市交来转账支票一张（见图表3－73），企业到银行办理进账手续，请填制银行进账单（见图表3－74），编制记账凭证（见图表3－75）。

图表3－73

中国工商银行 转账支票　　10202120　00000246

出票日期（大写）贰零贰叁年柒月贰拾伍日　付款行名称：工商银行站前支行

收款人：鸿运食品有限公司　出票人账号：3568975

人民币（大写）	亿	千	百	十	万	千	百	十	元	角	分
肆万柒仟肆佰陆拾元整				¥	4	7	4	6	0	0	0

用途：购货款　　密码

上列款项请从　　行号

我账户内支付

出票人签章　　复核　　记账

本支票付款期限自出票之日起十天

宏兴超市财务专用章　　李鑫印

图表3－74

进账单（收账通知）　3

年　月　日

出票人	全称		收款人	全称	
	账号			账号	
	开户银行			开户银行	

金额	人民币（大写）	亿	千	百	十	万	千	百	十	元	角	分

票据种类		票据张数		开户银行签章
票据号码				
复核　记账				

此联是收款人开户银行交给收款人的收账通知

图表 3－75

通 用 记 账 凭 证

年　月　日　　　　　　　　　　　　凭证编号：

摘要	会计科目		借方金额										贷方金额										记账符号
	总账科目	明细科目	千	百	十	万	千	百	十	元	角	分	千	百	十	万	千	百	十	元	角	分	
附单据　张		合计：																					

会计主管　　记账　　稽核　　制单　　出纳　　交领款人

二、结转销售成本

【情境展示 3－11】

鸿运食品有限公司 2023 年 6 月 15 日相关原始凭证如图表 3－76 所示。

图表 3－76

鸿运食品有限公司库存商品出库单

2023 年 6 月 15 日

提货单位：锦宁市百货商厦　　　　　　编号：0050120

用途：销售　　　　　　　　　　　　　仓库：1号库

编号	名称	规格	单位	数量	单位成本	金额	备注
001	奶油面包	20个	箱	5000	40.00	200000.00	
合计						200000.00	

第二联 会计记账

记账：　　仓库主管：李林　　发货：周图　　提货：车尼奥

原始凭证审核：

（1）本业务的原始凭证是鸿运食品有限公司填制的库存商品出库单。

（2）企业填制库存商品出库单并由提货人签字，表明该商品已经销售并发运出去，库存商品减少，该商品成本为 200000 元。

（3）综合上述分析，本业务可以描述为：2023 年 6 月 15 日，鸿运食品有限公司结转已销售奶油面包成本 200000 元。

原始凭证认知——库存商品出库单

库存商品出库单是企业核算库存商品出库情况的原始单据。出库单由销售人员开具，一式四联，第一联为存根联，销售部门留存备查；第二联为记账联，会计部门据以报账；第三联为结算联，交提货人；第四联为发货联，仓储部门据此发货。

经济业务分析：

销货方销售商品，应在销售时结转商品成本，记入“主营业务成本”账户的借方；库存商品减少，应记入“库存商品”账户的贷方。据此，会计孙娅编制记账凭证如图表3－77所示。

图表3－77

通 用 记 账 凭 证

2023年 6 月 15 日　　　　凭证编号：8

摘要	会计科目：总账科目	会计科目：明细科目	借方金额（千百十万千百十元角分）	贷方金额（千百十万千百十元角分）	记账符号
结转销售成本	主营业务成本	奶油面包	20000000		
	库存商品	奶油面包		20000000	
附单据 1 张		合 计：	¥20000000	¥20000000	

会计主管 吴大伟　　记账　　稽核 吴大伟　　制单 孙娅　　出纳　　交领款人

相关账户介绍：

“主营业务成本”账户属于损益类账户，用来核算企业确认主营业务收入时应结转的成本（见图表3－78）。

“主营业务成本”账户按商品种类设置明细账。

图表3－78

总　　账

会计科目 主营业务成本　　　　78

202×年 月	日	凭证编号	摘要	借方（千百十万千百十元角分）	贷方（千百十万千百十元角分）	借或贷	余额（千百十万千百十元角分）
×	1		期初余额			平	
			……				
×	31		本月合计			平	

结转的主营业务成本

期末转入“本年利润”账户的主营业务成本

结转后期末无余额

能力内容五　企业利润和利润分配的核算

一、企业利润的核算

（一）期间费用的核算

1. 管理费用的核算。

【情境展示 3－12】

2023 年 6 月 20 日，鸿运食品有限公司相关业务原始凭证如图表 3－79 所示。

图表 3－79

辽财会账证50号

出差旅费报销单

单位：鸿运食品有限公司　　　　2023 年 6 月 20 日填

月	日	时间	出发地	月	日	时间	到达地	机票费	车（船）费	卧铺费	夜行车补助 小时	夜行车补助 金额	市内交通费 实支	市内交通费 包干	住宿费 标准	住宿费 实支	住宿费 提成扣减	出差补助 天数	出差补助 金额	其他	合计
6	17	8时	锦宁市	6	17	10时	沈阳市		60					10		300			30		400
6	18	20时	沈阳市	6	18	22时	锦宁市		60												60
合计									120					10		300			30		460

出差任务	开会	报销金额（大写）	人民币：零仟肆佰陆拾零圆零角零分	预借金额	
		单位领导 张峰	部门负责人 张峰	报销金额	¥460.00
			出差人 张峰	结余或超支	

会计主管 吴大伟　　记账　　审核 吴大伟　　附单据 6 张

原始凭证审核：

（1）本业务的原始凭证是鸿运食品有限公司张峰填制的出差旅费报销单。

（2）报销金额 460 元，表示张峰出差发生的各项支出总计 460 元；预借金额空白，表明张峰出差前并未借款，各项支出均为张峰个人垫付，报销差旅费时企业以现金支付，导致企业库存现金减少。

（3）综合上述分析，本业务可以描述为：2023 年 6 月 20 日张峰报销差旅费 460 元，以现金支付。

原始凭证认知——出差旅费报销单

出差旅费报销单是出差人员完成出差任务后进行报销的单据。出差旅费报销单一般是单联式，由出差人员填制。

经济业务分析：

职工因公出差发生的各项支出形成企业的管理费用，应记入“管理费用”账户的借方；张峰报销差旅费，企业以现金支付，导致库存现金减少，应记入“库存现金”账户的贷方。据此，会计孙娅编制记账凭证如图表 3－80 所示。

图表 3－80

通 用 记 账 凭 证

2023 年 6 月 20 日　　　　凭证编号：9

摘要	会计科目		借方金额										贷方金额										记账
	总账科目	明细科目	千	百	十	万	千	百	十	元	角	分	千	百	十	万	千	百	十	元	角	分	符号
张峰报销差旅费	管理费用							4	6	0	0	0											
	库存现金																	4	6	0	0	0	
附单据 7 张		合 计：					¥	4	6	0	0	0					¥	4	6	0	0	0	

会计主管 关大伟　　记账　　稽核 关大伟　　制单 孙娅　　出纳 田力　　交领款人 张峰

附单据 7 张，包括出差旅费报销单，以及出差旅费报销单后附的原始单据 6 张。

出差人员报销差旅费时，首先取得原始凭证粘贴单，将出差过程中取得的车票、住宿费票据等有效报销单据粘贴好，作为出差旅费报销单的附件，并在出差旅费报销单上“附单据　张”处标明有效报销单据数量。

编制记账凭证时，出差旅费报销单成为记账凭证所附的原始凭证。

实训基地十

2023 年 7 月 25 日，行政部何丽出差预借差旅费 1000 元，7 月 31 日何丽出差回来报销差旅费，填写出差旅费报销单并补充填写借款单相关内容如图表 3－81、图表 3－82 所示，请编制记账凭证（见图表 3－83）。

图表 3－81

借　　款　　单（结算）

2023 年 7 月 25 日　　　　顺序第　　号

借款单位	＊行政部	姓名	＊何丽	级别	＊	出差地点	＊上海
						天　数	＊6天
事由	开会	借款金额（大写）	＊壹仟元整		¥1000.00		
实际报销金额	¥1,660.00	结余金额	¥	注意事项	一、有＊者由借款人填写 二、凡借用公款必须使用本单 三、第三联为正式借据，由借款人和单位负责人签章 四、出差返回在三天内结算		
		超支金额	¥660				
收款单位 公　章			（原借款已报销结算完了并已收账） 经办人 何丽 2023年7月31日				

第二联　会计结算转账凭证

图表 3－82

辽财会账证50号

出差旅费报销单

单位：鸿运食品有限公司　　　　2023 年7月31日填

月	日	时间	出发地	月	日	时间	到达地	机票费	车（船）费	卧铺费	夜行车补助 小时	夜行车补助 金额	市内交通费 实支	市内交通费 包干	住宿费 标准	住宿费 实支	住宿费 提成扣减	出差补助 天数	出差补助 金额	其他	合计
7	25	8时	锦宁市	7	26	10时	上海市		300					40		900			120		1360
7	29	20时	上海市	7	30	22时	锦宁市		300												300
合计									600					40		900			120		1660

出差任务	开会	报销金额（大写）	人民币：壹仟陆佰陆拾零圆零角零分				预借金额	¥1000.00
		单位领导	张峰	部门负责人	张峰	出差人 何丽	报销金额	¥1660.00
							~~结余~~或超支	¥660.00

会计主管　吴大伟　　　记账　　　审核　吴大伟　　　附单据 10 张

图表 3－83

通用记账凭证

年　月　日　　　　　　　　　　　　凭证编号：

摘要	会计科目		借方金额										贷方金额										记账符号
	总账科目	明细科目	千	百	十	万	千	百	十	元	角	分	千	百	十	万	千	百	十	元	角	分	
附单据　张		合计：																					

会计主管　　记账　　稽核　　制单　　出纳　　交领款人

想一想：

如果何丽预借款 2000 元，报销差旅费时如何进行会计处理？

2. 财务费用的核算。

【情境展示 3－13】

2023 年 6 月 25 日，鸿运食品有限公司相关原始凭证如图表 3－84 所示。

图表 3－84

ICBC　中国工商银行

收费　凭证

2023 年 6 月 25 日

工本费付费户名：　鸿运食品有限公司

工本费付费账号：　3456178

手续费付费户名：

手续费付费账号：　　　　　　　　使用凭证账号：

服务项目（凭证种类）	凭证号码段1：	凭证号码段2：	凭证号码段3：	工本费：	手续费：	金额小计：
转账支票	02165-55131545491			30.00	0.00	30.00

金额合计（大写）：　人民币叁拾元整

金额合计（小写）：　RMB30.00

地区号：00708　网点号：02003　操作柜员：02345　授权柜员：　交易时间：　记账：02364

业务专用章

原始凭证审核：

（1）本业务的原始凭证是鸿运食品有限公司从开户行取得的收费凭证。

（2）本业务表明该公司从开户银行购买转账支票一本，金额30元。

（3）综合上述分析，本业务可以描述为：2023年6月25日鸿运食品有限公司购买转账支票支付工本费30元。

原始凭证认知——银行业务收费凭证

银行业务收费凭证是企业通过银行办理业务支付相关费用时取得的原始凭证。企业从银行购买支票支付工本费或支付手续费等取得该类凭证。支付方式可以通过网上银行直接转账或柜台窗口转账，其中以网银转账方式较为普遍。该凭证由银行电脑打印回单，不区分联次。

经济业务分析：

企业购买转账支票支付的工本费应记入“财务费用”账户的借方；涉及款项由开户银行直接从企业账户中划转，银行存款减少应记入“银行存款”账户的贷方。据此，会计孙娅编制记账凭证如图表3－85所示。

图表3－85

通 用 记 账 凭 证

2023年 6月 25日　　　　凭证编号：10

摘要	会计科目		借方金额										贷方金额										记账符号
	总账科目	明细科目	千	百	十	万	千	百	十	元	角	分	千	百	十	万	千	百	十	元	角	分	
购买转账支票	财务费用								3	0	0	0											
	银行存款																		3	0	0	0	
附单据 1 张		合 计：						¥	3	0	0	0						¥	3	0	0	0	

会计主管 吴大伟　　记账　　稽核 吴大伟　　制单 孙娅　　出纳 田力　　交领款人

相关账户介绍：

“财务费用”账户属于损益类账户，用来核算企业为筹集生产经营所需资金等而发生的筹资费用（见图表3－86）。

“财务费用”账户按费用项目进行明细核算。

图表 3－86

96

总　　账

会计科目 财务费用

202X年 月	日	凭证编号	摘要	借方（千百十万千百十元角分）	贷方（千百十万千百十元角分）	借或贷	余额（千百十万千百十元角分）
X	1		期初余额			平	
			……				
X	31		本月合计			平	

财务费用发生额

期末转入“本年利润”账户的财务费用

结转后期末无余额

实训基地十一

鸿运食品有限公司 2023 年 7 月 31 日办理汇款业务，支付手续费 15 元整，相关原始凭证如图表 3－87 所示，请编制记账凭证（见图表 3－88）。

图表 3－87

中国工商银行 网上银行电子回单

电子回单号码：0065-6002-0835-1500

付款人	户　名	鸿运食品有限公司	收款人	户　名	
	账　号	3456178		账　号	
	开户银行	工商银行凌云支行		开户银行	
金　额		￥15.00	金额（大写）		人民币壹拾伍元整
摘　要		跨行汇款手续费	业务（产品）种类		对公收费
用　途					
交易流水号		0000000	时间戳		2023-7-31-00.10.25.071
中国工商银行 电子回单 专用章		备注： 产品名称：境内大额汇款　费用名称：对公跨行汇款手续费 应收金额：15.00　实收金额：15.00 收费渠道： 业务发生日期：2023-07-31　业务发生号：0708000358454815245			
		验证码：ljidjojadiujfa+djoaji			
记账网点		2003	记账柜员	3258	记账日期 2023年7月31日

打印日期：2023年07月31日

图表 3－88

通用记账凭证

年　月　日　　　　　　　　凭证编号：

摘要	会计科目		借方金额										贷方金额										记账符号
	总账科目	明细科目	千	百	十	万	千	百	十	元	角	分	千	百	十	万	千	百	十	元	角	分	
附单据　张		合计：																					

会计主管　　记账　　稽核　　制单　　出纳　　交领款人

3. 销售费用的核算。

【情境展示 3－14】

鸿运食品有限公司 2023 年 6 月 26 日相关业务原始凭证如图表 3－89、图表 3－90 所示。

图表 3－89

2100163160　　**辽宁增值税专用发票**　　**No 0233369**

发票联

开票日期：2023年06月26日

购买方	
名　　称：	鸿运食品有限公司
纳税人识别号：	210703210719761
地址、电话：	锦宁市渤海大街18号 3769100
开户行及账号：	工商银行凌云支行3456178

密码区：略

货物或应税劳务、服务名称	规格型号	单位	数量	单价	金额	税率	税额
广告服务		项	1	600.00	600.00	6%	36.00
合　　计					¥600.00		¥36.00
价税合计（大写）	⊗陆佰叁拾陆圆整				（小写）¥636.00		

销售方	
名　　称：	飞天广告公司
纳税人识别号：	91210703210618775Q
地址、电话：	锦宁市中央大街28号 3987666
开户行及账号：	工商银行城内支行 69852225

备注：（飞天广告公司 91210703210618775Q 发票专用章）

收款人：郑琳　　复核：吴敏　　开票人：王琳　　销售方：（章）

第三联：发票联　购买方记账凭证

图表 3－90

中国工商银行
转账支票存根
10202120
00000257
附加信息

出票日期 2023年6月26日
收款人：飞天广告公司
金额：￥636.00
用途：支付广告费
单位主管 吴大伟 会计 孙娅

财务专用

原始凭证审核：

（1）本业务的原始凭证是鸿运食品有限公司开出的转账支票存根及取得的增值税专用发票。

（2）企业开出转账支票支付款项，导致银行存款减少；支付的广告费应作为销售费用，销售费用增加。

（3）综合上述分析，本业务可以描述为：2023 年 6 月 26 日，鸿运食品有限公司签发转账支票支付广告费。

经济业务分析：

企业支付款项，应记入“银行存款”账户的贷方；销售费用增加，应记入“销售费用”账户的借方；增值税允许抵扣，应记入“应交税费——应交增值税（进项税额）”。据此，会计孙娅编制记账凭证如图表 3－91 所示。

图表 3－91

通 用 记 账 凭 证

2023 年 6 月 26 日　　　　凭证编号：11

摘要	会计科目		借方金额										贷方金额										记账
	总账科目	明细科目	千	百	十	万	千	百	十	元	角	分	千	百	十	万	千	百	十	元	角	分	符号
签发转账支票支付广告费	销售费用							6	0	0	0	0											
	应交税费	应交增值税（进项税额）							3	6	0	0											
	银行存款																	6	3	6	0	0	
附单据 2 张		合计：						6	3	6	0	0						6	3	6	0	0	

会计主管 吴大伟　　记账　　稽核 吴大伟　　制单 孙娅　　出纳 田力　　交领款人

相关账户介绍：

“销售费用”账户属于损益类账户，用来核算企业在销售过程中发生的各种费用，以及为销售本企业商品而专设的销售机构的各项经营费用（见图表3－92）。

“销售费用”账户按费用项目进行明细核算。

图表3－92

总　　账　　84

会计科目 销售费用

202X年 月	日	凭证编号	摘要	借方（千百十万千百十元角分）	贷方（千百十万千百十元角分）	借或贷	余额（千百十万千百十元角分）
X	1		期初余额			平	
			……				
X	31		本月合计			平	

销售费用发生额

期末转入“本年利润”账户的销售费用

结转后期末无余额

（二）利润形成的核算

【情境展示3－15】

鸿运食品有限公司2023年6月30日有关账户发生额如图表3－93至图表3－99所示，月末结转损益类账户本期发生额。

图表3－93

总　　账　　59

会计科目 主营业务收入

2023年 月	日	凭证编号	摘要	借方（千百十万千百十元角分）	贷方（千百十万千百十元角分）	借或贷	余额（千百十万千百十元角分）
6	15		……		20000000		
	19		……		50000000		

图表 3－94

总　　账

72

会计科目 营业外收入

2023年		凭证编号	摘要	借方										贷方										借或贷	余额									
月	日			千	百	十	万	千	百	十	元	角	分	千	百	十	万	千	百	十	元	角	分		千	百	十	万	千	百	十	元	角	分
6	17		……															5	0	0	0	0	0											

图表 3－95

总　　账

78

会计科目 主营业务成本

2023年		凭证编号	摘要	借方										贷方										借或贷	余额									
月	日			千	百	十	万	千	百	十	元	角	分	千	百	十	万	千	百	十	元	角	分		千	百	十	万	千	百	十	元	角	分
6	11		……			2	0	0	0	0	0	0	0																					
	31		……			2	2	0	0	0	0	0	0																					

图表 3－96

总　　账

84

会计科目 销售费用

2023年		凭证编号	摘要	借方										贷方										借或贷	余额									
月	日			千	百	十	万	千	百	十	元	角	分	千	百	十	万	千	百	十	元	角	分		千	百	十	万	千	百	十	元	角	分
6	8		……					2	0	0	0	0	0																					
	19		……					7	4	0	0	0	0																					
	26		……						6	0	0	0	0																					

图表 3－97

总　　账

90

会计科目 管理费用

2023年		凭证编号	摘要	借方										贷方										借或贷	余额									
月	日			千	百	十	万	千	百	十	元	角	分	千	百	十	万	千	百	十	元	角	分		千	百	十	万	千	百	十	元	角	分
6	4		……				1	0	0	0	0	0	0																					
	18		……					2	5	4	0	0	0																					
	20		……						4	6	0	0	0																					
	21		……					7	0	0	0	0	0																					

图表 3－98

总　　账

96

会计科目 财务费用

2023年		凭证编号	摘要	借方										贷方										借或贷	余额									
月	日			千	百	十	万	千	百	十	元	角	分	千	百	十	万	千	百	十	元	角	分		千	百	十	万	千	百	十	元	角	分
6	9		……				3	5	8	0	0	0	0																					
	18		……					3	2	0	0	0	0																					
	24		……						9	8	0	0	0																					
	25		……							2	0	0	0																					

图表 3－99

总　　账

100

会计科目 营业外支出

2023年		凭证编号	摘要	借方										贷方										借或贷	余额									
月	日			千	百	十	万	千	百	十	元	角	分	千	百	十	万	千	百	十	元	角	分		千	百	十	万	千	百	十	元	角	分
6	25		……					6	0	0	0	0	0																					

经济业务分析：

《会计基础工作规范》规定，除结账和更正错误的记账凭证可以不附原始凭证外，其他记账凭证必须附有原始凭证。鸿运食品有限公司期末结转损益类账户发生额属于结账，可以不附原始凭证，根据账户发生额直接编制记账凭证如图表 3－100 至图表 3－102 所示。

图表 3－100

通 用 记 账 凭 证

2023 年 6 月 30 日　　凭证编号：40 1/3

摘要	会计科目		借方金额										贷方金额										记账
	总账科目	明细科目	千	百	十	万	千	百	十	元	角	分	千	百	十	万	千	百	十	元	角	分	符号
结转收入类账户发生额	主营业务收入				7	0	0	0	0	0	0	0											
	营业外收入						5	0	0	0	0	0											
	本年利润														7	0	5	0	0	0	0	0	
附单据　张	合 计：			¥	7	0	5	0	0	0	0	0		¥	7	0	5	0	0	0	0	0	

会计主管 吴大伟　记账　稽核 吴大伟　制单 孙娅　出纳　交领款人

图表 3－101

通 用 记 账 凭 证

2023 年 6 月 30 日　　凭证编号：40 2/3

摘要	会计科目		借方金额										贷方金额										记账
	总账科目	明细科目	千	百	十	万	千	百	十	元	角	分	千	百	十	万	千	百	十	元	角	分	符号
结转费用类账户发生额	本年利润				4	8	0	0	0	0	0	0											
	主营业务成本														4	2	0	0	0	0	0	0	
	管理费用															2	0	0	0	0	0	0	
	财务费用															4	0	0	0	0	0	0	
附单据　张	合 计：			¥	4	8	0	0	0	0	0	0		¥	4	8	0	0	0	0	0	0	

会计主管 吴大伟　记账　稽核 吴大伟　制单 孙娅　出纳　交领款人

图表 3－102

通用记账凭证

2023 年 6 月 30 日　　　　凭证编号：40 3/3

摘要	会计科目		借方金额	贷方金额	记账
	总账科目	明细科目	千百十万千百十元角分	千百十万千百十元角分	符号
结转费用类账户发生额	本年利润		1600000		
	销售费用			1000000	
	营业外支出			600000	
附单据　张	合　计：		¥1600000	¥1600000	

会计主管 吴大伟　　记账　　稽核 吴大伟　　制单 孙娅　　出纳　　交领款人

相关账户介绍：

"本年利润"账户属于所有者权益类账户（见图表 3－103），用来核算企业当期实现的净利润（或发生的净亏损）。

图表 3－103

总　账　　　　43

会计科目 本年利润

202X年 月	日	凭证编号	摘要	借方（千百十万千百十元角分）	贷方（千百十万千百十元角分）	借或贷	余额（千百十万千百十元角分）
×	1		期初余额			贷	
			……				
×	31		本月合计			贷	

损益（费用）类账户转入数

损益（收入）类账户转入数

1—11月可以有借方余额或贷方余额，年末结转后无余额

实训基地十二

2023 年 7 月 31 日，鸿运食品有限公司有关损益类账户发生额如图表 3 – 104 所示，请编制期末结转损益类账户发生额的记账凭证（见图表 3 – 105 至图表 3 – 107）。

图表 3 – 104

账户名称	借方余额	贷方余额
主营业务收入		1200000
其他业务收入		20000
营业外收入		50000
主营业务成本	720000	
其他业务成本	10000	
管理费用	120000	
财务费用	20000	
销售费用	60000	
营业外支出	10000	
合计	940000	1270000

图表 3 – 105

通 用 记 账 凭 证

年 月 日　　　　凭证编号：

摘 要	会计科目		借方金额										贷方金额										记账
	总账科目	明细科目	千	百	十	万	千	百	十	元	角	分	千	百	十	万	千	百	十	元	角	分	符号
附单据 张		合 计：																					

会计主管　　记账　　稽核　　制单　　出纳　　交领款人

图表 3－106

通用记账凭证

年　月　日　　　　凭证编号：

摘　要	会计科目		借方金额										贷方金额										记账
	总账科目	明细科目	千	百	十	万	千	百	十	元	角	分	千	百	十	万	千	百	十	元	角	分	符号
附单据　张		合　计：																					

会计主管　　记账　　稽核　　制单　　出纳　　交领款人

图表 3－107

通用记账凭证

年　月　日　　　　凭证编号：

摘　要	会计科目		借方金额										贷方金额										记账
	总账科目	明细科目	千	百	十	万	千	百	十	元	角	分	千	百	十	万	千	百	十	元	角	分	符号
附单据　张		合　计：																					

会计主管　　记账　　稽核　　制单　　出纳　　交领款人

二、企业利润分配的核算

【情境展示 3－16】

鸿运食品有限公司全年实现净利润 60 万元，按净利润的 10% 和 5% 提取法定盈余公积和任意盈余公积。相关原始凭证如图表 3－108 所示。

图表 3－108

盈余公积计算表

2023 年 12 月 31 日　　　　单位：元

项目	税后净利润	提取比例	提取额
法定盈余公积	600000	10%	60000
任意盈余公积	600000	5%	30000
合计			90000

原始凭证审核：

（1）该业务的原始凭证为鸿运食品有限公司自制的盈余公积计算表。

（2）企业进行利润分配，提取盈余公积，一方面使利润分配增加，另一方面使盈余公积增加。

（3）综合上述分析，本业务可以描述为：2023 年 12 月 31 日企业提取法定盈余公积 60000 元，提取任意盈余公积 30000 元。

经济业务分析：

企业提取盈余公积，利润分配数额增加，应记入“利润分配——提取法定盈余公积”和“利润分配——提取任意盈余公积”账户的借方；提取盈余公积后，法定盈余公积和任意盈余公积增加，应记入“盈余公积”账户的贷方。据此，会计孙娅编制记账凭证如图表 3－109 所示。

图表 3－109

通 用 记 账 凭 证

2023 年 12 月 31 日　　　　凭证编号：52

摘要	会计科目		借方金额										贷方金额										记账
	总账科目	明细科目	千	百	十	万	千	百	十	元	角	分	千	百	十	万	千	百	十	元	角	分	符号
提取盈余公积	利润分配	提取法定盈余公积				6	0	0	0	0	0	0											
	利润分配	提取任意盈余公积				3	0	0	0	0	0	0											
	盈余公积	法定盈余公积														6	0	0	0	0	0	0	
	盈余公积	任意盈余公积														3	0	0	0	0	0	0	
附单据 1 张		合 计：			¥	9	0	0	0	0	0	0			¥	9	0	0	0	0	0	0	

会计主管 吴大伟　记账　稽核 吴大伟　制单 孙娅　出纳　交领款人

相关账户介绍：

“利润分配”账户属于所有者权益类账户，用来核算企业利润的分配（或亏损的弥补）和历年分配后的余额。

“利润分配”账户应按利润分配内容设置明细账（见图表3－110）。

图表3－110

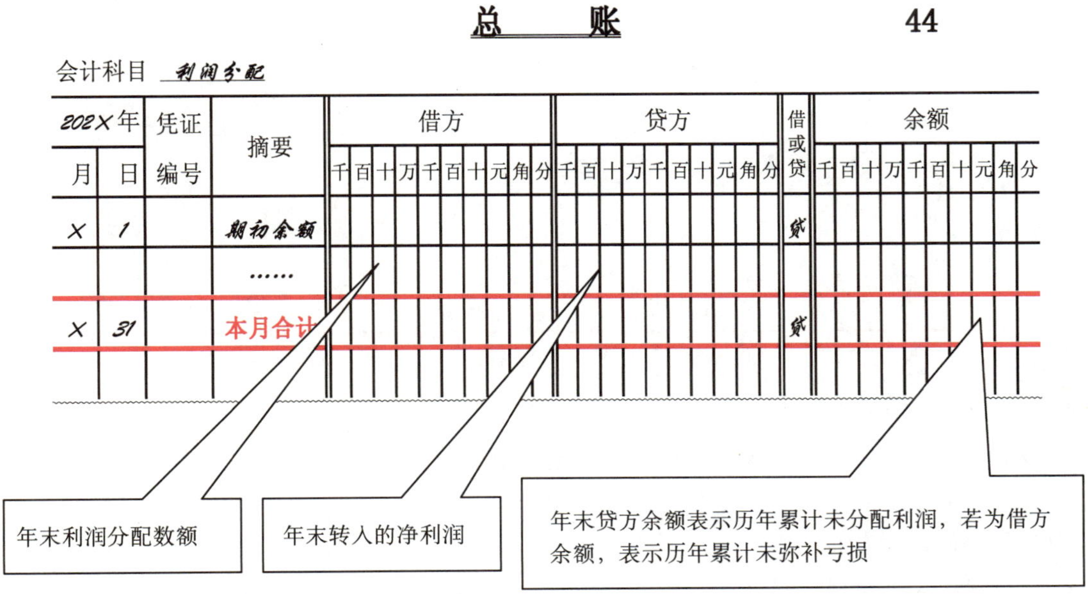

“盈余公积”账户属于所有者权益类账户，用来核算企业从净利润中提取的盈余公积（见图表3－111）。

“盈余公积”账户按盈余公积种类和内容设置明细账。

图表3－111

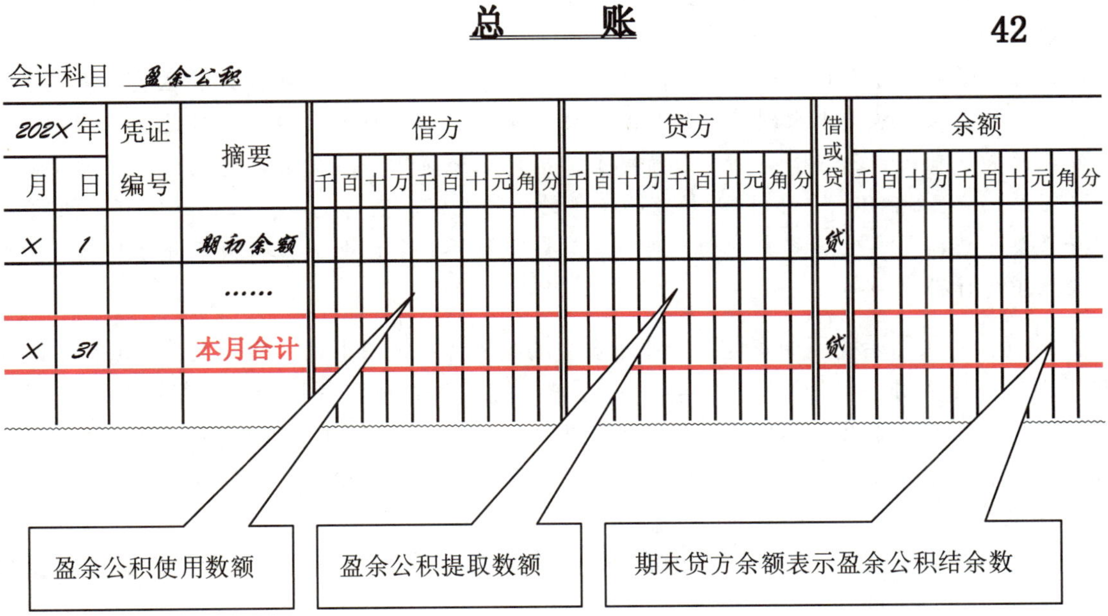

第四单元
会计账簿

【学习目标】

◇ 了解会计账簿及其种类

◇ 掌握总分类账和明细分类账的平行登记要点

◇ 了解主要账务处理程序的特点及适用性

【职业能力目标】

◇ 按照会计法规定建立各类账簿

◇ 规范登记各类账簿

◇ 期末准确、规范地对各类账簿进行对账和结账

【导语】

党的二十大报告指出，“培养造就大批德才兼备的高素质人才，是国家和民族长远发展大计。功以才成，业由才广。”

王聪是某中专会计专业一年级的学生，在完成会计要素、记账凭证和主要经济业务的学习后，按学校要求来到鸿运食品有限公司实习。实习指导孙娅会计让他统计上半年发生的管理费用。王聪心想：这太简单了，把记账凭证中涉及的管理费用账户的金额统计汇总出来，就 OK 了！随即开始查阅本年的会计凭证。查着查着，王聪感觉有点问题：如果要了解半年发生了多少“管理费用”，要查阅那么多记账凭证，太麻烦了！于是他请教了会计孙娅……

的确，每张原始凭证如实地把企业所发生的经济业务记录下来，会计人员又依据原始凭证，对经济业务进一步分类后，用会计的语言“翻译”在记账凭证上。但每一张记账凭证只反映了一项经济业务，不仅会计凭证数量繁多，而且对于相同经济业务的反映是分散的，不能连续、系统、全面地记录和反映同类经济业务的情况。要想提高管理效率，就需要有一种方法来弥补记账凭证单一记录的不足。

于是就产生了会计账簿，即将记账凭证提供的零散会计资料，按会计要素具体项目归类、汇总的记录工具。

这也是你们要继续学习的内容……

会计账簿，就是这样一种工具。它是由许多具有专门格式的账页组成，按照会计科目开设账户，以会计凭证为依据，全面、连续、系统、分类地记录和反映经济业务的簿籍，简称为**账簿**。

能力内容一　设置和启用账簿

一、账簿的设置

现代企业经济业务复杂，需要反映的经济信息很多，由于规模、性质、管理要求的不同，设置的账簿一般从几本到几十本不等，且外观形式、账页格式、功能用途等多种多样。

（一）会计账簿的种类

1. 按外表形式分类，分为订本式、活页式和卡片式。

（1）订本式。未启用前就把许多账页装订成册，并有固定编号的账簿。如总账、库存现金日记账等。

（2）活页式。启用前由若干具有专门格式的零散账页装在账夹中所组成的账簿。如库存商品明细账等。

（3）卡片式。由若干具有专门格式的零散的卡片所组成的账簿。如固定资产卡片、材料卡片账等。

2. 按照用途分类，分为分类账、序时账和备查账。

（1）分类账。对全部经济业务按照总分类账户和明细分类账户进行分类登记的账簿。它是企业经营管理和编制会计报表的重要资料来源。

（2）序时账。按照经济业务发生时间的先后顺序，逐日、逐笔登记经济业务的账簿。如库存现金日记账、银行存款日记账。

（3）备查账。对于某些在序时账和分类账中无法记载的会计事项进行补充登记的账簿。如应收票据登记簿、租入固定资产登记簿等。

3. 按账页格式分类，分为三栏式、数量金额式、多栏式和横线登记式。

（1）三栏式。设置借方、贷方和余额三栏。适用于总账和只需要核算金额的明细账。如应收账款明细账等。

（2）数量金额式。在借方、贷方和余额三大栏内分设数量、单价、金额三栏。如原材料、库存商品明细账等。

（3）多栏式。在借方、贷方或借贷双方栏内分设若干项目的账簿，如应交增值税明细账、管理费用明细账等。

（4）横线登记式。将前后密切相关的经济业务在同一行内登记的账簿，如材料采购明细账等。

重要提示

◆ 各单位必须按照会计法和国家统一会计制度的规定，设置会计账簿，包括总账、明细账、日记账等。

◆ 账簿设置多少、采用何种格式要根据单位业务的特点及管理的要求来定。

◆ 账簿设置时间，按税收征收管理法规定为自领取营业执照或者发生纳税义务之日起15日内。

（二）会计账簿的构成

会计账簿的种类多种多样，但其基本构成包括封面、扉页和账户目录、账页三部分。

1. 封面。主要标明账簿的名称，如总账、库存商品明细账、库存现金日记账等。

2. 扉页和目录。扉页载明账簿启用和管理情况，即《账簿启用及经管人员一览表》（见图表4－1）。目录标明每张账页记录账户的名称和页次。

3. 账页。账页是记录经济业务的载体，包括账户名称、登账日期、凭证编号、摘要、金额、页码等。

二、账簿的启用与建账

（一）启用账簿

会计账簿作为重要的会计档案，登记账簿要有专人负责。为了明确责任，启用账簿时，首先填写扉页上的“账簿启用及经管人员一览表”。记账人员因故发生变动时，应办理会计交接手续，在表内填写相关内容，并签字或盖章，如图表4－1所示。

图表4－1

账簿启用及经管人员一览表

单位名称	鸿运食品有限公司								单位盖章
账簿名称	银行存款日记账								
账簿编号									
账簿页码	本账簿共计 100 页 实际使用 58 页								
启用日期	2023年 3月 1日								
相关人员	单位负责人			会计主管			记账		
	职别	姓名	签章	职别	姓名	签章	职别	姓名	签章
	总经理	张峰	张峰	会计师	关大伟	关大伟	助会	田力	田力
交接记录	职别	姓名	接管			移交			印花税票粘贴处
			年	月	日	年	月	日	
	助会	田力	2023	3	1				
	助会	田力				2023	4	12	
	会计师	孙娅	2023	4	12				
	会计师	孙娅				2023	4	19	
	助会	田力	2023	4	19				

会计人员工作变动时应办理账簿交接手续

启用账簿时应粘贴印花税票并在骑缝处划线注销

（二）开设账户

● 对于总分类账，由于是订本式的，因此不管期初是否有余额，都需要在账簿中设置相应的账户，即在账簿中相应账页左上方的“会计科目”处填上会计科目名称，并根据实际发生业务的多少预留账页，如图表4－2所示。

图表4－2

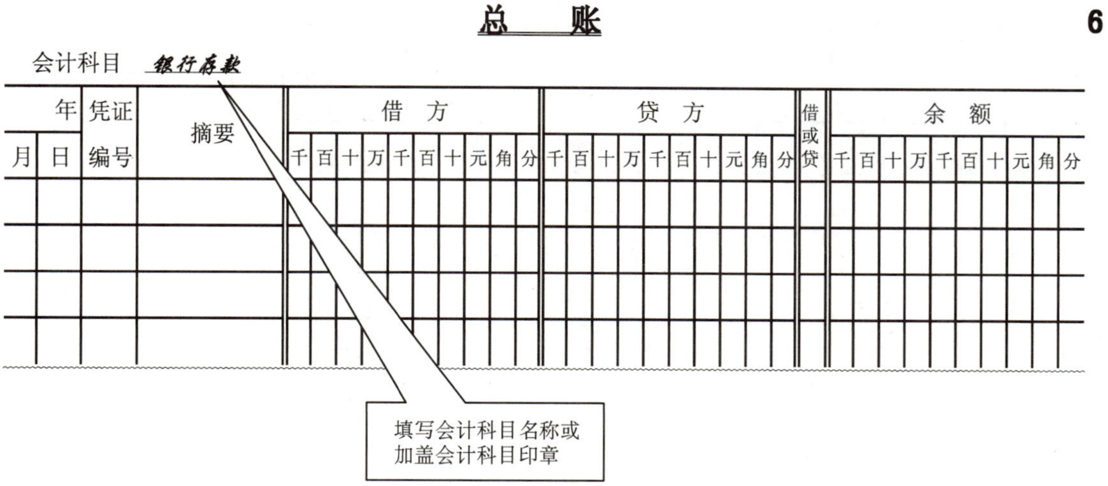

● 对于明细分类账，开设账户时，在选定的账页上方填写该明细账所属的总分类账户名称、明细账户名称、该页页码，有些明细账（如原材料明细账）还要填写其他相关信息。如果是活页式的，没有期初余额可暂时不开设账户，也不需预留账页，待实际发生经济业务时直接登记有关内容。开设账户如图表4－3、图表4－4所示。

图表4－3

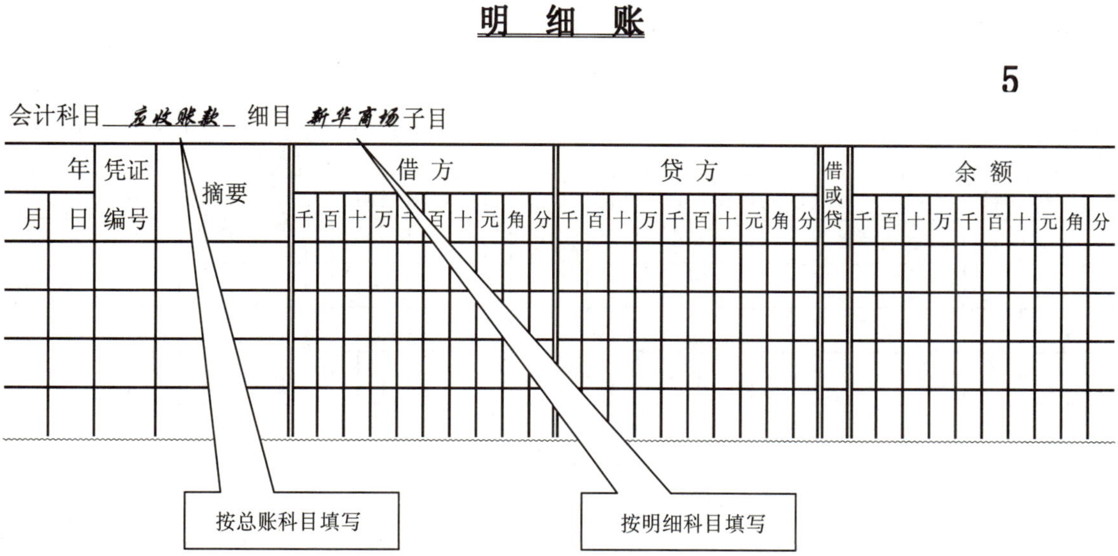

图表 4－4

原 材 料　明细账

3

类别：高筋面粉　　品名：002　　规格：50kg　　计量单位：袋　　存放地点：2号库

年		凭证编号	摘要	借方										贷方									余额									
				数量	单价	金额								数量	单价	金额							数量	单价	金额							
月	日					十	万	千	百	十	元	角	分			万	千	百	十	元	角	分			十	万	千	百	十	元	角	分

相关信息要填写齐全！

小窍门

为加快查阅账簿的速度，可在账簿的右侧边缘粘贴“口取纸”。将所开设账户名称写在“口取纸”左右两边，然后自上而下粘贴在所开设账户的账页上。

（三）登记期初余额

余额按表示的时间不同，可分为期初余额和期末余额。由于企业的经营活动持续不断地进行，以此作为前提，上期的期末余额就是本期的期初余额，如“银行存款日记账”8月31日的期末余额就是9月1日的期初余额。

- 如果是新建企事业单位，没有经济业务发生，账户没有余额，无需登记。发生经济业务直接登记在第一行，如图表 4－5 所示。

图表 4－5

总　账

6

会计科目　银行存款

2023年		凭证编号	摘要	借方										贷方										借或贷	余额									
月	日			千	百	十	万	千	百	十	元	角	分	千	百	十	万	千	百	十	元	角	分		千	百	十	万	千	百	十	元	角	分
3	1	1	收到投资款			2	0	0	0	0	0	0	0																					

将发生的第一笔经济业务直接登记在第一行

- 如果是新的会计年度更换新账，应将上年账簿的“结转下年”金额登记在新账簿的第一行，如图表 4－6 所示（具体方法见本单元“结账”内容）。

图表 4－6

总　账

6

会计科目 银行存款

2024年		凭证	摘要	借方										贷方										借或贷	余额									
月	日	编号		千	百	十	万	千	百	十	元	角	分	千	百	十	万	千	百	十	元	角	分		千	百	十	万	千	百	十	元	角	分
1	1		上年结转																					借			1	9	8	7	5	0	0	0

相关链接

登记账簿用笔规定

记账时必须使用蓝黑墨水或碳素笔（不能用铅笔和圆珠笔），只有在结账、冲账、改错等情况时才能按规则使用红色墨水。账簿记录一旦出现错误应按规定方法更正，不得涂改、挖补、刮擦。

（四）填写账户目录

- 对于总分类账，由于是订本式的，因此在所有账户开设完毕后，应在“账簿启用及经管人员一览表”页的背面页填写“账户目录”，便于查阅，如图表 4－7 所示。
- 对于明细分类账，如果是活页式的，应按账户顺序编号，定期装订成册，同时编制目录。

图表 4－7

账 户 目 录

序号	编号	名称	页号	序号	编号	名称	页号	序号	编号	名称	页号
1	1001	库存现金	1	26	2202	应付账款	30	51			
2	1002	银行存款	5	27	2205	预收账款	31	52			
3	1015	其他货币资金	8	28	2211	应付职工薪酬	32	53			
…	…	……	…	…	…	……	…	…			
…	…	……	…	…	…	……	…	…			
25	2001	短期借款	28	49	6403	税金及附加	83	74			
26	2201	应付票据	29	50	6601	销售费用	84	75			

实训基地一

1. 会计账簿可以分类记载、存储会计信息，因而其种类和结构也多种多样。为了便于各企事业单位使用会计账簿，从不同角度对其进行了分类。按功能用途可将账簿分为

（　　　　）、（　　　　）和（　　　　）三种。

2. 会计账簿尽管多种多样，但其基本构成是相同的。想一想，会计账簿由（　　　　）部分组成。

3. （　　　　）账簿账页固定，不能随意增减、抽换，既能防止账页散失，又可以防止抽换账页的现象；（　　　　）账簿页数不固定，可以根据需要随时增加账页。

4. 对于某些在序时账和分类账中无法记载的会计事项进行补充登记的账簿是(　　　　)。

能力内容二　登记账簿

根据审核无误的会计凭证，准确、规范地登记会计账簿是会计人员的一项日常工作，要做到记录内容完整、字迹工整、登记及时。

会计账簿由于功能用途和账页格式的不同，其登记的程序和方法也有所不同。

一、登记日记账

日记账，是把每天所发生的全部或某类经济业务，按发生时间的先后顺序，逐日、逐笔登记的账簿，又称序时账。日记账按其记录经济业务范围的不同，分为普通日记账和特种日记账。

普通日记账是将每天所发生的全部经济业务编制的记账凭证，按时间顺序逐笔登记的账簿。由于费时费力，不便于分工记账，我国企业一般很少采用。

特种日记账是对某一类重要的、发生频繁、需要经常核查的经济业务进行序时登记的账簿。

相关链接

银行存款日记账和库存现金日记账，是企事业单位必须设置的两本特种日记账，并且由出纳员专门负责登记。

- 记账依据：出纳员根据审核无误的收款凭证和付款凭证（通用记账凭证中的收款或付款业务凭证）登记库存现金日记账和银行存款日记账，如图表 4－8 所示。
- 记账时间：逐日、逐笔序时登记，且逐日结出余额。
- 账簿形式：为了保证财产安全，该种账簿必须采用订本式的三栏式（借、贷、余三栏或设有对方科目）账簿，且有固定连续编号，以免被抽换账页。
- 适应性：所有企事业单位必须设置库存现金日记账和银行存款日记账。

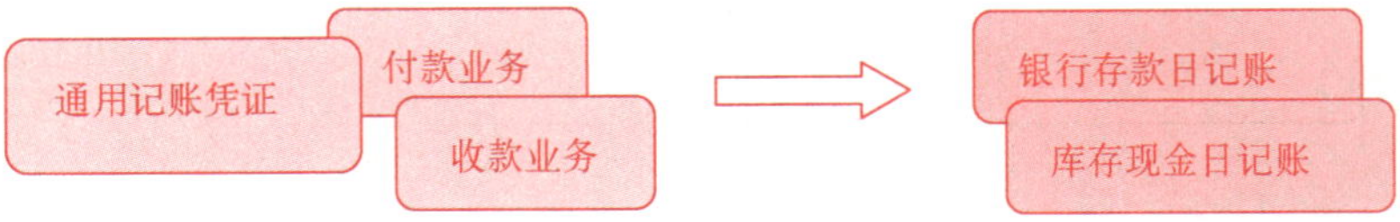

图表 4－8　库存现金/银行存款日记账登记流程

【情境展示 4－1】

鸿运食品有限公司制单员孙娅 2023 年 9 月 6 日填制的记账凭证，如图表 4－9 所示。

图表 4－9

通用记账凭证

2023 年 9 月 6 日　　　　凭证编号：20

摘要	会计科目		借方金额										贷方金额										记账
	总账科目	明细科目	千	百	十	万	千	百	十	元	角	分	千	百	十	万	千	百	十	元	角	分	符号
收回新华商场欠款	银行存款					9	3	6	0	0	0	0											√
	应收账款	新华商场														9	3	6	0	0	0	0	
附单据 1 张		合计			￥	9	3	6	0	0	0	0			¥	9	[illegible]	[illegible]	0	0	0	0	

会计主管 关大伟　　记账　　稽核 关大伟　　制单 孙娅　　出纳 田力　　交领款人

在此处做标记，表明已经记账，以免重记、漏记。

负责银行存款日记账的出纳员田力根据审核无误的 20 号记账凭证登记“银行存款日记账”，如图表 4－10 所示（登记总账和其他明细账略）。

图表 4－10

账簿页码

8

银行存款日记账

2023 年		凭证	摘要	借方										贷方										√	借或贷	余额									
月	日	编号		千	百	十	万	千	百	十	元	角	分	千	百	十	万	千	百	十	元	角	分			千	百	十	万	千	百	十	元	角	分
9	3		……																																
	3	11	借入短期借款			1	1	3	2	0	0	0	0												借			6	8	5	0	0	0	0	0
	5	15	销售产品				5	1	7	0	0	0	0																						
	5	18	提取现金															5	0	0	0	[illegible]	0		借			7	3	1	7	0	0	0	0
	6	20	收回新华商场货款				9	3	6	0	0	0	0												借			8	2	5	3	0	0	0	0

日期按记账凭证的时间

依据记账凭证右上角的凭证编号

一般与记账凭证摘要相同

核对账目时要做的标记

余额方向

每日业务终了结出余额

我们尽管仔细、认真地记账，但有时难免出现失误。如果出现跳行、隔页情况，应该如何处理？

相关链接

隔页、跳行的处理

各种账簿必须按照账页顺序逐页、逐行登记，不得隔页、跳行。如果发生隔页、跳行，按规定采用划线注销或注明“此页空白”或“此行空白”字样（一般用红字），并由记账员签字或盖章。

账页隔页、跳行的处理，如图表 4－11、图表 4－12 所示。

图表 4－11

银行存款日记账

2023年		凭证	摘要	借方										贷方										√	借或贷	余额									
月	日	编号		千	百	十	万	千	百	十	元	角	分	千	百	十	万	千	百	十	元	角	分			千	百	十	万	千	百	十	元	角	分
			田力					此页空白																											

账簿空页的处理

图表 4－12

银行存款日记账

2023年		凭证	摘要	借方										贷方										√	借或贷	余额									
月	日	编号		千	百	十	万	千	百	十	元	角	分	千	百	十	万	千	百	十	元	角	分			千	百	十	万	千	百	十	元	角	分
			……																																
9	3	11	借入短期借款			1	0	0	0	0	0	0	0												借			6	8	5	0	0	0	0	0
	5	15	销售产品				5	1	7	0	0	0	0												借			7	3	6	7	0	0	0	0
	6	18	提取现金															5	0	0	0	0	0												
	6	20	收新华商场欠款				9	3	6	0	0	0	0												借			8	2	5	3	0	0	0	0
			此行空白						田力																										
	7	21	提取现金															3	0	0	0	0	0		借			8	2	2	3	0	0	0	0

账页空行的处理

特别提示：

每一账页登记到倒数第二行时，应该办理“转页”手续。首先，在本页的最后一行“摘要”栏内注明“过次页”字样，并分别加计本页的借方、贷方发生额合计数，结出余额。然后，把这个合计数及余额结转到次页的第一行内，在“摘要”栏内注明“承前页”字样。

● 对需要结计本月发生额的账户，结计“过次页”的本页合计数为自本月初起至本页末止的发生额合计数。

● 对需要结计本年累计发生额的账户，结计“过次页”的本页合计数为自年初起至本页末止的合计数。

● 对既不需要结计本月发生额也不需要结计本年累计发生额的账户，可以只将每页末的余额结转次页。

办理转页手续，如图表 4－13、图表 4－14 所示。

图表 4－13

8

银行存款日记账

2023年 月	日	凭证编号	摘要	借方（千百十万千百十元角分）	贷方（千百十万千百十元角分）	√	借或贷	余额（千百十万千百十元角分）
8	31		……					
9	3	11	借入短期借款	10000000			借	68500000
	5	15	销售产品	5170000			借	73670000
	6	18	提取现金		500000			
	6	20	收回新华商场贷款	9360000			借	82530000
	7	21	提取现金		300000		借	82230000
	8	23	借入短期借款	20000000			借	102230000
	11	26	偿还前欠货款		8500000		借	93730000
			过次页	44530000	9300000		借	93730000

一般用红字或印章

本月初至本页末止的发生额合计数

图表 4－14

将上页末合计数抄入下一页第一行

9

银行存款日记账

2023年 月	日	凭证编号	摘要	借方（千百十万千百十元角分）	贷方（千百十万千百十元角分）	√	借或贷	余额（千百十万千百十元角分）
			承前页	44530000	9300000		借	93730000

实训基地二

如果你是出纳员李岩，请依据长兴有限公司 5 月份经审核无误的记账凭证，如图表 4－15 至图表 4－18 所示，完成下列工作内容：

1. 规范地登记“库存现金日记账”并按规定结出余额，如图表 4－19、图表 4－20 所示。
2. 如需转页，请办理转页手续。
3. 记账后在记账凭证上作相关处理。

图表 4－15

通 用 记 账 凭 证

2023 年 5 月 6 日　　　　凭证编号：13

摘要	会计科目		借方金额										贷方金额										记账符号
	总账科目	明细科目	千	百	十	万	千	百	十	元	角	分	千	百	十	万	千	百	十	元	角	分	
提取现金	库存现金						3	0	0	0	0	0											
	银行存款																3	0	0	0	0	0	
附单据 1 张	合计					¥	3	0	0	0	0	0				¥	3	0	0	0	0	0	

会计主管 张强　　记账　　稽核 王鹏　　制单 杨明　　出纳 李岩　　交领款人

图表 4－16

通 用 记 账 凭 证

2023 年 5 月 6 日　　　　凭证编号：15

摘要	会计科目		借方金额										贷方金额										记账符号
	总账科目	明细科目	千	百	十	万	千	百	十	元	角	分	千	百	十	万	千	百	十	元	角	分	
刘莉预借差旅费	其他应收款	刘莉					2	0	0	0	0	0											
	库存现金																2	0	0	0	0	0	
附单据 1 张	合计					¥	2	0	0	0	0	0				¥	2	0	0	0	0	0	

会计主管 张强　　记账　　稽核 王鹏　　制单 杨明　　出纳 李岩　　交领款人

图表 4－17

通 用 记 账 凭 证

2023 年 5 月 6 日　　　　凭证编号：16

摘要	会计科目		借方金额										贷方金额										记账符号
	总账科目	明细科目	千	百	十	万	千	百	十	元	角	分	千	百	十	万	千	百	十	元	角	分	
购买打印纸	管理费用	办公费						8	0	0	0	0											
	库存现金																	8	0	0	0	0	
附单据 2 张	合计						¥	8	0	0	0	0					¥	8	0	0	0	0	

会计主管 张强　　记账　　稽核 王鹏　　制单 杨明　　出纳 李岩　　交领款人

图表 4－18

通用记账凭证

2023年 5 月 7日　　　　凭证编号：17

摘要	会计科目		借方金额										贷方金额										记账符号
	总账科目	明细科目	千	百	十	万	千	百	十	元	角	分	千	百	十	万	千	百	十	元	角	分	
邹明报销差旅费	管理费用	差旅费					1	5	0	0	0	0											
	库存现金																1	5	0	0	0	0	
附单据 3 张		合计				¥	1	5	0	0	0	0				¥	1	5	0	0	0	0	

会计主管 张强　　记账　　稽核 王鹏　　制单 杨明　　出纳 李岩　　交领款人

图表 4－19

库存现金日记账

5

2023年		凭证编号	摘要	借方										贷方										√	借或贷	余额									
月	日			千	百	十	万	千	百	十	元	角	分	千	百	十	万	千	百	十	元	角	分			千	百	十	万	千	百	十	元	角	分
			……																																
4	30		本月合计				8	6	0	0	0	0	0				8	7	0	0	0	0	0		借					3	0	0	0	0	0

图表 4－20

库存现金日记账

6

年		凭证编号	摘要	借方										贷方										√	借或贷	余额									
月	日			千	百	十	万	千	百	十	元	角	分	千	百	十	万	千	百	十	元	角	分			千	百	十	万	千	百	十	元	角	分

二、登记明细分类账

明细分类账是按照明细分类科目设置的，用来记录和反映经济业务详细情况的账簿，是对总账资料的必要补充，是编制会计报表的依据之一。企事业单位应根据会计法规、所反映经济业务内容的特点以及管理的不同要求，设置和运用明细分类账簿。

明细账的格式多种多样，选择何种格式的账簿应根据本单位的需要加以确定。明细账登记流程图如图表 4－21 所示。

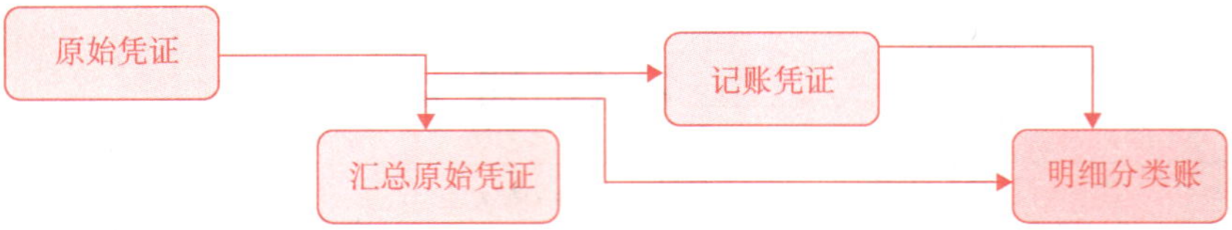

图表 4－21　明细分类账登记流程图

（一）登记三栏式明细账

- 记账依据：记账员根据审核无误的记账凭证逐笔登记。
- 记账时间：逐笔登记。
- 账簿形式：一般采用订本式账簿，且有固定连续编号。
- 适应性：一般适用于只需进行金额核算的明细分类账，如实收资本、应收账款、应付账款、短期借款等债权债务类明细账。

【情境展示 4－2】

接【情境展示 4－1】，2023 年 9 月 6 日记账员王平根据审核无误的 20 号记账凭证登记“应收账款明细账”，如图表 4－22 所示。

图表 4－22

明　细　账

5

会计科目 应收账款　　细目 新华商场　　子目

2023 年		凭证编号	摘要	借方										贷方										借或贷	余额									
月	日			千	百	十	万	千	百	十	元	角	分	千	百	十	万	千	百	十	元	角	分		千	百	十	万	千	百	十	元	角	分
9	3		期初余额																					借			1	7	5	6	9	0	0	0
	3	10	归还账款														6	4	1	4	0	0	0	借			1	1	1	5	5	0	0	0
	6	20	收回贷款														9	3	6	0	0	0	0	借				1	7	9	5	0	0	0

（二）登记多栏式明细账

- 账簿特点：在一张账页内按某一总账科目所属明细科目或明细项目分设若干专栏，可以在同一张账页上集中反映某一总账科目所属各有关明细科目或明细项目的核算资料。
- 记账依据：记账员根据原始凭证或原始凭证汇总表、记账凭证登记账簿。
- 记账时间：逐日登记或逐笔登记，也可以逐日汇总登记。
- 账簿形式：一般采用活页式账簿，使用后连续编号，定期装订成册。账页按明细项目设有借方多栏式、贷方多栏式和借贷方均多栏三种。
- 适应性：一般适用于生产成本、制造费用、管理费用、销售费用、财务费用、本年利润、利润分配、应交增值税等明细账户。

【情境展示 4－3】

鸿运食品有限公司 2023 年 9 月 7 日填制的有关记账凭证，如图表 4－23 所示。

图表 4－23

通 用 记 账 凭 证

2023年 9 月 7 日　　　　凭证编号：21

摘要	总账科目	明细科目	借方金额（千百十万千百十元角分）	贷方金额（千百十万千百十元角分）	记账符号
支付业务招待费	管理费用	招待费	230000		√
	库存现金			230000	
附单据 1 张		合计	¥230000	¥230000	

会计主管 吴大伟　　记账 王平　　稽核 吴大伟　　制单 孙娅　　出纳 田力　　交领款人 刘宏

记账后记账员在此处签章，以明确责任

记账员王平根据审核无误的 21 号记账凭证登记“管理费用明细账”，如图表 4－24 所示（登记总账及库存现金日记账略）。

图表 4－24

管理费用明细账

18

2023年 月	日	凭证编号	摘要	借方 办公费	差旅费	职工薪酬	折旧费	招待费	保险费	其他	合计	贷方合计	余额
			……										
9	2	8	李芳报差旅费		550.00						550.00		
	5	13	购买硒鼓	250.00							250.00		
	7	21	付业务招待费					2300.00			2300.00		

根据单位业务需要，按明细科目设置栏目

将本行各专栏数字合计后记入本栏

【情境展示 4 – 4】

鸿运食品有限公司 9 月份“营业外收入明细账”，如图表 4 – 25 所示。

图表 4 – 25

营业外收入明细账 5

2023 年		凭证编号	摘要	贷方						合计
月	日			罚款收入	接受捐赠	盘盈利得	固定资产处置利得	……	……	
			……							
9	2	3	李涛违规作业罚款	1000.00						1000.00
	26	50	接受台商捐赠		80000.00					80000.00
	30		本月合计	1000.00	80000.00					81000.00

上述多栏式明细账，只反映了增加方（贷方）的栏目，而未设反映相反方向的栏目，如果登记减少发生额时应该如何处理？

《会计基础工作规范》规定，下列情况可以用红色墨水笔记账：

- 按照红字冲账的记账凭证，冲销错误记录。
- 在不设借方或贷方等栏的多栏式账页中，登记减少数。
- 在三栏式账户的余额栏前，如未印明余额方向的，在余额栏内登记负数余额。

在会计上，数字的颜色是重要的语言之一，它同数字和文字一起传递会计信息。书写墨水的颜色用错了，所传递的也将是错误的会计信息。

借、贷方均为多栏的明细账，如图表 4 – 26 所示。

图表 4 – 26

应交增值税明细账 45

摘　要	借　方				贷　方					借或贷	余　额
	合　计	进项税额	已交税金	减免税款	合　计	销项税额	出口退税	进项税额转出	转出多交增值税		
	千百十万千百十元角分	千百十万千百十元角分	千百十万千百十元角分	千百十万千百十元角分	千百十万千百十元角分	千百十万千百十元角分	千百十万千百十元角分	千百十万千百十元角分	千百十万千百十元角分		千百十万千百十元角分

实训基地三

请你以记账员赵红的身份，依据长兴有限公司 5 月份经审核无误的记账凭证登记“销售费用明细账”如图表 4 – 27 至图表 4 – 29 所示。

图表 4－27

通用记账凭证

2023年 5 月 8 日　　　　凭证编号：18

摘要	会计科目		借方金额										贷方金额										记账符号
	总账科目	明细科目	千	百	十	万	千	百	十	元	角	分	千	百	十	万	千	百	十	元	角	分	
支付广告费	销售费用	广告费					5	0	0	0	0	0											
	银行存款																5	0	0	0	0	0	
附单据 2 张	合计					¥	5	0	0	0	0	0				¥	5	0	0	0	0	0	

会计主管 张强　　记账　　稽核 王鹏　　制单 杨明　　出纳 李岩　　交领款人

图表 4－28

通用记账凭证

2023年 5 月 10 日　　　　凭证编号：20

摘要	会计科目		借方金额										贷方金额										记账符号
	总账科目	明细科目	千	百	十	万	千	百	十	元	角	分	千	百	十	万	千	百	十	元	角	分	
支付展览费	销售费用	展览费					3	8	0	0	0	0											
	银行存款																3	8	0	0	0	0	
附单据 2 张	合计					¥	3	8	0	0	0	0				¥	3	8	0	0	0	0	

会计主管 张强　　记账　　稽核 王鹏　　制单 杨明　　出纳 李岩　　交领款人

图表 4－29

销售费用明细账　　15

2023年		凭证号数	摘要	借方发生额								贷方合计	余额
月	日			包装费	运输费	广告费	展览费	保险费	……	其他	合计		
			……										
5	4	12	支付销售运费		300.00						300.00		

（三）登记数量金额式明细账

- 账簿特点：账页格式采用在“借方”“贷方”“余额”各栏分别设置“数量”“单

价”“金额”三栏，同时为满足管理上的要求，在账页的上方，设有一些必要的项目，以便掌握一些需要的资料。

- 记账依据：记账员一般根据原始凭证或原始凭证汇总表、记账凭证登记账簿。
- 记账时间：逐日或逐笔登记，也可以逐日汇总登记。
- 账簿种类：一般采用活页式，使用后连续编号，定期装订成册。
- 适应性：一般适用于原材料、库存商品等财产物资的明细账。

【情境展示 4－5】

鸿运食品有限公司 2023 年 9 月 10 日购入材料并入库的有关会计凭证（增值税专用发票及付款凭据略），如图表 4－30、图表 4－31 所示。

图表 4－30

验收仓库 2#

材料验收入库单 ②记账

2023年9月10日　　　　第11号

供应单位	锦宁市面粉厂		合同号			发票号	No00399727	托收支票	
物资名称	材质	规格型号	单位	数量		实际价格			
				应收	实收	单价	金额	运杂费	合计
高筋面粉		50kg	袋	40	40	180	7200		7200
合　计							7200		7200

会计　　记账　　保管员 李林　　经办人 李明

图表 4－31

通用记账凭证

2023年 9 月 10 日　　　　凭证编号：25

摘　要	会计科目		借方金额										贷方金额										记账符号
	总账科目	明细科目	千	百	十	万	千	百	十	元	角	分	千	百	十	万	千	百	十	元	角	分	
购入面粉入库	原材料	高筋面粉					7	2	0	0	0	0											√
	应交税费	应交增值税（进项税额）						9	3	6	0	0											
	银行存款																8	1	3	6	0	0	
附单据 3 张	合　计：					¥	8	1	3	6	0	0				¥	8	1	3	6	0	0	

会计主管 吴大伟　　记账 王平　　稽核 吴大伟　　制单 孙娅　　出纳 田力　　交领款人

记账员王平根据审核无误的 25 号记账凭证及所附的原始凭证登记“原材料明细账”，如图表 4－32 所示，登记其他总账和明细账略。

图表 4－32

原材料明细账

16

类别:　　品名：高筋面粉　　规格：50kg　　计量单位：袋　　存放地点：2号库

2023年		凭证编号	摘要	借方										贷方										余额									
月	日			数量	单价	金额								数量	单价	金额								数量	单价	金额							
						十	万	千	百	十	元	角	分			十	万	千	百	十	元	角	分			十	万	千	百	十	元	角	分
9	2		……																					5	180				9	0	0	0	0
9	2	13	面粉入库	10	180			1	8	0	0	0	0											15	180			2	7	0	0	0	0
	5	19	生产领用											10	180			1	8	0	0	0	0	5	180				9	0	0	0	0
	10	25	面粉入库	40	180			7	2	0	0	0	0											45	180			8	1	0	0	0	0

数量、单价、金额根据原始凭证登记

实训基地四

请你以记账员赵红的身份，依据长兴有限公司 5 月份发生的有关库存商品的经济业务，以及经审核无误的记账凭证登记“库存商品明细账”，并按规定结出余额。相关原始凭证、记账凭证如图表 4－33 至图表 4－37 所示。

图表 4－33

产成品入库单

23

2023 年 5 月 30 日　　　　金额单位：元

品名	规格	单位	数量	单位成本	金额
奶油面包	20 个	箱	600	40.00	24000.00
合计					24000.00

负责人 张伟　　　　仓库负责人 李林　　　　入库经手人 王力

图表 4－34

通用记账凭证

2023 年 5 月 30 日　　　　凭证编号：45

摘要	会计科目		借方金额										贷方金额										记账符号
	总账科目	明细科目	千	百	十	万	千	百	十	元	角	分	千	百	十	万	千	百	十	元	角	分	
完工产品入库	库存商品	奶油面包				2	4	0	0	0	0	0											
	生产成本	奶油面包														2	4	0	0	0	0	0	
附单据 1 张					¥	2	4	0	0	0	0	0			¥	2	4	0	0	0	0	0	

会计主管 张强　　记账　　稽核 王鹏　　制单 杨明　　出纳　　交领款人

图表 4－35

长兴有限公司库存商品出库单

2023 年 5 月 31 日

提货单位：迅达商城　　　　编号：0050120

用途：销售　　　　仓库：1 号库

名称	规格	单位	数量	单位成本	金额	备注
奶油面包	20 个	箱	500	40.00	20000.00	
合 计					20000.00	

第三联　会计记账

记账：　　仓库主管：李林　　发货：周围　　提货：管宇

图表 4－36

通用记账凭证

2023 年 5 月 31 日　　　　凭证编号：49

摘要	会计科目		借方金额										贷方金额										记账符号
	总账科目	明细科目	千	百	十	万	千	百	十	元	角	分	千	百	十	万	千	百	十	元	角	分	
结转奶油面包成本	主营业务成本	奶油面包				2	0	0	0	0	0	0											
	库存商品	奶油面包														2	0	0	0	0	0	0	
附单据 1 张					¥	2	0	0	0	0	0	0			¥	2	0	0	0	0	0	0	

会计主管 张强　　记账　　稽核 王鹏　　制单 杨明　　出纳　　交领款人

图表 4－37

库存商品明细账

11

类别:　　　　品名:奶油面包　　规格:20个　　计量单位:箱　　存放地点:1号库

2023年		凭证编号	摘要	借方										贷方										余额									
				数量	单价	金额								数量	单价	金额								数量	单价	金额							
月	日					十	万	千	百	十	元	角	分			十	万	千	百	十	元	角	分			十	万	千	百	十	元	角	分
5	12		……																					50	40			2	0	0	0	0	0
5	18	23	销售											40	40			1	6	0	0	0	0	10	40				4	0	0	0	0

（四）横线登记式明细账

● 账簿特点：账页将前后密切相关的经济业务在同一横行内进行详细记录，以检查每笔经济业务完成及变动情况，如图表 4－38 所示。

● 记账依据：记账员一般根据原始凭证、审核无误的记账凭证登记。

● 记账时间：逐日、逐笔登记。

● 账簿种类：一般采用活页式的，使用后连续编号，定期装订成册。

● 适应性：一般适用于需要逐笔对应反映的经济业务，如材料采购、其他应收款、应收票据等明细账。

图表 4－38

其他应收款明细账

7

2023年		凭证号	摘要	借方			2023年		凭证号	摘要	贷方			余额
月	日			原借	补付	合计	月	日			报销	退款	合计	
			……											
9	2	14	张宏借款	1500		1500								1500
9	7	21	刘丽借款	2000		2000	9	12	30	刘丽报销	1840	160	2000	1500

相关经济业务登记在同一行内

提示：

活页式账簿，如果管理不善，账页容易散失或被抽换。但它也有优点噢！它可以根据需要随时增减账页，特别是便于分工记账，提高工作效率。

因此，平时使用时应按账页顺序编号，会计期末装订成册并编制目录，以保证账簿的安全与完整。

实训基地五

1. 库存现金日记账和银行存款日记账应采用（　　　　）外表形式，（　　　　）格式的会计账簿。应由（　　　　）负责管理，每天营业终了要（　　　　）。

2. 原材料明细账和库存商品明细账记账的依据是（　　　　），采用（　　　　）外表形式、（　　　　）格式的会计账簿。

3. 应付账款明细账适合采用（　　　　）格式的账页；管理费用明细账适合采用（　　　　）格式的账页；材料采购明细账适合采用（　　　　）格式的账页。

4. （　　　　）式的账簿，其账页将前后密切相关的经济业务在同一横行内进行详细记录，以检查每笔经济业务的完成及变动情况。

5. 其他应收款明细账、应收票据明细账可采用（　　　　）格式的账簿。

6. 在不设借方或贷方等栏的多栏式账页中，登记减少数用（　　　　）登记。

7. 在三栏式账户的余额栏前，如未印明余额方向的，在余额栏内登记负数余额用（　　　　）登记。

8. 记账时如果发生跳行现象，按规定采用（　　　　）或用（　　　　）注明（　　　　）字样，并由记账员（　　　　）。

9. 每一账页登记到倒数第二行时，应办理（　　　　）手续。

10. 记账时必须使用（　　　　）笔，只有在结账、冲账、改错等情况时才能使用（　　　　）墨水。账簿记录一旦出现错误按规定方法进行更正，不得涂改、挖补、刮擦。

三、登记总分类账

总分类账簿是按照总分类账户分类登记，用来核算经济业务总括内容的账簿，简称总账。总分类账对明细分类账起着统驭和控制的作用。

总分类账的登记方法取决于企业采用的账务处理程序，不同的账务处理程序，登记总账的依据不同。

我国常用的账务处理程序主要有记账凭证账务处理程序、科目汇总表账务处理程序和汇总记账凭证账务处理程序。目前，企业常用的账务处理程序主要有记账凭证账务处理程序和科目汇总表账务处理程序。账务处理流程如图表 4－39 所示。

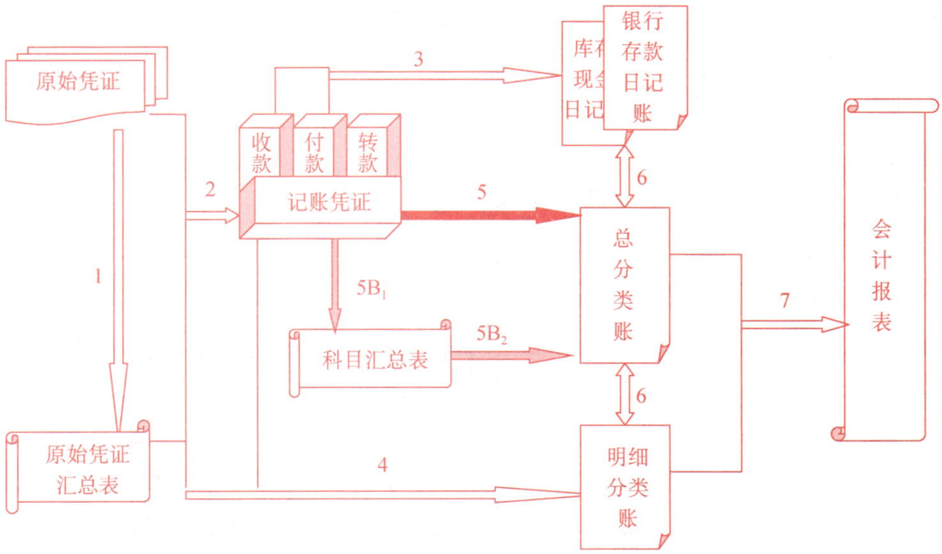

图表 4－39 记账凭证账务处理程序和科目汇总表账务处理程序流程图

◆ 记账凭证账务处理程序特点

优点：总分类账可以较详细地反映经济业务发生情况。

缺点：登记总账工作量大。

适用：规模较小、业务量较少的单位。

◆ 科目汇总表账务处理程序特点

优点：登记总账工作量小，可进行试算平衡。

缺点：不能反映账户对应关系，不便于查对账目。

适用：经济业务较多的单位。

比一比

账务处理程序，又称“会计核算程序”，是指凭证组织、账簿组织和会计报表有机结合的方法和步骤。凭证组织是指会计凭证种类、格式，各种会计凭证之间，以及会计凭证与会计账簿之间的联系；账簿组织是指会计账簿的种类、格式，各种账簿之间，以及会计账簿与会计报表之间的联系。

（一）依据记账凭证登记总账

记账凭证账务处理程序的主要特点是，直接根据记账凭证逐笔登记总分类账。它是最基本的会计核算程序。

- 记账依据：根据每一张记账凭证登记总账。
- 记账时间：逐笔登记总分类账。
- 账簿形式：总账具有统驭和控制作用，一般采用订本式、三栏式账簿，有固定的连续编号。

【情境展示 4－6】

鸿运食品有限公司制单员孙娅 2023 年 9 月 12 日编制的有关记账凭证，如图表 4－40 所示。

图表 4－40

通用记账凭证

2023 年 9 月 12 日　　　　凭证编号：29

摘要	会计科目		借方金额										贷方金额										记账
	总账科目	明细科目	千	百	十	万	千	百	十	元	角	分	千	百	十	万	千	百	十	元	角	分	符号
李明报销差旅费	管理费用	差旅费					1	6	8	0	0	0											√
	库存现金							3	2	0	0	0											√
	其他应收款	李明															2	0	0	0	0	0	√
附单据 4 张	合计					¥	2	0	0	0	0	0				¥	2	0	0	0	0	0	

会计主管 关大伟　　记账 关大伟　　稽核 关大伟　　制单 孙娅　　出纳 田力　　交领款人 李明

负责总账的关大伟根据审核无误的 29 号记账凭证登记“其他应收款”总账、“管理费用”总账、“库存现金”总账，如图表 4－41 至图表 4－43 所示，其他所属的明细账略。

图表 4－41

总　账

会计科目　其他应收款　　　　13

2023 年		凭证	摘要	借方										贷方										借或贷	余额									
月	日	编号		千	百	十	万	千	百	十	元	角	分	千	百	十	万	千	百	十	元	角	分		千	百	十	万	千	百	十	元	角	分
9	2		……																															
	2	19	王云报销差旅费															3	0	0	0	0	0											
	8	24	李明预借差旅费					2	0	0	0	0	0																					
	12	29	李明报销差旅费															2	0	0	0	0	0											

总账不需要逐日结出余额

图表 4－42

总　账

91

会计科目 管理费用

2023年 月	日	凭证编号	摘要	借方 千百十万千百十元角分	贷方 千百十万千百十元角分	借或贷	余额 千百十万千百十元角分
			……				
9	2	12	李芳报销差旅费	55000			
	5	17	购买硒鼓	25000			
	7	21	付业务招待费	230000			
	12	29	李明报销差旅费	168000			

图表 4－43

总　账

2

会计科目 库存现金

2023年 月	日	凭证编号	摘要	借方 千百十万千百十元角分	贷方 千百十万千百十元角分	借或贷	余额 千百十万千百十元角分
9	2		……				
	2	12	提取现金	200000			
	5	13	购买硒鼓		25000		
	7	21	付业务招待费		230000		
	12	29	李明报销结清预借款	32000			

实训基地六

长兴公司 5 月份发生下列经济业务。请依据下列审核无误的记账凭证登记有关总分类账，如图表 4－44 至图表 4－51 所示。

图表4－44

通用记账凭证

2023年5月12日　　　　凭证编号：29

摘要	会计科目		借方金额										贷方金额										记账
	总账科目	明细科目	千	百	十	万	千	百	十	元	角	分	千	百	十	万	千	百	十	元	角	分	符号
支付广告费	销售费用	广告费					4	3	0	0	0	0											
	银行存款																4	3	0	0	0	0	
附单据 2 张	合计					¥	4	3	0	0	0	0				¥	4	3	0	0	0	0	

会计主管 张强　　记账　　稽核 王鹏　　制单 杨明　　出纳 李岩　　交领款人

图表4－45

通用记账凭证

2023年5月13日　　　　凭证编号：30

摘要	会计科目		借方金额										贷方金额										记账
	总账科目	明细科目	千	百	十	万	千	百	十	元	角	分	千	百	十	万	千	百	十	元	角	分	符号
销售臻仁巧克力	银行存款					1	1	3	0	0	0	0											
	主营业务收入	臻仁巧克力														1	0	0	0	0	0	0	
	应交税费	应交增值税（销项税额）															1	3	0	0	0	0	
附单据 2 张	合计				¥	1	1	3	0	0	0	0			¥	1	1	3	0	0	0	0	

会计主管 张强　　记账　　稽核 王鹏　　制单 杨明　　出纳 李岩　　交领款人

图表4－46

通用记账凭证

2023年5月14日　　　　凭证编号：32

摘要	会计科目		借方金额										贷方金额										记账
	总账科目	明细科目	千	百	十	万	千	百	十	元	角	分	千	百	十	万	千	百	十	元	角	分	符号
支付前欠宏发厂款	应付账款	宏发厂				2	0	0	0	0	0	0											
	银行存款															2	0	0	0	0	0	0	
附单据 2 张	合计				¥	2	0	0	0	0	0	0			¥	2	0	0	0	0	0	0	

会计主管 张强　　记账　　稽核 王鹏　　制单 杨明　　出纳 李岩　　交领款人

图表 4－47

总　账

6

会计科目 银行存款

年		凭证编号	摘要	借方										贷方										借或贷	余额									
月	日			千	百	十	万	千	百	十	元	角	分	千	百	十	万	千	百	十	元	角	分		千	百	十	万	千	百	十	元	角	分
			……																															

图表 4－48

总　账

30

会计科目 应付账款

年		凭证编号	摘要	借方										贷方										借或贷	余额									
月	日			千	百	十	万	千	百	十	元	角	分	千	百	十	万	千	百	十	元	角	分		千	百	十	万	千	百	十	元	角	分
			……																															

图表 4－49

总　账

会计科目 应交税费

年		凭证编号	摘要	借方										贷方										借或贷	余额									
月	日			千	百	十	万	千	百	十	元	角	分	千	百	十	万	千	百	十	元	角	分		千	百	十	万	千	百	十	元	角	分
			……																															

图表 4－50

总　账

61

会计科目 主营业务收入

年		凭证	摘要	借方										贷方										借或贷	余额									
月	日	编号		千	百	十	万	千	百	十	元	角	分	千	百	十	万	千	百	十	元	角	分		千	百	十	万	千	百	十	元	角	分
			……																															

图表 4－51

总　账

85

会计科目 销售费用

年		凭证	摘要	借方										贷方										借或贷	余额									
月	日	编号		千	百	十	万	千	百	十	元	角	分	千	百	十	万	千	百	十	元	角	分		千	百	十	万	千	百	十	元	角	分
			……																															

（二）依据科目汇总表登记总账

科目汇总表账务处理程序，亦称记账凭证汇总表核算程序，它的主要特点是，根据记账凭证定期编制科目汇总表（又称记账凭证汇总表），再依据科目汇总表登记总分类账。

- 记账依据：根据每一张记账凭证编制科目汇总表，再依据科目汇总表登记总账。
- 记账时间：定期（5 天、10 天、半个月或 1 个月）汇总登记总分类账。
- 账簿形式：必须采用三栏式的订本式账簿，有固定的连续编号。

【情境展示 4－7】

鸿运食品有限公司制单员孙娅 2023 年 9 月 16—30 日依据原始凭证编制的记账凭证，如图表 4－52 至图表 4－57 所示。

图表 4－52

通用记账凭证

2023年 9 月 18 日　　　　凭证编号：35

摘要	会计科目		借方金额										贷方金额										记账
	总账科目	明细科目	千	百	十	万	千	百	十	元	角	分	千	百	十	万	千	百	十	元	角	分	符号
收到明达公司欠款	银行存款					8	9	5	0	0	0	0											
	应收账款	明达公司														8	9	5	0	0	0	0	
附单据 1 张		合　计			¥	8	9	5	0	0	0	0			¥	8	9	5	0	0	0	0	

会计主管 吴大伟　　记账　　稽核 吴大伟　　制单 孙姬　　出纳 田力　　交领款人

图表 4－53

通用记账凭证

2023年 9 月 19 日　　　　凭证编号：36

摘要	会计科目		借方金额										贷方金额										记账
	总账科目	明细科目	千	百	十	万	千	百	十	元	角	分	千	百	十	万	千	百	十	元	角	分	符号
购入新机器	固定资产	机器设备				3	4	0	0	0	0	0											
	银行存款															3	4	0	0	0	0	0	
附单据 2 张		合　计			¥	3	4	0	0	0	0	0			¥	3	4	0	0	0	0	0	

会计主管 吴大伟　　记账　　稽核 吴大伟　　制单 孙姬　　出纳 田力　　交领款人

图表 4－54

通用记账凭证

2023年 9 月 20 日　　　　凭证编号：37

摘要	会计科目		借方金额										贷方金额										记账
	总账科目	明细科目	千	百	十	万	千	百	十	元	角	分	千	百	十	万	千	百	十	元	角	分	符号
销售曲奇饼干	银行存款					1	1	3	0	0	0	0											
	主营业务收入	曲奇饼干														1	0	0	0	0	0	0	
	应交税费	应交增值税（销项税额）															1	3	0	0	0	0	
附单据 2 张		合　计			¥	1	1	3	0	0	0	0			¥	1	1	3	0	0	0	0	

会计主管 吴大伟　　记账　　稽核 吴大伟　　制单 孙姬　　出纳 田力　　交领款人

图表 4－55

通用记账凭证

2023年 9 月 21 日　　　　凭证编号：38

摘要	会计科目		借方金额										贷方金额										记账
	总账科目	明细科目	千	百	十	万	千	百	十	元	角	分	千	百	十	万	千	百	十	元	角	分	符号
提取现金	库存现金						2	0	0	0	0	0											
	银行存款																2	0	0	0	0	0	
附单据 1 张		合　计				¥	2	0	0	0	0	0				¥	2	0	0	0	0	0	

会计主管 关大伟　　记账　　稽核 关大伟　　制单 孙娅　　出纳 田力　　交领款人

图表 4－56

通用记账凭证

2023年 9 月 22 日　　　　凭证编号：39

摘要	会计科目		借方金额										贷方金额										记账
	总账科目	明细科目	千	百	十	万	千	百	十	元	角	分	千	百	十	万	千	百	十	元	角	分	符号
收到顺达公司投资款	银行存款				1	3	0	0	0	0	0	0											
	实收资本	顺达公司													1	3	0	0	0	0	0	0	
附单据 2 张		合　计		¥	1	3	0	0	0	0	0	0		¥	1	3	0	0	0	0	0	0	

会计主管 关大伟　　记账　　稽核 关大伟　　制单 孙娅　　出纳 田力　　交领款人

图表 4－57

通用记账凭证

2023年 9 月 23 日　　　　凭证编号：40

摘要	会计科目		借方金额										贷方金额										记账
	总账科目	明细科目	千	百	十	万	千	百	十	元	角	分	千	百	十	万	千	百	十	元	角	分	符号
销售米台力款未收	应收账款	兴隆超市				2	2	6	0	0	0	0											
	主营业务收入	米台力														2	0	0	0	0	0	0	
	应交税费	应交增值税（销项税额）															2	6	0	0	0	0	
附单据 2 张		合　计			¥	2	2	6	0	0	0	0			¥	2	2	6	0	0	0	0	

会计主管 关大伟　　记账　　稽核 关大伟　　制单 孙娅　　出纳　　交领款人

负责总账的关大伟依据上述记账凭证，采用科目汇总表账务处理程序进行会计处理如下：

1. 依据本期所有的记账凭证编制科目汇总表的工作底稿，如图表 4－58 所示。

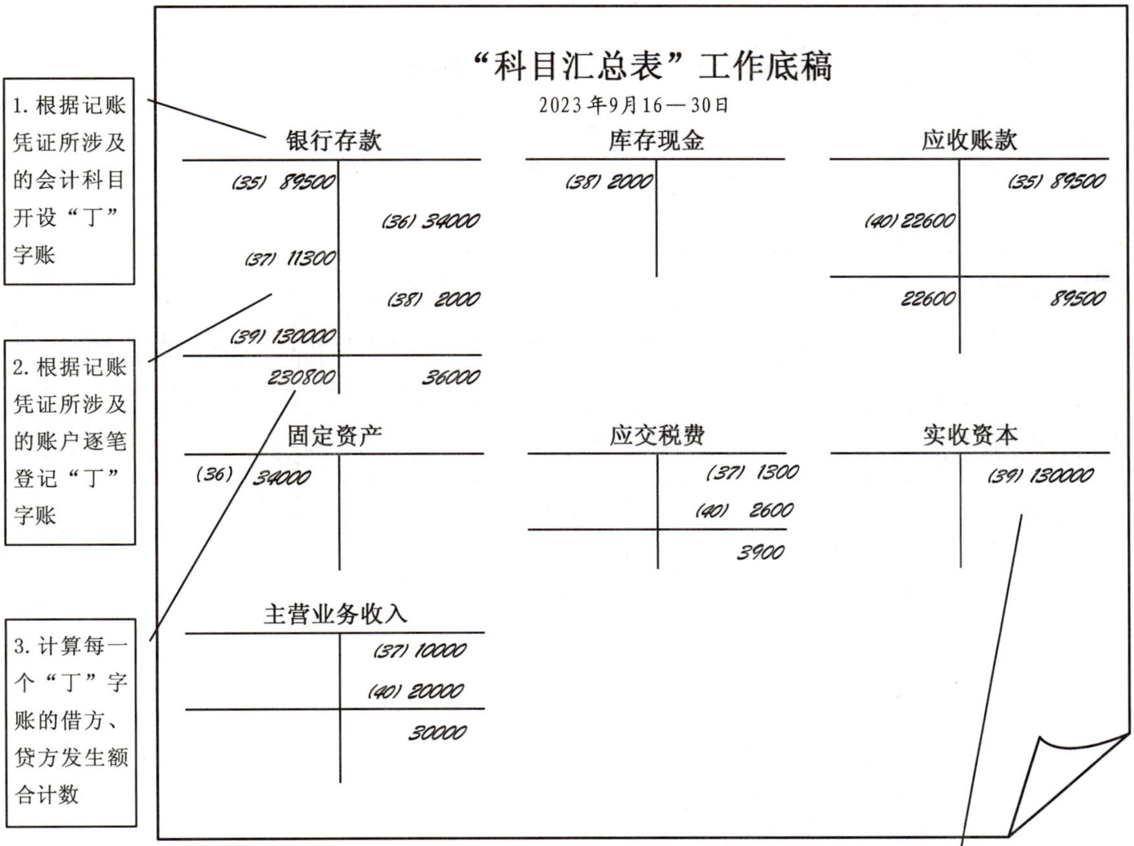

图表 4－58　"科目汇总表"工作底稿

2. 将"科目汇总表工作底稿"中所有账户借、贷方发生额合计数填入"科目汇总表"中，如图表 4－59 所示。

图表 4－59

科 目 汇 总 表

2023年9月16—30日　　凭证编号 科汇2

会计科目	借方金额	贷方金额	过账
库存现金	2000		
银行存款	230800	36000	✓
应收账款	22600	89500	
固定资产	34000		
应交税费		3900	
实收资本		130000	
主营业务收入		30000	
合　计	¥289400.00	¥289400.00	
附记账凭证	6	张	

主管人员　　记账　　稽核　　制单 吴大伟

将工作底稿中的所有账户名称抄列过来，不要遗漏噢！

借方、贷方合计数一定要相等！这也是在进行试算平衡。

3. 负责总账的关大伟根据“科目汇总表”登记所有总分类账。本例以银行存款总账为例，如图表 4－60 所示，其他总账略。

图表 4－60

总 账

36

会计科目 银行存款

2023 年		凭证	摘 要	借 方										贷 方										借或贷	余 额									
月	日	编号		千	百	十	万	千	百	十	元	角	分	千	百	十	万	千	百	十	元	角	分		千	百	十	万	千	百	十	元	角	分
			……																															
9	15	科汇1	1-15日汇总			2	3	6	7	0	0	0	0				1	6	8	9	0	0	0	借			2	1	9	8	1	0	0	0
9	30	科汇2	16-30日汇总			2	3	0	8	0	0	0	0				3	6	0	0	0	0	0	借			4	1	4	6	1	0	0	0

实训基地七

长兴公司采用科目汇总表账务处理程序，半个月汇总一次。该公司 5 月 16—31 日发生下列经济业务，如图表 4－61 至图表 4－66 所示。请你以会计主管张强的身份，依据下列审核无误的记账凭证完成下列工作内容：

1. 编制科目汇总表工作底稿，如图表 4－67 所示。
2. 编制科目汇总表，如图表 4－68 所示。
3. 根据科目汇总表登记有关总分类账的本期发生额，如图表 4－69 至图表 4－74 所示。

图表 4－61

通 用 记 账 凭 证

2023年 5 月 16日　　　　凭证编号：33

摘 要	会计科目		借方金额										贷方金额										记账
	总账科目	明细科目	千	百	十	万	千	百	十	元	角	分	千	百	十	万	千	百	十	元	角	分	符号
借入短期借款	银行存款				3	0	0	0	0	0	0	0											
	短期借款														3	0	0	0	0	0	0	0	
附单据 2 张	合 计			¥	3	0	0	0	0	0	0	0		¥	3	0	0	0	0	0	0	0	

会计主管 张强　　记账　　稽核 王鹏　　制单 杨明　　出纳 李岩　　交领款人

图表 4－62

通 用 记 账 凭 证

2023年 5 月 16 日　　　　凭证编号：34

摘要	会计科目		借方金额										贷方金额										记账符号
	总账科目	明细科目	千	百	十	万	千	百	十	元	角	分	千	百	十	万	千	百	十	元	角	分	
偿还欠款	应付账款	利民面粉厂			4	3	0	0	0	0	0	0											
	银行存款														4	3	0	0	0	0	0	0	
附单据 1 张	合 计：			¥	4	3	0	0	0	0	0	0		¥	4	3	0	0	0	0	0	0	

会计主管 张强　　记账　　稽核 王鹏　　制单 杨明　　出纳 李岩　　交领款人

图表 4－63

通 用 记 账 凭 证

2023年 5 月 17 日　　　　凭证编号：35

摘要	会计科目		借方金额										贷方金额										记账符号
	总账科目	明细科目	千	百	十	万	千	百	十	元	角	分	千	百	十	万	千	百	十	元	角	分	
采购材料并入库	原材料	一级面粉				4	0	0	0	0	0	0											
	应交税费	应交增值税（进项税额）					5	2	0	0	0	0											
	银行存款															4	5	2	0	0	0	0	
附单据 3 张	合 计：				¥	4	5	2	0	0	0	0			¥	4	5	2	0	0	0	0	

会计主管 张强　　记账　　稽核 王鹏　　制单 杨明　　出纳 李岩　　交领款人

图表 4－64

通 用 记 账 凭 证

2023年 5 月 20 日　　　　凭证编号：36

摘要	会计科目		借方金额										贷方金额										记账符号
	总账科目	明细科目	千	百	十	万	千	百	十	元	角	分	千	百	十	万	千	百	十	元	角	分	
支付城建税	应交税费	城市维护建设税					4	0	0	0	0	0											
	银行存款																4	0	0	0	0	0	
附单据 1 张	合 计：					¥	4	0	0	0	0	0				¥	4	0	0	0	0	0	

会计主管 张强　　记账　　稽核 王鹏　　制单 杨明　　出纳 李岩　　交领款人

图表 4－65

通 用 记 账 凭 证

2023年 5 月 22 日　　　　凭证编号：37

摘要	会计科目		借方金额										贷方金额										记账符号
	总账科目	明细科目	千	百	十	万	千	百	十	元	角	分	千	百	十	万	千	百	十	元	角	分	
购材料入库款未付	原材料	全麦粉				3	0	0	0	0	0	0											
	应交税费	应交增值税（进项税额）					3	9	0	0	0	0											
	应付账款	利民面粉厂														3	3	9	0	0	0	0	
附单据 2 张		合　计：			¥	3	3	9	0	0	0	0			¥	3	3	9	0	0	0	0	

图表 4－66

通 用 记 账 凭 证

2023年 5 月 27 日　　　　凭证编号：38

摘要	会计科目		借方金额										贷方金额										记账符号
	总账科目	明细科目	千	百	十	万	千	百	十	元	角	分	千	百	十	万	千	百	十	元	角	分	
收华福超市欠款	银行存款						3	5	0	0	0	0											
	应收账款	华福超市															3	5	0	0	0	0	
附单据 1 张		合　计：				¥	3	5	0	0	0	0				¥	3	5	0	0	0	0	

会计主管 张强　　记账　　稽核 王鹏　　制单 杨明　　出纳 李岩　　交领款人

图表 4－67

“科目汇总表”工作底稿

2023年5月16—31日

图表 4－68

科目汇总表

2023 年 5 月 16 — 31 日　　凭证编号 科汇 2

会计科目	借方金额	贷方金额	过账
合　计			
附记账凭证	张		

主管人员　　记账　　稽核　　制单

图表 4－69

总　账

8

会计科目 银行存款

年		凭证	摘要	借方										贷方										借或贷	余额									
月	日	编号		千	百	十	万	千	百	十	元	角	分	千	百	十	万	千	百	十	元	角	分		千	百	十	万	千	百	十	元	角	分
			……																															

图表 4－70

总　账

12

会计科目 原材料

年		凭证	摘要	借方										贷方										借或贷	余额									
月	日	编号		千	百	十	万	千	百	十	元	角	分	千	百	十	万	千	百	十	元	角	分		千	百	十	万	千	百	十	元	角	分
			……																															

图表 4－71

总 账

23

会计科目 短期借款

年		凭证编号	摘要	借方										贷方										借或贷	余额									
月	日			千	百	十	万	千	百	十	元	角	分	千	百	十	万	千	百	十	元	角	分		千	百	十	万	千	百	十	元	角	分
			……																															

图表 4－72

总 账

25

会计科目 应付账款

年		凭证编号	摘要	借方										贷方										借或贷	余额									
月	日			千	百	十	万	千	百	十	元	角	分	千	百	十	万	千	百	十	元	角	分		千	百	十	万	千	百	十	元	角	分
			……																															

图表 4－73

总 账

30

会计科目 应交税费

年		凭证编号	摘要	借方										贷方										借或贷	余额									
月	日			千	百	十	万	千	百	十	元	角	分	千	百	十	万	千	百	十	元	角	分		千	百	十	万	千	百	十	元	角	分
			……																															

图表 4－74

总 账

10

会计科目 应收账款

年		凭证编号	摘要	借方										贷方										借或贷	余额									
月	日			千	百	十	万	千	百	十	元	角	分	千	百	十	万	千	百	十	元	角	分		千	百	十	万	千	百	十	元	角	分
			……																															

四、总账与明细账的平行登记

总账与其所属的明细账所记录的经济业务内容相同，登记的依据相同，只是提供核算资料的详略程度不同，发挥的作用不同。总分类账对明细分类账的统驭和控制关系要求在记录经济业务时，应采用平行登记法，以查明有关环节上的问题，起到自动核对的作用。

总分类账和明细分类账的平行登记要点：

1. 同时登记。对于每一项经济业务，一方面要记入有关的总分类账，另一方面又要分别记入所属的各明细分类账（不设置明细分类账的除外）。

2. 同向登记。在总账与其所属明细账中记录经济业务的借或贷方向必须相同。

3. 等额登记。记入总账中的金额要同时记入所属明细账中，并且记录金额相等；若关系到几个明细账，则应该与其金额之和相等。

【情境展示 4－8】

鸿运食品有限公司 2023 年 9 月下列三项经济业务所取得的有关原始凭证（增值税专用发票和付款凭据略）及编制的记账凭证，如图表 4－75 至图表 4－81 所示。假设该公司采用记账凭证账务处理程序。

图表 4－75

验收仓库 2#

材料验收入库单 ② 记账

2023 年 9 月 24 日　　　　第 11 号

供应单位：沈阳贸易公司			合同号			发票号	No00399727	托收支票	
物资名称	材质	规格型号	单位	数量		实际价格			
				应收	实收	单价	金额	运杂费	合计
高筋面粉		50kg	袋	60	60	180	10800		10800
合　计							10800		10800

会计　　　　记账　　　　保管员 李林　　　　经办人 李明

图表 4－76

验收仓库 2#

材料验收入库单 ② 记账

2023 年 9 月 24 日　　　　第 12 号

供应单位：沈阳贸易公司			合同号			发票号	No00399727	托收支票	
物资名称	材质	规格型号	单位	数量		实际价格			
				应收	实收	单价	金额	运杂费	合计
食用油		5L	桶	40	40	55	2200		2200
合　计							2200		2200

会计　　　　记账　　　　保管员 李林　　　　经办人 李明

图表 4－77

通用记账凭证

2023年 9月 24 日　　　　凭证编号：41

摘要	会计科目		借方金额										贷方金额										记账符号
	总账科目	明细科目	千	百	十	万	千	百	十	元	角	分	千	百	十	万	千	百	十	元	角	分	
购入面粉、食用油入库	原材料	高筋面粉				1	0	8	0	0	0	0											
	原材料	食用油					2	2	0	0	0	0											
	应交税费	应交增值税（进项税额）					1	1	7	0	0	0											
	应付账款	沈阳贸易公司														1	4	1	7	0	0	0	
附单据 3 张	合　计：				¥	1	4	1	7	0	0	0			¥	1	4	1	7	0	0	0	

会计主管 吴大伟　　记账 王平　　稽核 吴大伟　　制单 孙娅　　出纳 田力　　交领款人 刘宏

图表 4－78

通用记账凭证

2023年 9 月 25 日　　　　凭证编号：42

摘要	会计科目		借方金额										贷方金额										记账符号
	总账科目	明细科目	千	百	十	万	千	百	十	元	角	分	千	百	十	万	千	百	十	元	角	分	
归还欠款	应付账款	沈阳贸易公司				3	5	1	0	0	0	0											
	应付账款	本溪食品公司				1	8	0	0	0	0	0											
	银行存款															5	3	1	0	0	0	0	
附单据 1 张	合　计：				¥	5	3	1	0	0	0	0			¥	5	3	1	0	0	0	0	

会计主管 吴大伟　　记账 王平　　稽核 吴大伟　　制单 孙娅　　出纳 田力　　交领款人 刘宏

图表 4－79

领 料 单

领料单位：生产车间　　　　编号：L00178

用途：生产产品（普通面包）　　2023年9月25日　　发料仓库：2号库

材料名称	材料编号	规格	计量单位	数量	单位成本	金额	备注
高筋面粉		50kg	袋	20	180	3600.00	
合计						3600.00	

财务留存

发料人：李林　　领料单位负责人：张伟　　领料人：王力

图表 4－80

领 料 单

领料单位：生产车间　　　　　　　　　　　　编号：L00179

用途：生产产品（普通面包）　　2023年9月25日　　发料仓库：2号库

材料名称	材料编号	规格	计量单位	数量	单位成本	金额	备注
食用油		5L	桶	5	55	275.00	
合计				5	55	275.00	

财务留存

发料人：李林　　　　领料单位负责人：张伟　　　　领料人：王力

图表 4－81

通 用 记 账 凭 证

2023年 9 月 25 日　　　　　　凭证编号：44

摘要	总账科目	明细科目	借方金额	贷方金额	记账符号
生产领用材料	生产成本	普通面包	387500		
	原材料	面粉		360000	
	原材料	食用油		27500	
附单据 2 张		合　计：	¥387500	¥387500	

会计主管 吴大伟　　记账 王平　　稽核　　制单 孙娅　　出纳　　交领款人

你来试一试！

学习了明细账和总分类账的登记方法之后，依据平行登记的原理，你能对上述业务涉及的原材料总账及所属的明细账、应付账款总账及所属的明细账进行平行登记吗？请你试一试！

依据记账凭证如图表 4－75 至图表 4－81 所示，登记总账和所属明细账如图表 4－82 至图表 4－87 所示。

图表 4－82

明 细 账

5

会计科目 应付账款　　细目 幸漢食品公司　　子目

2023年 月	日	凭证编号	摘要	借方	贷方	借或贷	余额
			……			贷	14700000
9	7	19	还款	6300000		贷	8400000

图表 4－83

明　细　账

12

会计科目 应付账款　　　细目 沈阳贸易公司　　　子目

2023年		凭证	摘要	借方										贷方										借或贷	余额									
月	日	编号		千	百	十	万	千	百	十	元	角	分	千	百	十	万	千	百	十	元	角	分		千	百	十	万	千	百	十	元	角	分
			……																					贷				2	0	0	0	0	0	0
9	8	21	购料欠款														3	3	0	0	0	0	0	贷				5	3	0	0	0	0	0

图表 4－84

总　　账

30

会计科目 应付账款

2023年		凭证	摘　要	借　方										贷　方										借或贷	余　额									
月	日	编号		千	百	十	万	千	百	十	元	角	分	千	百	十	万	千	百	十	元	角	分		千	百	十	万	千	百	十	元	角	分
			……																					贷			1	6	7	0	0	0	0	0
9	7	19	还本溪食品公司款				6	3	0	0	0	0	0																					
	8	21	购料欠沈阳贸易公司														3	3	0	0	0	0	0											

图表 4－85

原材料明细账

9

类别：　　　品名：食用油　　　规格：5L　　　计量单位：桶　　　存放地点：2号库

2023年		凭证编号	摘要	借　方										贷　方										余　额									
				数量	单价	金　额								数量	单价	金　额								数量	单价	金　额							
月	日					十	万	千	百	十	元	角	分			十	万	千	百	十	元	角	分			十	万	千	百	十	元	角	分
9	1		期初余额																					20	55			1	1	0	0	0	0

图表 4－86

原材料明细账

11

类别：　　名称：高筋面粉　　规格：50kg　　计量单位：袋　　存放地点：2号库

2023年		凭证编号	摘要	借方										贷方										余额									
				数量	单价	金额								数量	单价	金额								数量	单价	金额							
月	日					十	万	千	百	十	元	角	分			十	万	千	百	十	元	角	分			十	万	千	百	十	元	角	分
9	1		期初余额																					50	180			9	0	0	0	0	0

图表 4－87

总　　账

16

会计科目 原材料

2023年		凭证编号	摘要	借方										贷方										借或贷	余额									
月	日			千	百	十	万	千	百	十	元	角	分	千	百	十	万	千	百	十	元	角	分		千	百	十	万	千	百	十	元	角	分
9	1		期初余额																									1	0	1	0	0	0	0

你记账准确吗？

在根据平行登记的方法登记总账及其所属的明细账之后，还应对总账和明细账登记的结果进行核对，用来检查总账和明细账记录的完整性和正确性。

总账和明细账的核对，是通过编制明细账试算平衡表进行的，如图表 4－88、图表 4－89 所示。

图表 4－88

原材料明细账发生额及余额表

明细账	计量单位	单价	本期发生额				期末余额	
			借方		贷方		数量	金额
			数量	金额	数量	金额		
高筋面粉	袋	180	60	10800.00	20	3600.00	90	16200.00
食用油	桶	55	40	2200.00	5	275.00	55	3025.00
合　计				13000.00		3875.00		19225.00

此行数额与“原材料”总账的借方、贷方及期末余额数核对

图表 4－89

应付账款明细账发生额及余额表

明细账	本期发生额		余额
	借方	贷方	
沈阳贸易公司	35100.00	48080.00	32980.00
本溪食品公司	81000.00		66000.00
合 计	116100.00	48080.00	98980.00

此行数额与“应付账款”总账的借方、贷方及期末余额数核对

对照答案核对一下，你登记的正确吗？

能力内容三　对账和结账

一、对账

对账，简单地说就是核对账目，通过对账，可以及时发现记账过程中的错误，以保证账证相符、账账相符、账实相符，为编制会计报表提供可靠的核算资料。

对账工作每年至少进行一次。对账的基本内容，如图表 4－90 所示。

二、结账

为了总结一定会计期间的经营活动情况，必须定期进行结账。结账，就是把一定时期内发生的全部经济业务登记入账，并在保证其正确性的基础上，计算出本期发生额和期末余额，为进一步编制会计报表提供依据。

（一）结账的程序

1. 将本期发生的经济业务全部登记入账，并保证其正确。
2. 按权责发生制原则调整和结转有关账项。
3. 将损益类账户本期发生额转入“本年利润”账户，结平所有损益类账户。
4. 结算出资产、负债、所有者权益类账户的本期发生额和期末余额，并结转至下期。

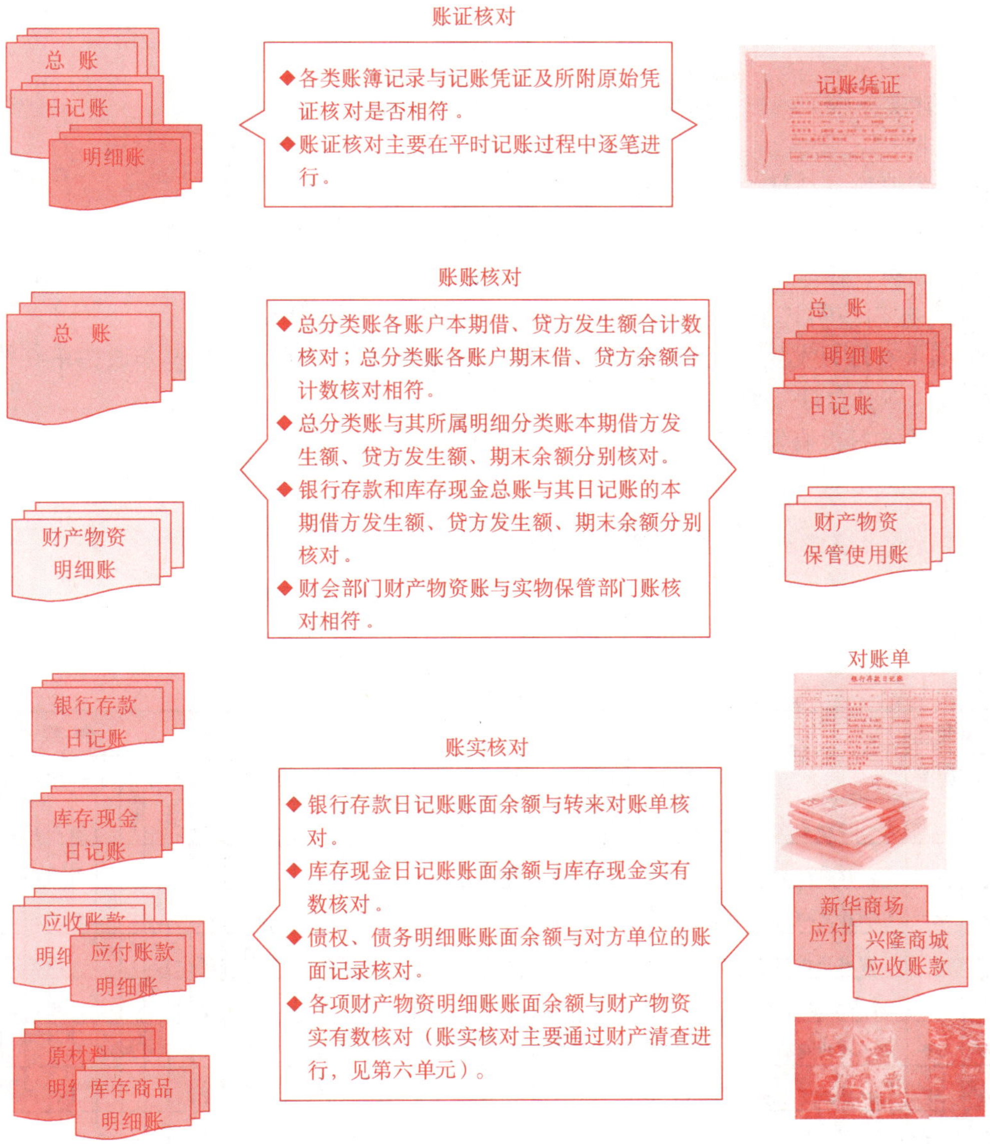

图表 4－90 会计对账内容

相关链接

结账时间的规定

◆ 企业应当依照有关法规规定的结账日进行结账，不能提前或者延迟结账。

◆ 结账按时间不同分为月结、季结和年结三种。

◆ 年度结账日为公历年度每年的 12 月 31 日；半年度、季度、月度结账日分别为公历年度每半年、每季、每月的最后一天。

（二）结账的方法

在会计实务中，一般采用划线结账的方法进行结账。

1. 月结。

（1）需要按月结计本月发生额的账户的结账方法。

● 每月结账时，要在最后一笔经济业务记录下面划通栏单红线，结出本月发生额和余额，在“摘要”栏红字注明“本月合计”字样，再在下面划通栏单红线；若无余额应在“借或贷”栏内注明“平”字，同时在余额栏内注明“θ”符号。

● 如果本月只发生一笔经济业务，结账时只要在此行记录下面划一条通栏单红线，不必另结出“本月合计”数。

● 如果本月没有发生额，不必月结，也不划结账线。

【情境展示 4－9】

鸿运食品有限公司“库存现金日记账”，如图表 4－91 所示。

图表 4－91

库存现金日记账 2

2023年		凭证	摘要	借方										贷方										√	借或贷	余额									
月	日	编号		千	百	十	万	千	百	十	元	角	分	千	百	十	万	千	百	十	元	角	分			千	百	十	万	千	百	十	元	角	分
9	1		期初余额																						借						8	0	0	0	0
	2	3	提取现金					2	0	0	0	0	0												借					2	8	0	0	0	0
	5	13	购买砝码																2	5	0	0	0		借					2	5	5	0	0	0
	7	21	付业务招待费															2	3	0	0	0	0		借						2	5	0	0	0
	12	27	李明结清预借款						3	2	0	0	0												借						5	7	0	0	0
	16	30	提取现金					3	0	0	0	0	0																						
	16	31	赵丹报差旅费															2	5	8	0	0	0		借						9	9	0	0	0
	24	43	买打印纸																2	0	0	0	0		借						7	9	0	0	0
	30		本月合计					5	3	2	0	0	0					5	3	3	0	0	0		借						7	9	0	0	0

此行上、下线均为单红线；“本月合计”为红字

（2）不需要按月结计本月发生额的账户的结账方法。

月末结账时，只需要在最后一笔经济业务记录之下划通栏单红线。因为这类账户，每次记账后，都要随时结出余额，每月最后一笔余额即为月末余额。

各种应收、应付等债权债务明细账适用于这种结账方法。

【情境展示 4－10】

鸿运食品有限公司“应付账款明细账”，如图表 4－92 所示。

图表 4－92

明　细　账

20

会计科目 应付账款　　　　细目 济南面粉厂　　　　子目

2023年 月	日	凭证编号	摘要	借方（千百十万千百十元角分）	贷方（千百十万千百十元角分）	借或贷	余额（千百十万千百十元角分）
9	1		期初余额			贷	2450000
9	4	13	购入面粉		868000	贷	3318000
	15	30	还款	2450000		贷	868000
	23	57	购入面粉		3098000	贷	3966000
	25	60	还款	868000		贷	3098000

此线为单红线

（3）需要结计本年累计发生额的账户的结账方法。

每月结账时，要在“本月合计”行下结出自年初起至本月末止的累计发生额，登记在月结下面，在“摘要”栏注明“本年累计”字样，并在下面再划通栏单红线。

【情境展示 4－11】

鸿运食品有限公司“主营业务收入明细账”，如图表 4－93 所示。

图表 4－93

主营业务收入明细账

14

类别：　　　　品名：曲奇　　　　规格：1kg　　　　计量单位：盒

2023年 月	日	凭证编号	摘要	借方 数量	借方 单价	借方 金额（百十万千百十元角分）	贷方 数量	贷方 单价	贷方 金额（百十万千百十元角分）	余额 数量	余额 单价	余额 金额（百十万千百十元角分）
			……									
8	31		本月合计	2000	21	4200000	2000	21	4200000			0
	31		本年累计	8000	21	16800000	8000	21	16800000			0
9	16	32	销售				600	21	1260000	600	21	1260000
	25	45	销售				800	21	1680000	1400	21	2940000
	30	60	结转本年利润	1400	21	2940000						0
	30		本月合计	1400	21	2940000	1400	21	2940000			0
	30		本年累计	9400	21	19740000	9400	21	19740000			0

注：加重线条均为单红线，“本月合计”“本年累计”均为红字（以下同）。

2. 季结。季结与月结方法基本相同。先将本季度借、贷方发生额合计数和余额写在月结的下一行，在“摘要”栏内注明“本季合计”或“季结”字样，然后再在季结下面划一条通栏单红线。

3. 年结。年结即每年年末进行的结账。年度终了结账时，所有总账账户都应当结出全年发生额和年末余额，结转到下一年度，并在摘要栏红字注明“结转下年”字样；在下一会计年度新建有关会计账簿的第一行余额栏内填写上年结转的余额，并在摘要栏红字注明“上年结转”字样。

【情境展示 4－12】

鸿运食品有限公司“银行存款总账”，如图表 4－94、图表 4－95 所示。

图表 4－94

总 账

8

会计科目 银行存款

2023年 月	日	凭证编号	摘要	借方（千百十万千百十元角分）	贷方（千百十万千百十元角分）	借或贷	余额（千百十万千百十元角分）
			……				
12	15	汇1	1-15日汇总过入	35000000	15980000	借	40060000
	31	汇2	1-31日汇总过入	26100000	9680000	借	32990000
	31		本月合计	61100000	25660000	借	32990000
			本年累计	1824100000	1353800000	借	32990000
			结转下年			借	32990000

此行上、下线为单红线。

此线为双红线，表示全年的登账工作到此全部结束。

将此余额直接转入下一年度新账第一页第一行。

图表 4－95

总 账

5

会计科目银行存款

2024年 月	日	凭证编号	摘要	借方（千百十万千百十元角分）	贷方（千百十万千百十元角分）	借或贷	余额（千百十万千百十元角分）
1	1		上年结转			借	32990000

相关链接

会计账簿的保管

◆ 会计账簿未经单位负责人和会计负责人批准，非经管人员不得随意翻阅查看、摘抄和复制等。

◆ 会计账簿除需要与外单位核对外，一般不能携带外出。

◆ 建立新账后，一般要把旧账送交总账会计统一管理。

◆ 会计账簿暂由财会部门保管一年。期满之后，由财会部门编造清册，移交本单位的档案部门保管。

实训基地八

请你以出纳员的身份，为长兴公司银行存款日记账进行月度结账和年度结账，并更换新账，如图表 4－96、图表 4－97 所示。

图表 4－96

银行存款日记账 9

2023年		凭证	摘要	借方										贷方										√	借或贷	余额									
月	日	编号		千	百	十	万	千	百	十	元	角	分	千	百	十	万	千	百	十	元	角	分			千	百	十	万	千	百	十	元	角	分
11			……																																
	30		本月合计			2	1	6	1	0	0	0	0			1	0	3	6	0	0	0	0					6	8	5	0	0	0	0	0
12	2	15	销售产品				5	1	7	0	0	0	0																						
	2	18	提取现金															5	0	0	0	0	0					7	3	1	7	0	0	0	0
	10	32	收回新华商场货款				9	3	6	0	0	0	0															8	2	5	3	0	0	0	0
	15	33	提取现金															3	0	0	0	0	0					8	2	2	3	0	0	0	0
	23	35	借入银行短期借款			2	0	0	0	0	0	0	0														1	0	2	2	3	0	0	0	0
	28	45	偿还前欠货款														8	5	0	0	0	0	0					9	3	7	3	0	0	0	0

图表 4－97

银行存款日记账 1

2024年		凭证	摘要	借方										贷方										√	借或贷	余额									
月	日	编号		千	百	十	万	千	百	十	元	角	分	千	百	十	万	千	百	十	元	角	分			千	百	十	万	千	百	十	元	角	分

第五单元
错账更正方法

【学习目标】

◇了解各种错账更正方法的含义

◇熟悉错账更正的各种方法

◇掌握每种错账更正方法的适用范围

◇掌握红字在错账更正时的运用原则

【职业能力目标】

◇正确、熟练地进行错账更正的操作

◇掌握更正错账时相关账务的处理

【导语】

党的二十大报告指出，“坚持学思用贯通、知信行统一。”

在实际工作中，无论是填制凭证，还是记账、结账，都可能因某种原因发生错误。错误的形成原因，有些是单纯的笔误，有些是记账凭证填制错误，还有些是数字计算不准确；有些错误在发生时立即发现，有些在记账、结账过程中发现，还有些则在编制会计报表时才发现。无论在什么时间、发现何种形式的错误，都应该在发现错误的当时，采用正确的方法加以更正。

能力内容一　划线更正法

会计实务中，常用的错账更正方法一般有划线更正法、红字冲销法及补充登记法三种。

《会计基础工作规范》（中华人民共和国财政部令第 98 号）第六十一条规定：账簿记录发生错误，不准涂改、挖补、刮擦或者用药水消除字迹，不准重新抄写，必须按照正确方法进行更正。

一、划线更正法的适用范围

【情境展示 5－1】

2023 年 10 月 12 日，鸿运食品有限公司出纳员田力根据正确的记账凭证登记银行存款日记账，如图表 5－1、图表 5－2 所示。

图表 5－1

通 用 记 账 凭 证

22

2023 年 10 月 12 日　　　　凭证编号：

摘　要	会计科目		借方金额										贷方金额										记账符号
	总账科目	明细科目	千	百	十	万	千	百	十	元	角	分	千	百	十	万	千	百	十	元	角	分	
支付前欠货款	应付账款	锦宁华成有限公司				3	6	3	9	0	0	0											√
	银行存款															3	6	3	9	0	0	0	√
附单据 1 张		合 计：			¥	3	6	3	9	0	0	0			¥	3	6	3	9	0	0	0	

会计主管 吴大伟　　记账 王平　　稽核 吴大伟　　制单 孙娅　　出纳 田力　　交领款人

图表 5－2

银行存款日记账

6

2023 年		凭证编号	摘要	借方										贷方										√	借或贷	余额									
月	日			千	百	十	万	千	百	十	元	角	分	千	百	十	万	千	百	十	元	角	分			千	百	十	万	千	百	十	元	角	分
10	8		承前页			5	9	2	6	2	0	0	0			2	5	4	1	0	0	0	0		借			1	6	6	9	0	0	0	0
	9	16	购买办公用品																5	8	0	0	0		借			1	6	6	3	2	0	0	0
	10	19	收到前欠货款				1	1	7	0	0	0	0												借			1	7	8	0	2	0	0	0
	11	21	预付货款														7	0	0	0	0	0	0		借			1	0	8	0	2	0	0	0
	12	22	支付前欠贷款														3	6	8	9	0	0	0												

分析：

2023 年 10 月 12 日，出纳员田力在根据正确的记账凭证登记银行存款日记账时，由于笔误将 36390 元误记成 36890 元，并将银行存款日记账摘要中的“货”字误写成“贷”字，由于记账凭证正确而且发现及时，可采用划线更正法进行更正。

归纳总结

当记账凭证正确，在登记账簿过程中发现账簿记录中文字或数字有错误（即笔误）时，应采用划线更正法进行更正。

二、划线更正法的应用

根据【情境展示5－1】，2023年10月12日，出纳员田力在发现错账后进行更正，如图表5－3所示。

图表5－3　　已采用划线更正法更正错账的银行存款日记账

6

银行存款日记账

2023年 月	日	凭证编号	摘要	借方（千百十万千百十元角分）	贷方（千百十万千百十元角分）	√	借或贷	余额（千百十万千百十元角分）
10	8		承前页	59262000	25410000		借	16690000
	9	16	购买办公用品		58000		借	16632000
	10	19	收到前欠货款	1170000			借	17802000
	11	21	预付货款		7000000		借	10802000
	12	22	货 支付前欠~~贷~~款		3639000 田力 ~~3689000~~		借	7163000

注意：数字划全部、文字仅划错字，一条红线即可，原有字迹须仍能辨认，以备查证，上方用蓝（黑）字填写正确记录，并盖章明确责任。

注：此处划线为红线

归纳总结

划线更正法是指用红线注销原有错误记录，然后在错误记录的上方用蓝（或黑）字写上正确记录的一种错账更正方法。

更正方法：
1. 在错误的个别文字或全部数字上划一条红线注销。
2. 在错误记录上方用蓝（或黑）字填写正确记录。
3. 更正人在更正处盖章以明确责任。

实训基地一

请对大三元有限公司下列账簿记录中出现的错误进行更正（注：涉及的相关记账凭证均正确）。

（1）会计人员赵静在根据正确的记账凭证登记库存现金日记账时误将467元写成476元，如图表5－4所示。

图表5－4

库存现金日记账

3

2023年		凭证编号	摘要	借方										贷方										√	借或贷	余额									
月	日			千	百	十	万	千	百	十	元	角	分	千	百	十	万	千	百	十	元	角	分			千	百	十	万	千	百	十	元	角	分
7	12		承前页				3	5	6	2	7	0	0				3	5	8	8	8	0	0		借					1	2	3	9	0	0
			……																																
	16	25	报销电话费																1	4	0	0	0		借						8	5	8	0	0
	18	30	购买办公用品																4	7	6	0	0												

（2）会计人员赵静在根据正确的记账凭证登记明细账时将摘要中的“旅”字误写成“旋”字，如图表5－5所示。

图表5－5

明细账

13

会计科目 其他应收款　　细目 孙兆　　子目

2023年		凭证编号	摘要	借方										贷方										借或贷	余额									
月	日			千	百	十	万	千	百	十	元	角	分	千	百	十	万	千	百	十	元	角	分		千	百	十	万	千	百	十	元	角	分
7	18	33	预借差旋费						5	8	0	0	0																					

（3）会计人员赵静在根据正确的记账凭证登记明细账时将180030元误写成180000元，如图表5－6所示。

图表 5 －6

明细账

会计科目 应付账款　　　细目 本溪丰丰食品加工公司　　　子目　　　**30**

2023年 月	日	凭证编号	摘要	借方 千	百	十	万	千	百	十	元	角	分	贷方 千	百	十	万	千	百	十	元	角	分	借或贷	余额 千	百	十	万	千	百	十	元	角	分
7	20	39	贷款尚未支付													1	8	0	0	0	0	0	0											

能力内容二　红字冲销法

一、记账凭证上会计科目或借贷方向错误引起的错账及其更正

（一）记账凭证上会计科目或借贷方向错误引起的错账

【情境展示 5 －2】

2023 年 10 月 15 日，鸿运食品有限公司会计孙娅在月中自我核查中发现 2023 年 10 月 10 日的记账凭证和账簿记录出现了错误，如图表 5 －7 至图表 5 －10 所示。

图表 5 －7　　**2023 年 10 月 10 日审核无误的原始凭证**

进账单（收账通知）　　3

2023 年 10 月 10 日

出票人	全称	鞍山风华食品加工公司	收款人 全称	鸿运食品有限公司
	账号	3966458	账号	3456178
	开户银行	工商银行胜利支行	开户银行	工商银行凌云支行
金额	人民币（大写）	壹万壹仟柒佰元整	亿 千 百 十 万 千 百 十 元 角 分	¥ 1 1 7 0 0 0 0（十位起：十 ¥，万 1，千 1，百 7，十 0，元 0，角 0，分 0）
票据种类	转账支票	票据张数 1		
票据号码	10202120000348			
复核　记账			中国工商银行股份有限公司锦宁凌云支行 开户银行签章 业务专用章	

此联是收款人开户银行交给收款人的收账通知

图表 5－8　　2023 年 10 月 10 日孙娅所作记账凭证

通 用 记 账 凭 证

2023 年　10 月　10 日　　　　凭证编号：19

摘要	会计科目		借方金额										贷方金额										记账符号
	总账科目	明细科目	千	百	十	万	千	百	十	元	角	分	千	百	十	万	千	百	十	元	角	分	
收到前欠货款	银行存款					1	1	7	0	0	0	0											√
	应付账款	鞍山风华食品加工公司														1	1	7	0	0	0	0	√
附单据 1 张		合计：			¥	1	1	7	0	0	0	0			¥	1	1	7	0	0	0	0	

会计主管 吴大伟　　记账 王平　　稽核 吴大伟　　制单 孙娅　　出纳 田力　　交领款人

图表 5－9　　2023 年 10 月 15 日发现问题时的银行存款日记账

银行存款日记账

6

2023 年		凭证编号	摘要	借方										贷方										√	借或贷	余额									
月	日	编号		千	百	十	万	千	百	十	元	角	分	千	百	十	万	千	百	十	元	角	分			千	百	十	万	千	百	十	元	角	分
10	8		承前页			5	9	2	6	2	0	0	0			2	5	4	1	0	0	0	0		借			1	6	6	9	0	0	0	0
	9	16	购买办公用品																5	8	0	0	0		借			1	6	6	3	2	0	0	0
	10	19	收到前欠货款				1	1	7	0	0	0	0												借			1	7	8	0	2	0	0	0
	11	21	预付货款														7	0	0	0	0	0	0		借			1	0	8	0	2	0	0	0
	12	22	支付前欠~~货~~款（上方改写：贷）											田力			3 ~~3~~	6 ~~6~~	3 ~~8~~	9 ~~9~~	0 ~~0~~	0 ~~0~~	0 ~~0~~		借				7	1	6	3	0	0	0
	13	30	支付广告费															8	3	0	0	0	0		借				6	7	8	3	0	0	0
	14	32	销售产品			2	3	4	0	0	0	0	0												借			3	0	1	8	3	0	0	0

图表 5－10　　2023 年 10 月 15 日发现问题时的应付账款明细账

明细账

30

会计科目 应付账款　　细目 鞍山风华食品加工公司　　子目

2023 年		凭证编号	摘要	借方										贷方										借或贷	余额									
月	日	编号		千	百	十	万	千	百	十	元	角	分	千	百	十	万	千	百	十	元	角	分		千	百	十	万	千	百	十	元	角	分
10	10	19	收到前欠货款														1	1	7	0	0	0	0											

考考你：你能发现孙娅在哪个工作环节中出现了错误吗？

分析：

2023 年 10 月 10 日，孙娅在根据审核无误的原始凭证编制记账凭证时，将应记入“应收账款”贷方的前欠货款 11700 元，错误地记入“应付账款”科目贷方，并已登记入账，因记账凭证上会计科目错误，不适用于划线更正法，因而应采用红字冲销法进行更正。

> **归纳总结**
>
> 记账后在当年内发现记账凭证所记的会计科目、借贷方向错误，并根据错误的记账凭证已登记入账而引起账簿记录错误的，应采用红字冲销法进行更正。

（二）记账凭证上会计科目或借贷方向错误引起错账的更正

根据【情境展示 5－2】，2023 年 10 月 15 日，会计孙娅发现错账后的更正过程如下，如图表 5－11 至图表 5－16 所示。

1. 先用红字金额填写一张与原错误记账凭证科目、金额完全相同的记账凭证，并用红字金额登记入账，以全额冲销原有错误记录。

图表 5－11 红字金额记账凭证

注意：日期应是编制红字凭证的实际日期

注意：凭证编号按当前凭证顺序编号

注意：摘要的写法

通用记账凭证

2023 年 10 月 15 日 凭证编号：33

摘要	会计科目（总账科目）	会计科目（明细科目）	借方金额（千百十万千百十元角分）	贷方金额（千百十万千百十元角分）	记账符号
注销2023年10月10日19号错误凭证	银行存款		1170000		√
	应付账款	鞍山风华食品加工公司		1170000	√
附单据 张		合 计：	¥1170000	¥1170000	

会计主管 吴大伟 记账 王平 稽核 吴大伟 制单 孙娅 出纳 田力 交领款人

注意：不附原始凭证

此处借、贷方金额均为红字金额

相关链接

《会计基础工作规范》第五十一条规定：除结账和更正错误的记账凭证可以不附原始凭证外，其他记账凭证必须附有原始凭证。

2. 然后用蓝字填写一张正确的记账凭证，并用蓝字金额登记入账。

图表 5－12 蓝字金额记账凭证

通用记账凭证

2023 年 10 月 15 日　　　　凭证编号：34

注意：摘要的写法

摘要	会计科目：总账科目	会计科目：明细科目	借方金额	贷方金额	记账符号
更正2023年10月10日19号错误凭证	银行存款		1170000		√
	应收账款	鞍山风华食品加工公司		1170000	√
附单据　张		合　计：	¥1170000	¥1170000	

会计主管 吴大伟　　记账 王平　　稽核 吴大伟　　制单 孙娅　　出纳 田力　　交领款人

图表 5－13 2023 年 10 月 15 日更正错账后的银行存款日记账

6

银行存款日记账

2023年 月	日	凭证编号	摘要	借方	贷方	√	借或贷	余额
10	8		承前页	59262000	25410000		借	16690000
	9	16	购买办公用品		58000		借	16632000
	10	19	收到前欠货款	1170000			借	17802000
	11	21	预付货款		7000000		借	10802000
	12	22	支付前欠~~贷~~货款		~~3689000~~ 3639000 田力		借	7163000
	13	30	支付广告费		830000		借	6783000
	14	32	销售产品	23400000			借	30183000
	15	33	注销2023年10月10日19号错误凭证	1170000（红字）			借	29013000
	15	34	更正2023年10月10日19号错误凭证	1170000			借	30183000

此处金额为红字金额

注意：红字金额表示冲销，因此在计算余额时应将借方红字发生额11700减掉！

图表 5－14　　2023 年 10 月 15 日更正错账后的应付账款明细账

明细账

30

会计科目 应付账款　　细目 鞍山风华食品加工公司　　子目

2023年 月	日	凭证编号	摘要	借方 千	百	十	万	千	百	十	元	角	分	贷方 千	百	十	万	千	百	十	元	角	分	借或贷	余额 千	百	十	万	千	百	十	元	角	分
10	10	19	收到前欠货款														1	1	7	0	0	0	0											
	15	33	注销2023年10月10日19号错误凭证														1	1	7	0	0	0	0											

此处金额为红字金额

图表 5－15　　2023 年 10 月 15 日更正错账后的应收账款明细账

明细账

10

会计科目 应收账款　　细目 鞍山风华食品加工公司　　子目

2023年 月	日	凭证编号	摘要	借方 千	百	十	万	千	百	十	元	角	分	贷方 千	百	十	万	千	百	十	元	角	分	借或贷	余额 千	百	十	万	千	百	十	元	角	分
10	15	34	更正2023年10月10日19号错误凭证														1	1	7	0	0	0	0											

3. 红字冲销凭证和蓝字更正凭证全部登记入账后，在原错误记账凭证的摘要栏内注明。

图表 5－16　　原错误记账凭证

通 用 记 账 凭 证

2023 年　10 月　10 日　　　　凭证编号：19

摘要	会计科目 总账科目	明细科目	借方金额 千	百	十	万	千	百	十	元	角	分	贷方金额 千	百	十	万	千	百	十	元	角	分	记账符号
收到前欠货款	银行存款					1	1	7	0	0	0	0											√
已用10月15日33、34号凭证更正	应付账款	鞍山风华食品加工公司														1	1	7	0	0	0	0	√
附单据 1 张		合　计：			¥	1	1	7	0	0	0	0			¥	1	1	7	0	0	0	0	

会计主管 吴　　记账 王平　　稽核 吴大伟　　制单 孙娅　　出纳 田力　　交领款人

注明的目的是便于实际工作中的查证

分析：

根据红字冲销凭证和蓝字更正凭证登记入账后，银行存款日记账恢复正确余额；应付账款明细账冲销了错误记录，余额为零；应收账款明细账登记了正确的记录，贷方发生额11700元，账簿记录均得到了更正，错账更正完毕。

二、记账凭证仅所记金额大于应记金额引起的错账及其更正

（一）记账凭证仅所记金额大于应记金额引起的错账

【情境展示5－3】

2023年10月20日，鸿运食品有限公司会计孙娅在月中自我核查中发现2023年10月13日的记账凭证和账簿记录出现了错误，如图表5－17至图表5－21所示。

图表5－17　　2023年10月13日审核无误的原始凭证

收款收据　　NO:0355468

收款日期2023年10月13日

付款单位（交款人）	鸿运食品有限公司	收款单位（收款人）	锦宁市民政局	收款项目	捐赠款
人民币（大写）	叁仟捌佰元整		千 百 十 万 千 百 十 元 角 分 ¥ 3 8 0 0 0 0		结算方式 转账
收款事由	捐赠救灾款		经办	部门 / 人员	
上述款项照数收讫无误. 收款单位财务专用章： （领款人签章）			会计主管 李齐	稽核 孙慧 · 出纳 金芳芳	交款人 田力

锦宁市民政局 财务专用章

第三联 付款单位记账凭据

使用范围及规定：1. 本收据只能用于单位内部和单位与单位、单位与个人之间的非经营性经济往来，不得代替发票、行政事业性收费等政府非税收入收据和罚没收据。2. 结算方式按现金结算、银行结算和转账结算等方式分别填列。3. 作废时，应加盖作废戳记，并同存根一起保存，不得自行销毁。

图表5－18　　2023年10月13日审核无误的原始凭证

中国工商银行
转账支票存根
10202120
000002[illegible]1
附加信息

出票日期 2023年10月13日
收款人：锦宁市民政局
金额：¥3800.00
用途：捐赠救灾款
单位主管 吴大伟　会计 孙娅

图表 5-19　　2023 年 10 月 13 日孙娅所作记账凭证

通 用 记 账 凭 证

2023 年　10 月　13 日　　　　凭证编号：30

摘要	会计科目：总账科目	会计科目：明细科目	借方金额（千百十万千百十元角分）	贷方金额（千百十万千百十元角分）	记账符号
支付捐赠款	营业外支出	捐赠支出	830000		√
	银行存款			830000	√
附单据 2 张	合　计：		¥830000	¥830000	

会计主管 关大伟　　记账 王平　　稽核 关大伟　　制单 孙娅　　出纳 田力　　交领款人

图表 5-20　　2023 年 10 月 20 日孙娅发现问题时的银行存款日记账

银行存款日记账

6

2023年 月	日	凭证编号	摘要	借方（千百十万千百十元角分）	贷方（千百十万千百十元角分）	√	借或贷	余额（千百十万千百十元角分）
10	8		承前页	59262000	25410000		借	16690000
			……					
	13	30	支付捐赠款		830000		借	6783000
	14	32	销售产品	23400000			借	30183000
	15	33	注销2023年10月10日19号错误凭证	1170000			借	29013000
	15	34	更正2023年10月10日19号错误凭证	1170000			借	30183000
	17	37	支付水费		135000		借	30048000
	18	40	购买材料		3000000		借	27048000

此处金额为红字金额

图表 5-21　　2023 年 10 月 20 日孙娅发现问题时的营业外支出明细账

营业外支出明细账

86

2023年 月	日	凭证号	摘要	借方发生额：捐赠支出（十万千百十元角分）	借方发生额：非常损失	借方发生额：其他	借方发生额：合计	贷方金额	余额
10	13	30	捐赠救灾款	850000			850000		850000

考考你： 你能发现孙娅在哪个工作环节中出现了错误吗？

分析：

2023 年 10 月 13 日，审核无误的原始凭证表明捐赠款为 3800 元，编制的记账凭证会计科目、借贷方向没有错误，只是所记金额 8300 元大于应记金额 3800 元，并已登记入账，因记账凭证金额出现错误，不适用于划线更正法，因而应采用红字冲销法将多记的 4500 元冲销。

> **归纳总结**
>
> 记账后在当年内发现记账凭证所记的会计科目、借贷方向无误，只是金额错误，所记金额大于应记金额而引起账簿记录错误的，应采用红字冲销法进行更正。

（二）记账凭证仅所记金额大于应记金额引起错账的更正

根据【情境展示 5－3】，2023 年 10 月 20 日，会计孙娅发现错账后的更正过程如图表 5－22 至图表 5－25 所示。

1. 按多记的金额用红字金额填制一张与原错误记账凭证科目、借贷方向相同的记账凭证，以差额冲销原有错误记录。

图表 5－22　　红字金额记账凭证

注意：摘要的写法

通 用 记 账 凭 证

2023 年 10 月 20 日　　　　凭证编号：45

摘要	会计科目		借方金额										贷方金额										记账
	总账科目	明细科目	千	百	十	万	千	百	十	元	角	分	千	百	十	万	千	百	十	元	角	分	符号
冲销2023年10月13日30号凭证多记金额	营业外支出	捐赠支出					4	5	0	0	0	0											√
	银行存款																4	5	0	0	0	0	√
附单据　张		合　计：				¥	4	5	0	0	0	0				¥	4	5	0	0	0	0	

会计主管 关大伟　　记账 王平　　稽核 关大伟　　制单 孙娅　　出纳 力　　交领款人

此处借、贷方金额均为红字金额

2. 用红字金额登记入账，以差额冲销原有错误记录。

图表 5－23　　2023 年 10 月 20 日更正错账后的银行存款日记账

银行存款日记账

6

2023年 月	日	凭证编号	摘要	借方	贷方	√	借或贷	余额
10	8		承前页	59262000	25410000		借	16690000
			……					
	13	30	支付捐赠款		830000		借	6783000
	14	32	销售产品	23400000			借	30183000
	15	33	注销2023年10月10日19号错误凭证	1170000			借	29013000
	15	34	更正2023年10月10日19号错误凭证	1170000			借	30183000
	17	37	支付水费		135000		借	30048000
	18	40	购买材料		3000000		借	27048000
	20	45	冲销2023年10月13日30号多记金额		450000		借	27498000

此处金额为红字金额

注意：红字金额表示冲销，因此在计算余额时应将13日30号凭证中多减去的贷方红字发生额4500加回去！

图表 5－24　　2023 年 10 月 20 日更正错账后的营业外支出明细账

86

营业外支出明细账

2023年 月	日	凭证号	摘　要	借方发生额 捐赠支出	借方发生额 非常损失	借方发生额 其他	借方发生额 合计	贷方金额	余额
10	13	30	捐赠救灾款	830000			830000		830000
	20	45	冲销2023年10月13日30号多记金额	450000			450000		380000

3. 红字金额凭证登记入账后，在原错误记账凭证的摘要栏内注明，如图表 5－25 所示。

图表 5－25 原错误记账凭证

通用记账凭证

2023年 10 月 13 日　　　　凭证编号：30

摘要	会计科目		借方金额										贷方金额										记账
	总账科目	明细科目	千	百	十	万	千	百	十	元	角	分	千	百	十	万	千	百	十	元	角	分	符号
支付捐赠款	营业外支出	捐赠支出					8	3	0	0	0	0											√
已用10月20日45号凭证更正	银行存款																8	3	0	0	0	0	√
附单据 2 张	合计：					¥	8	3	0	0	0	0				¥	8	3	0	0	0	0	

会计主管 关大伟　记账 王平　稽核 关大伟　制单 孙妞　出纳 田力　交领款人

注明的目的是便于实际工作中的查证

分析：

根据红字差额冲销凭证登记入账后，银行存款日记账冲销了2023年10月13日多记的捐赠款4500元，余额恢复正确；营业外支出明细账红字差额冲销了多记的捐赠款4500元，恢复正常借方发生额3800元，账簿记录都得到了更正，错账更正完毕。

归纳总结

红字冲销法又称红字更正法、赤字冲销法，是指记账后在当年内发现记账凭证所记的会计科目、借贷方向错误，或者会计科目、借贷方向无误只是金额错误，所记金额大于应记金额，而引起记账错误的，用红字填制记账凭证冲销原有错误记录，并用蓝字填制正确记账凭证，据以入账的一种错账更正方法。

红字冲销法的适用范围及更正方法：

适用范围：
- 第一种情况：记账凭证错误，会计科目或借贷方向错误引起的错账。
- 第二种情况：记账凭证金额错误，所记金额大于应记金额引起的错账。

更正方法：
- 第一种情况（全额冲销、二张凭证更正）：先以红字凭证冲销原错误记录，再填制正确记账凭证，并登记入账。
- 第二种情况（差额冲销、一张凭证更正）：以红字金额填制记账凭证，冲销多记金额。

实训基地二

请对五福食品有限公司2023年7月发生的错账进行更正（日期均简记为2023年7月12日，凭证编号按资料顺序继续编排），相关资料如图表5－26至图表5－29所示。

要求：

（1）根据原始凭证，指出经济业务处理存在的差错：______________________________

____

（2）指出可以采用的错账更正方法：______________________________

（3）请更正错账：相关用表如图表5－30至图表5－33所示。

图表5－26

ICBC 中国工商银行

收费 凭证

2023 年 7 月 12 日

工本费付费户名：五福食品有限公司

工本费付费账号：98456178

手续费付费户名：

手续费付费账号：　　　　使用凭证账号：

服务项目（凭证种类）	凭证号码段1：	凭证号码段2：	凭证号码段3：	工本费：	手续费：	金额小计：
购买现金支票				0.00	30.00	30.00

金额合计（大写）：人民币叁拾元整

金额合计（小写）：RMB30.00

（印章：中国工商银行股份有限公司南宁迎宾支行 业务专用章）

地区号：00701　网点号：02001　操作柜员：00354　授权柜员：　交易时间：　记账：00112

图表5－27

通用记账凭证

2023年 7 月 12 日　　凭证编号：25

摘要	会计科目		借方金额										贷方金额										记账
	总账科目	明细科目	千	百	十	万	千	百	十	元	角	分	千	百	十	万	千	百	十	元	角	分	符号
购买现金支票	银行存款								3	0	0	0											
	财务费用																		3	0	0	0	
附单据 1 张	合 计：							¥	3	0	0	0						¥	3	0	0	0	

会计主管 丁琳　记账 白菲　稽核 丁琳　制单 李天　出纳 胡力　交领款人

图表 5－28

银行存款日记账

6

2023年		凭证	摘要	借方										贷方										√	借或贷	余额									
月	日	编号		千	百	十	万	千	百	十	元	角	分	千	百	十	万	千	百	十	元	角	分			千	百	十	万	千	百	十	元	角	分
7	8		承前页			5	9	2	6	2	0	0	0			2	5	4	1	0	0	0	0		借			1	6	6	9	0	0	0	0
			……																																
	12	25	购买现金支票							3	0	0	0												借				7	1	6	3	0	0	0

图表 5－29

财务费用明细账

98

2023年		凭证号数	摘　要	借方发生额				贷方合计	余额
月	日			利息支出	手续费	其他	合计		
7	12	25	购买支票					30.00	

错账更正过程如下：

图表 5－30

通 用 记 账 凭 证

年　　月　　日　　　　　　凭证编号：

摘　要	会计科目		借方金额										贷方金额										记账
	总账科目	明细科目	千	百	十	万	千	百	十	元	角	分	千	百	十	万	千	百	十	元	角	分	符号
附单据　张		合　计：																					

会计主管　　记账　　稽核　　制单　　出纳　　交领款人

图表 5－31

通 用 记 账 凭 证

年　　月　　日　　　　　　　　　　凭证编号：

摘　要	会计科目		借方金额										贷方金额										记账
	总账科目	明细科目	千	百	十	万	千	百	十	元	角	分	千	百	十	万	千	百	十	元	角	分	符号
附单据　张		合　计：																					

会计主管　　　　记账　　　　稽核　　　　制单　　　　出纳　　　　交领款人

图表 5－32

6

银行存款日记账

2023年		凭证	摘要	借方										贷方										√	借或贷	余额									
月	日	编号		千	百	十	万	千	百	十	元	角	分	千	百	十	万	千	百	十	元	角	分			千	百	十	万	千	百	十	元	角	分
7	8		承前页			5	9	2	6	2	0	0	0			2	5	4	1	0	0	0	0		借			1	6	6	9	0	0	0	0
			……																																
	12	25	购买现金支票							3	0	0	0												借				7	1	6	3	0	0	0

图表 5－33

98

财务费用明细账

2023年		凭证号数	摘　要	借方发生额				贷方合计	余额
月	日			利息支出	手续费	其他	合计		
7	12	25	购买支票					30.00	

能力内容三　补充登记法

一、补充登记法的适用范围

【情境展示 5－4】

2023 年 10 月 18 日，鸿运食品有限公司会计孙娅在下班前的核查中发现当天编制的记账凭证和登记的账簿记录出现了错误，如图表 5－34 至图表 5－37 所示。

图表 5－34　　审核无误的原始凭证

借　款　单（记账）

2023 年　10 月 18 日

借款单位	* 供销科	姓名	* 刘红	级别	*	出差地点	* 大连
						天数	* 4
事由	* 培训	*借款金额（大写）	捌佰伍拾元整		¥850.00		
部门负责人	同意 张亮	借款人签章	刘红	注意事项	一、有*者由借款人填写 二、凡借用公款者必须使用本单 三、第三联为正式借据，由借款人和单位负责人签章 四、出差返回后三日内结算		
单位负责人	同意 张峰		审核意见	同意 吴大伟			

第三联：借款记账凭证

图表 5－35　　2023 年 10 月 18 日孙娅所作记账凭证

通 用 记 账 凭 证

2023 年　10 月　18 日　　　　凭证编号：41

摘要	会计科目		借方金额										贷方金额										记账
	总账科目	明细科目	千	百	十	万	千	百	十	元	角	分	千	百	十	万	千	百	十	元	角	分	符号
刘红预借差旅费	其他应收款	刘红						5	8	0	0	0											√
	库存现金																	5	8	0	0	0	√
附单据 1 张		合计：					¥	5	8	0	0	0					¥	5	8	0	0	0	

会计主管 吴大伟　记账 王平　稽核 吴大伟　制单 孙娅　出纳 田力　交领款人

图表 5－36　　2023 年 10 月 18 日的现金日记账

库存现金日记账

3

2023年 月	日	凭证编号	摘要	借方	贷方	√	借或贷	余额
10	12		承前页	3562700	3588800		借	123900
			……					
	18	38	提现备用	120000			借	205800
	18	40	收职工违章罚款	7000			借	212800
	18	41	刘红预借差旅费		58000		借	154800

图表 5－37　　2023 年 10 月 18 日其他应收款明细账

明细账

13

会计科目 其他应收款　　细目 刘红　　子目

2023年 月	日	凭证编号	摘要	借方	贷方	借或贷	余额
10	18	41	预借差旅费	58000			

考考你：你能发现孙娅在哪个工作环节中出现了错误吗?

分析：

2023 年 10 月 18 日，审核无误的原始凭证中显示刘红借款为 850 元，编制的记账凭证会计科目、借贷方向没有错误，只是金额错误，所记金额 580 元小于应记金额 850 元，并已登记入账，因记账凭证金额错误，不适用于划线更正法；只需将少记的 270 元补充登记在账簿记录上即可，因而应采用补充登记法更正错账。

归纳总结

记账后在当年内发现记账凭证所记的会计科目、借贷方向无误，只是金额错误，所记金额小于应记金额并且引起账簿记录错误的，应采用补充登记法进行更正。

二、补充登记法的应用

根据【情境展示 5－4】，2023 年 10 月 18 日，会计孙娅发现错账后的更正过程如图表 5－38 至图表5－41 所示。

1. 按少记的金额用蓝字金额填制一张与原错误记账凭证科目、借贷方向相同的记账凭证，以差额补充原有错误记录。

图表 5－38　　　　蓝字差额补充少记金额的记账凭证

注意：摘要的写法

通 用 记 账 凭 证

2023年　10 月　18日　　　　凭证编号：42

摘要	会计科目		借方金额										贷方金额										记账符号
	总账科目	明细科目	千	百	十	万	千	百	十	元	角	分	千	百	十	万	千	百	十	元	角	分	
补充2023年10月18日41号凭证少记金额	其他应收款	刘红						2	7	0	0	0											√
	库存现金																	2	7	0	0	0	√
附单据　张		合 计：					¥	2	7	0	0	0					¥	2	7	0	0	0	

会计主管 吴大伟　　记账 王平　　稽核 吴大伟　　制单 孙姬　　出纳 田力　　交领款人

2. 并用蓝字金额登记入账，差额补充原有错误记录。

图表 5－39　　　　补充少记金额之后的现金日记账

3

库存现金日记账

2023年		凭证编号	摘要	借方										贷方										√	借或贷	余额									
月	日			千	百	十	万	千	百	十	元	角	分	千	百	十	万	千	百	十	元	角	分			千	百	十	万	千	百	十	元	角	分
10	12		承前页				3	5	6	2	7	0	0				3	5	8	8	8	0	0		借					1	2	3	9	0	0
			……																																
	18	38	提现备用					1	2	0	0	0	0												借					2	0	5	8	0	0
	18	40	收职工违章罚款							7	0	0	0												借					2	1	2	8	0	0
	18	41	刘红预借差旅费																5	8	0	0	0		借					1	5	4	8	0	0
	18	42	补充2023年10月18日41号凭证少记金额																2	7	0	0	0		借					1	2	7	8	0	0

图表 5－40　　　　补充少记金额后的其他应收款明细账

明细账

13

会计科目 其他应收款　　　　细目 刘红　　　　子目

2023年		凭证编号	摘要	借方										贷方										借或贷	余额									
月	日			千	百	十	万	千	百	十	元	角	分	千	百	十	万	千	百	十	元	角	分		千	百	十	万	千	百	十	元	角	分
10	18	41	预借差旅费						5	8	0	0	0																					
	18	42	补充2023年10月18日41号凭证少记金额						2	7	0	0	0																					

3. 蓝字金额凭证登记入账后，在原错误记账凭证的摘要栏内注明，如图表 5 – 41 所示。

图表 5 – 41 原错误记账凭证

通 用 记 账 凭 证

2023 年 10 月 18 日 凭证编号：41

摘要	会计科目		借方金额										贷方金额										记账符号
	总账科目	明细科目	千	百	十	万	千	百	十	元	角	分	千	百	十	万	千	百	十	元	角	分	
刘红预借差旅费	其他应收款	刘红						5	8	0	0	0											√
已用2023年10月18日42号凭证更正	库存现金																	5	8	0	0	0	√
附单据 1 张	合 计：						¥	5	8	0	0	0					¥	5	8	0	0	0	

会计主管 吴大伟　　记账 王平　　稽核 吴大伟　　制单 孙娅　　出纳 田力　　交领款人

分析：

根据蓝字差额补充凭证登记入账后，库存现金日记账贷方补充登记了 10 月 18 日少记的预借差旅费 270 元，余额恢复正确；其他应收款明细账补充登记了少记的预借差旅费 270 元，借方发生额一共应为 850 元，账簿记录都得到了更正，错账更正完毕。

归纳总结

补充登记法是在记账后发现记账凭证填写的会计科目、借贷方向没有错误，只是金额错误，所记金额小于应记金额并造成账簿记录错误时，按差额用蓝字填制与原记账凭证会计科目、借贷方向相同的会计凭证并据以入账的一种错账更正方法。

实训基地三

（1）结账之前，如果发现记账凭证没有错误，只是账簿记录中所记文字或数字出现笔误，应采用____________________进行更正。

（2）记账后，如果发现记账错误是由记账凭证所列会计科目错误引起的，应采用____________________进行更正。

（3）记账后，如果发现记账凭证中所列会计科目、借贷方向没有错误，只是所记金额小于应记金额，应采用______________进行更正。

（4）记账后，如果发现记账凭证中所列会计科目、借贷方向没有错误，只是所记金额大于应记金额，应采用______________进行更正。

（5）记账后，如果发现记账错误是由记账凭证所列会计科目借贷方向相反引起的，应采用______________进行更正。

实训基地四

请对四喜实业公司 2023 年 7 月发生的错账进行更正（日期均简记为 2023 年 7 月 18 日，凭证编号按资料编号顺序编排）：

资料：如图表 5－42 至图表 5－45 所示。

要求：

（1）根据原始凭证，指出经济业务存在的差错：____________________________________

____

（2）指出可以采用的错账更正方法：____

（3）请用两种方法更正错账：相关用表如图表 5－46 至图表 5－52 所示。

（4）请你分析一下两种方法有什么差别？哪种方法更科学、简便？__________________

____

图表 5－42

领 料 单

领料单位：生产车间　　　　　　　　　　　　　　　　编号：

用途：生产产品　　　　2023 年 7 月 18 日　　　　发料仓库：1#

材料名称	材料编号	规格	计量单位	数量		单位成本	金额	备注
				请领	实发			
圆木			立方米	3	3	3000	9000	

财务留存

发料人：钱伊　　　　领料部门负责人：孙福　　　　领料人：李非

图表 5－43

通 用 记 账 凭 证

2023 年 7 月 18 日　　　　凭证编号：22

摘 要	会计科目		借方金额										贷方金额										记账符号
	总账科目	明细科目	千	百	十	万	千	百	十	元	角	分	千	百	十	万	千	百	十	元	角	分	
生产产品领用材料	生产成本	木桌						9	0	0	0	0											√
	原材料	圆木																9	0	0	0	0	√
附单据 1 张		合 计：					¥	9	0	0	0	0					¥	9	0	0	0	0	

会计主管 周红　　记账 吴豆豆　　稽核 周红　　制单 郑莱　　出纳　　交领款人

图表 5－44

原材料　明细账

17

类别：　　品名：圆木　　规格：　　计量单位：立方米　　存放地点：1#仓库

2023年		凭证	摘要	借方											贷方											余额										
				数量	单价	金额									数量	单价	金额									数量	单价	金额								
月	日	编号				百	十	万	千	百	十	元	角	分			百	十	万	千	百	十	元	角	分			百	十	万	千	百	十	元	角	分
			……																																	
7	18	22	生产领料												3	3000					9	0	0	0	0	23	3000			6	9	0	0	0	0	0

图表 5－45

生产成本明细账（基本生产）

46

车间名称：生产车间

产品名称：木桌

2023年		凭证号数	摘　要	借方金额				
月	日			直接材料	燃料及动力	直接工人	制造费用	合计
7	18	22	生产领料	900.00				900.00

错账更正过程方法一：

图表 5－46

通 用 记 账 凭 证

年　　月　　日　　　　凭证编号：

摘　要	会计科目		借方金额										贷方金额										记账符号
	总账科目	明细科目	千	百	十	万	千	百	十	元	角	分	千	百	十	万	千	百	十	元	角	分	
附单据　张		合　计：																					

会计主管　　记账　　稽核　　制单　　出纳　　交领款人

图表 5－47

原材料　明细账

17

类别：　　品名：圆木　　规格：　　计量单位：立方米　　存放地点：1#仓库

2023年		凭证	摘要	借方											贷方											余额										
月	日	编号		数量	单价	金额									数量	单价	金额									数量	单价	金额								
						百	十	万	千	百	十	元	角	分			百	十	万	千	百	十	元	角	分			百	十	万	千	百	十	元	角	分
			……																																	
7	18	22	生产领料												3	3000					9	0	0	0	0	23	3000			6	9	0	0	0	0	0

图表 5－48

生产成本明细账（基本生产）

46

车间名称：生产车间
产品名称：木桌

2023年		凭证	摘　要	借方金额				
月	日	号数		直接材料	燃料及动力	直接工人	制造费用	合计
7	8	22	生产领料	900.00				900.00

错账更正过程方法二：

图表 5－49

通　用　记　账　凭　证

年　　月　　日　　　　凭证编号：

摘　要	会计科目		借方金额										贷方金额										记账
	总账科目	明细科目	千	百	十	万	千	百	十	元	角	分	千	百	十	万	千	百	十	元	角	分	符号
附单据　张		合　计：																					

会计主管　　记账　　稽核　　制单　　出纳　　交领款人

图表 5－50

通 用 记 账 凭 证

年　　月　　日　　　　　　　　凭证编号：

摘要	会计科目		借方金额										贷方金额										记账
	总账科目	明细科目	千	百	十	万	千	百	十	元	角	分	千	百	十	万	千	百	十	元	角	分	符号
附单据　张		合　计：																					

会计主管　　　　记账　　　　稽核　　　　制单　　　　出纳　　　　交领款人

图表 5－51

原材料　明细账

17

类别：　　品名：圆木　　规格：　　计量单位：立方米　　存放地点：1#仓库

2023年		凭证	摘要	借方											贷方											余额										
月	日	编号		数量	单价	金额									数量	单价	金额									数量	单价	金额								
						百	十	万	千	百	十	元	角	分			百	十	万	千	百	十	元	角	分			百	十	万	千	百	十	元	角	分
			……																																	
7	18	22	生产领料												3	3000					9	0	0	0	0	23	3000			6	9	0	0	0	0	0

图表 5－52

生产成本明细账（基本生产）

46

车间名称：生产车间

产品名称：木桌

2023年		凭证	摘要	借方金额				
月	日	号数		直接材料	燃料及动力	直接工人	制造费用	合计
7	8	22	生产领料	900.00				900.00

第六单元

财产清查

【学习目标】

◇ 了解实物资产、往来款项的清查方法

◇ 掌握货币资金的清查方法

◇ 掌握财产清查结果的处理方法

【职业能力目标】

◇ 掌握现金盘点报告表、实存账存对比表等原始凭证的填制

◇ 能够根据相关原始凭证编制记账凭证

◇ 能够根据审核无误的记账凭证登记账簿

【导语】

认真做好财产清查工作，既是对企业财产物资的保护，也是对相关人员的保护。

党的二十大报告指出，“只要存在腐败问题产生的土壤和条件，反腐败斗争就一刻不能停，必须永远吹冲锋号，坚持不敢腐、不能腐、不想腐一体推进，以零容忍态度反腐惩恶，决不姑息。”

图表6－1是鸿运食品有限公司库存现金日记账的一部分。

图表 6－1

库存现金日记账

3

2023年		凭证编号	摘要	借方										贷方										√	借或贷	余额									
月	日			千	百	十	万	千	百	十	元	角	分	千	百	十	万	千	百	十	元	角	分			千	百	十	万	千	百	十	元	角	分
11	5		承前页					7	8	4	5	0	0					6	7	4	5	0	0		借					3	1	0	0	0	0
			……																																
11	9	23	将现金存入银行															1	6	4	0	0	0		借					2	0	0	0	0	0

清查时账存数

那么，企业其他财产物资是否也需要将账存数和实存数进行核对（见图表6－2）？

图表6－2

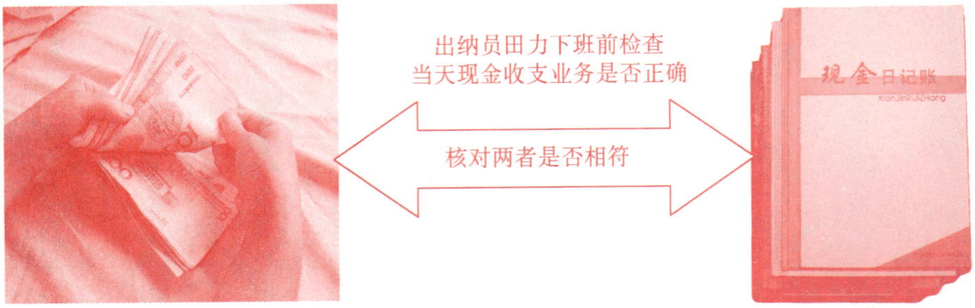

能力内容一　货币资金的清查

一、库存现金的清查

库存现金是企业流动性最强的一项资产，核算过程中很容易出现差错，管理过程中也容易出现贪污、盗窃、挪用公款等不法行为。根据相关规定，出纳员每天要对现金的实存数和账存数进行核对，做到日清月结、账实相符；同时为了加强对出纳工作的监督，单位还应组织清查人员对库存现金进行定期或不定期清查，确定库存现金的实存数，并且与账面数核对，以查明账实是否相符。

（一）库存现金清查的方法

库存现金的清查，应采用实地盘点的方法，先确定现金的实存数，然后与日记账的账面余额核对，以查明余缺情况。

相关链接

“实地盘点法”是指在财产物资存放现场逐一清点数量或用计量仪器确定其实存数的一种方法。

【情境展示6－1】

2023年11月15日，鸿运食品有限公司出纳员田力刚到单位就被告知财产清查小组马上要对库存现金进行清查。财产清查小组成员为财务科长关大伟及会计孙娅。

田力从保险柜中取出现金，在清查小组的监督下进行清点。清点金额为1000元，库存现金日记账如图表6－3所示。

图表 6－3

3

库存现金日记账

2023年		凭证编号	摘要	借方										贷方										√	借或贷	余额									
月	日			千	百	十	万	千	百	十	元	角	分	千	百	十	万	千	百	十	元	角	分			千	百	十	万	千	百	十	元	角	分
11	5		承前页					7	8	4	5	0	0					6	7	4	5	0	0		借					3	1	0	0	0	0
			……																																
11	9	23	现金存入银行															1	6	4	0	0	0		借					2	0	0	0	0	0
	14	24	预借差旅费															1	0	0	0	0	0		借					1	0	0	0	0	0

清查时账存数

根据现金清点结果及库存现金日记账的账面金额，填制“库存现金盘点报告表”，如图表 6－4 所示。

图表 6－4

库存现金盘点报告表

2023 年 11 月 15 日

实存金额	账存金额	对比结果		备注
		盘盈	盘亏	
1000	1000			
清查人（签章）	关大伟 孙娅		出纳员（签章）	田力

> **原始凭证认知——库存现金盘点报告表**
>
> “库存现金盘点报告表”是企业对现金进行清查时，根据清查结果填制的一种原始凭证。

盘点结果表明库存现金账面数和实存数一致，即账实相符。

> **相关链接**
>
> - 现金清查时间最好在一天业务开始之前或一天业务结束之后；
> - 清查现金不能提前通知出纳员，以防预先做手脚；
> - 在清查过程中需要注意的是不能用不具有法律效力的借条、收据等抵充现金；
> - 在整个清查过程中为明确经济责任，出纳员始终不能离开清查现场。

（二）库存现金清查结果的处理

企业对库存现金进行清查，其结果有两种，一是账存数和实存数一致，即账实相符；二是账存数和实存数不一致，即账实不符。对库存现金清查结果的处理主要是针对后者而言，需要通过相应账务处理调整库存现金日记账的账面数，使账面数和实存数一致，最后达到账实相符。

库存现金账实不符的结果又涵盖两种情况，一是盘亏，二是盘盈。现金无论是盘亏还是盘盈，账务处理都分两步进行：第一步，发现账实不符时，调整库存现金账面记录，将库存现金账存数调整为实存数；第二步，调查原因、明确经济责任，给出审批处理意见，根据处理意见进行账务处理。

相关链接

对财产物资进行清查时，当账存数小于实存数时，称为**盘盈**；当账存数大于实存数时，称为**盘亏**。

对财产清查结果进行账务处理，会涉及“待处理财产损溢”账户，如图表 6－5 所示。

图表 6－5

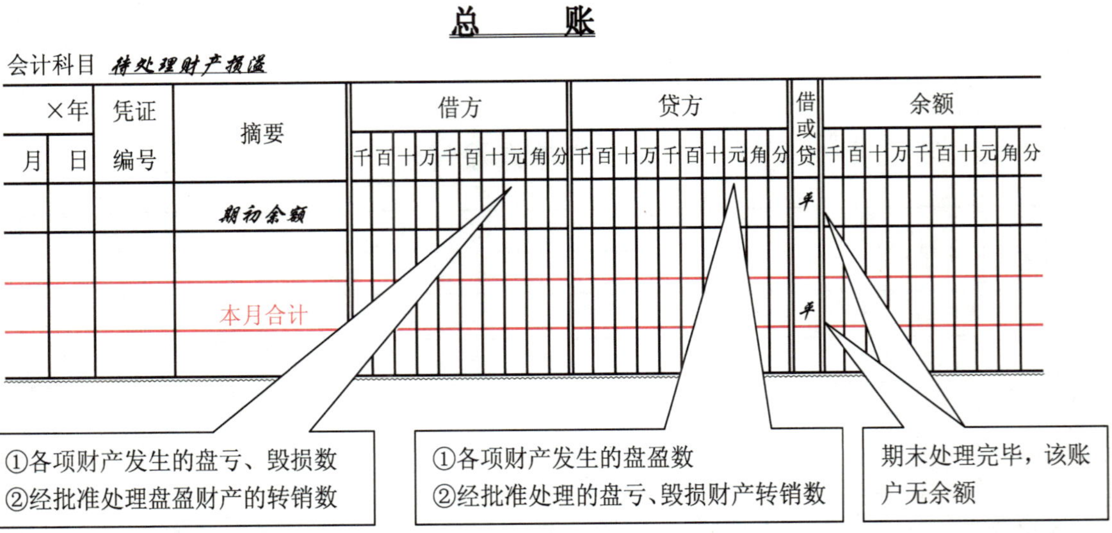

根据被清查资产的流动性设置“待处理流动资产损溢”和“待处理固定资产损溢”明细账。

找规律

财产清查过程中，对账实不符的情况进行账务处理时分为发现盘盈或盘亏和转销盘盈或盘亏两个阶段，每一阶段账务处理都会涉及“待处理财产损溢”账户，可以试着先确定能准确判定的账户及借贷方向，对方账户就是“待处理财产损溢”。

1. 发现库存现金账实不符，调整账面记录使库存现金账实相符。

【情境展示 6－2】

2023 年 11 月 20 日，企业对现金进行清查。库存现金日记账及形成的库存现金盘点报告表如图表 6－6、图表 6－7 所示。

图表 6－6

3

库存现金日记账

2023年		凭证	摘要	借方										贷方										√	借或贷	余额									
月	日	编号		千	百	十	万	千	百	十	元	角	分	千	百	十	万	千	百	十	元	角	分			千	百	十	万	千	百	十	元	角	分
11	5		承前页					7	8	4	5	0	0					6	7	4	5	0	0		借					3	1	0	0	0	0
			……																																
11	14	24	预借差旅费															1	0	0	0	0	0		借					1	0	0	0	0	0
	17	27	提取现金备用					1	0	0	0	0	0																						
	17	29	支付职工医药费																8	0	0	0	0		借					1	2	0	0	0	0
	19	36	提取现金备用						8	0	0	0	0												借					2	0	0	0	0	0

清查时账存数

图表 6－7

库存现金盘点报告表

2023年 11 月 20 日

实存金额	账存金额	对比结果		备注
		盘盈	盘亏	
1900	2000		100	
盘点人（签章） 关大伟 孙娅			出纳员（签章） 田力	

经济业务分析：

从“库存现金盘点报告表”可知公司现金盘亏 100 元。为使库存现金账实相符，库存现金账存数应调减 100 元，需贷记“库存现金”账户；现金盘亏的原因待查，应借记“待处理财产损溢——待处理流动资产损溢”账户，具体账务处理如图表 6－8 至图表 6－10 所示。

图表 6－8

通用记账凭证

2023 年 11 月 20 日　　　　凭证编号：38

摘要	会计科目		借方金额										贷方金额										记账符号
	总账科目	明细科目	千	百	十	万	千	百	十	元	角	分	千	百	十	万	千	百	十	元	角	分	
发现现金盘亏	待处理财产损溢	待处理流动资产损溢						1	0	0	0	0											✓
	库存现金																	1	0	0	0	0	✓
附单据 1 张	合计：						¥	1	0	0	0	0					¥	1	0	0	0	0	

会计主管 关大伟　　记账 王平　　稽核 关大伟　　制单 孙娅　　出纳 田力　　交领款人

图表 6－9

库存现金日记账

3

2023年		凭证编号	摘要	借方										贷方										√	借或贷	余额									
月	日			千	百	十	万	千	百	十	元	角	分	千	百	十	万	千	百	十	元	角	分			千	百	十	万	千	百	十	元	角	分
11	5		承前页					7	8	4	5	0	0					6	7	4	5	0	0		借					3	1	0	0	0	0
			……																																
11	14	24	预借差旅费															1	0	0	0	0	0		借					1	0	0	0	0	0
	17	27	提取现金备用					1	0	0	0	0	0																						
	17	29	支付职工医药费																8	0	0	0	0		借					1	2	0	0	0	0
	19	36	提取现金备用						8	0	0	0	0												借					2	0	0	0	0	0
	20	38	现金盘亏																1	0	0	0	0		借					1	9	0	0	0	0

调整后账存数与实存数一致，即账实相符

图表 6－10

明细账

27

会计科目 待处理财产损溢　细目 待处理流动资产损溢　子目

2023 年		凭证编号	摘要	借方										贷方										借或贷	余额									
月	日			千	百	十	万	千	百	十	元	角	分	千	百	十	万	千	百	十	元	角	分		千	百	十	万	千	百	十	元	角	分
11	20	38	现金盘亏						1	0	0	0	0																					

实训基地一

2023 年 11 月 20 日，锦州通达实业有限公司对现金进行清查。该公司的财务岗位设置情况如下：

会计主管：王军，负责财务科全面工作；

会　　计：刘楠，负责编制记账凭证、登记明细账等工作；

出　　纳：杨丹，负责收付现金、银行存款，登记现金、银行存款日记账等工作。

库存现金日记账及形成的库存现金盘点报告表如图表 6－11、图表 6－12 所示。

要求：

（1）分析经济业务。

（2）编制记账凭证，如图表 6－13 所示（记账凭证按经济业务发生顺序编号，此业务为本月第 25 笔经济业务）。

（3）登记库存现金日记账和待处理财产损溢明细账，如图表 6－14、图表 6－15 所示。

图表 6－11

3

库存现金日记账

2023 年 月	日	凭证编号	摘要	借方 千百十万千百十元角分	贷方 千百十万千百十元角分	√	借或贷	余额 千百十万千百十元角分
11	17		承前页	350000	300000		借	180000
	18	21	支付设备修理费		50000		借	130000
	19	24	收到多余差旅费	20000			借	150000

清查时的账存数

图表 6－12

库存现金盘点报告表

2023 年 11 月 20 日

实存金额	账存金额	对比结果		备注
		盘盈	盘亏	
1600	1500	100		

盘点人（签章）：王军　　　　出纳员（签章）：杨丹

图表 6－13

通用记账凭证

年　　月　　日　　　　　　　　凭证编号：

摘要	会计科目		借方金额										贷方金额										记账
	总账科目	明细科目	千	百	十	万	千	百	十	元	角	分	千	百	十	万	千	百	十	元	角	分	符号
附单据　　张		合　计：																					

会计主管　　　记账　　　稽核　　　制单　　　出纳　　　交领款人

图表 6－14

库存现金日记账

3

2023 年		凭证	摘要	借方										贷方										√	借或贷	余额									
月	日	编号		千	百	十	万	千	百	十	元	角	分	千	百	十	万	千	百	十	元	角	分			千	百	十	万	千	百	十	元	角	分
11	17		承前页					3	5	0	0	0	0					3	0	0	0	0	0		借					1	8	0	0	0	0
	18	21	支付设备修理费																5	0	0	0	0		借					1	3	0	0	0	0
	19	24	收到多余差旅费						2	0	0	0	0												借					1	5	0	0	0	0

图表 6－15

明　　细　　账

27

会计科目 待处理财产损溢　细目 待处理流动资产损溢　子目

年		凭证	摘要	借方										贷方										借或贷	余额									
月	日	编号		千	百	十	万	千	百	十	元	角	分	千	百	十	万	千	百	十	元	角	分		千	百	十	万	千	百	十	元	角	分

2. 查明账实不符原因，明确经济责任，根据审批意见进行账务处理。审批意见如图表 6－15 所示。

【情境展示 6－3】

2023 年 11 月 25 日，鸿运食品有限公司给出现金盘亏 100 元的处理意见。审批意见如图表 6－16 所示。

图表 6－16

库存现金清查结果审批意见表

2023 年 11 月 25 日

账面余额	实有金额	清查结果		原因
		盘盈	盘亏	
2000	1900		100	出纳工作疏忽
处理意见 由出纳员赔偿 签名（盖章） 吴大伟				

原始凭证认知——库存现金清查结果审批意见表

“库存现金清查结果审批意见表”是单位处理盘亏、盘盈现金时填制的一种原始凭证。

经济业务分析：

根据库存现金清查结果审批意见，盘亏现金应由出纳员赔偿，账务处理应借记“其他应收款——田力”账户；转销盘亏现金应贷记“待处理财产损溢——待处理流动资产损溢”账户，具体账务处理如图表 6－17 至图表 6－19 所示。

图表 6－17

通 用 记 账 凭 证

2023 年 11 月 25 日　　凭证编号：45

摘要	会计科目		借方金额										贷方金额										记账
	总账科目	明细科目	千	百	十	万	千	百	十	元	角	分	千	百	十	万	千	百	十	元	角	分	符号
转销盘亏现金	其他应收款	田力						1	0	0	0	0											✓
	待处理财产损溢	待处理流动资产损溢																1	0	0	0	0	✓
附单据 1 张	合 计：						¥	1	0	0	0	0					¥	1	0	0	0	0	

会计主管 吴大伟　　记账 王平　　稽核 吴大伟　　制单 孙娅　　出纳　　交领款人

图表 6－18

明　　细　　账

会计科目 其他应收款　细目 田力　子目　　　　13

2023年		凭证编号	摘要	借方										贷方										借或贷	余额									
月	日			千	百	十	万	千	百	十	元	角	分	千	百	十	万	千	百	十	元	角	分		千	百	十	万	千	百	十	元	角	分
11	25	45	转销盘亏现金						1	0	0	0	0																					

图表 6－19

明　　细　　账

会计科目 待处理财产损溢　细目 待处理流动资产损溢　子目　　　　27

2023年		凭证编号	摘要	借方										贷方										借或贷	余额									
月	日			千	百	十	万	千	百	十	元	角	分	千	百	十	万	千	百	十	元	角	分		千	百	十	万	千	百	十	元	角	分
11	20	38	盘亏现金						1	0	0	0	0																					
	25	45	转销盘亏现金																1	0	0	0	0											

相关链接

对于企业盘亏的现金，出现的原因不同，其处理意见也有所不同：应由责任人或保险公司赔偿的，应借记“其他应收款”账户；无法查明原因的，借记“管理费用”账户；由于非常损失造成的，扣除保险公司或责任人的赔偿后，净损失应借记“营业外支出”账户。

实训基地二

2023 年 11 月 27 日，锦州通达实业有限公司给出库存现金盘盈的处理意见。审批意见如图表 6－20 所示。

要求：

（1）分析经济业务；

（2）编制记账凭证，如图表 6－21 所示（此业务为本月第 33 笔经济业务）；

（3）登记明细账，如图表 6－22、图表 6－23 所示。

图表 6－20

库存现金清查结果审批意见表

2023 年 11 月 27 日

账面余额	实有金额	清查结果		原因
		盘盈	盘亏	
1500	1600	100		无法查明原因
处理意见 转作营业外收入 签名（盖章） 王军				

图表 6－21

通用记账凭证

年　月　日　　　　凭证编号：

摘　要	会计科目		借方金额	贷方金额	记账
	总账科目	明细科目	千 百 十 万 千 百 十 元 角 分	千 百 十 万 千 百 十 元 角 分	符号
附单据　张		合　计：			

会计主管　　记账　　稽核　　制单　　出纳　　交领款人

图表 6－22

27

明　细　账

会计科目 待处理财产损溢　细目 待处理流动资产损溢　子目

2023 年		凭证	摘要	借方	贷方	借或贷	余额
月	日	编号		千 百 十 万 千 百 十 元 角 分	千 百 十 万 千 百 十 元 角 分		千 百 十 万 千 百 十 元 角 分
11	20	25	盘盈现金		1 0 0 0 0		

图表 6－23

营业外收入明细账

75

年		凭证号	摘要	贷方发生额																									余额							
月	日			……	盘盈利得								其他								合计															
					十	万	千	百	十	元	角	分	十	万	千	百	十	元	角	分	十	万	千	百	十	元	角	分	十	万	千	百	十	元	角	分

二、银行存款的清查

银行存款的清查，是将本单位银行存款日记账与银行转来的对账单逐笔核对，以查明账实是否相符。银行存款清查的方法是核对账目法，将在以后课程中详尽介绍。

归纳总结

上述货币资金的清查属于企业财产清查工作。

财产清查是指通过对货币资金、实物资产和往来款项的盘点或核对，确定其实存数，查明账存数与实存数是否相符的一种专门方法。

财产清查按清查对象范围不同，可分为全面清查和局部清查。比如对货币资金的清查只是对部分财产物资进行清查，称为**局部清查**；在某些特殊情况下，比如企业编制年度会计报告前，需要对全部财产物资进行清查，称为**全面清查**。

按清查的时间不同，可分为定期清查和不定期清查。比如根据相关规定，出纳每日业务终了需要对现金进行清查，由于清查的时间固定，称为**定期清查**；企业组成清查小组对现金进行清查，由于时间不固定，称为**不定期清查**。

能力内容二　实物资产的清查

实物资产是指具有实物形态的各种资产，包括：原材料、半成品、在产品、库存商品、周转材料和固定资产等。实物资产的种类繁多、所占用的资金份额大，是企业资产的重要组成部分。所以，对实物资产的清查是企业的一项重要工作。

一、原材料的清查

原材料是企业最常见的一种实物资产，日常的收发业务非常频繁，容易出现差错，所以要定期或不定期进行清查。

（一）原材料清查的方法

对原材料的清查一般采用**实地盘点法**。

实物资产的清查方法分为实地盘点法和技术推算法。

技术推算法，是指通过量方、计尺等技术方法对财产的实存数进行推算的一种方法。

【情境展示 6－4】

2023 年 11 月 15 日，鸿运食品有限公司仓库保管员李林接到通知，财产清查小组要对原材料进行清查。财产清查小组成员刘佳、王平随李林来到原材料仓库。

原材料明细账如图表 6－24 所示，形成的相关原始凭证如图表 6－25、图表 6－26 所示。

图表 6－24

18

原材料　明细账

类别：　　品名：高筋面粉　　规格：25kg　　计量单位：袋　　存放地点：1#仓库

<table>
<tr><td colspan="2">2023年</td><td>凭证</td><td rowspan="3">摘要</td><td colspan="11">借方</td><td colspan="11">贷方</td><td colspan="11">余额</td></tr>
<tr><td rowspan="2">月</td><td rowspan="2">日</td><td rowspan="2">编号</td><td rowspan="2">数量</td><td rowspan="2">单价</td><td colspan="9">金额</td><td rowspan="2">数量</td><td rowspan="2">单价</td><td colspan="9">金额</td><td rowspan="2">数量</td><td rowspan="2">单价</td><td colspan="9">金额</td></tr>
<tr><td>百</td><td>十</td><td>万</td><td>千</td><td>百</td><td>十</td><td>元</td><td>角</td><td>分</td><td>百</td><td>十</td><td>万</td><td>千</td><td>百</td><td>十</td><td>元</td><td>角</td><td>分</td><td>百</td><td>十</td><td>万</td><td>千</td><td>百</td><td>十</td><td>元</td><td>角</td><td>分</td></tr>
<tr><td></td><td></td><td></td><td>……</td><td></td><td></td><td></td><td></td><td></td><td></td><td></td><td></td><td></td><td></td><td></td><td></td><td></td><td></td><td></td><td></td><td></td><td></td><td></td><td></td><td></td><td></td><td></td><td></td><td></td><td></td><td></td><td></td><td></td><td></td><td></td><td></td><td></td></tr>
<tr><td>11</td><td>14</td><td>25</td><td>购进</td><td>5</td><td>80</td><td></td><td></td><td></td><td></td><td>4</td><td>0</td><td>0</td><td>0</td><td>0</td><td></td><td></td><td></td><td></td><td></td><td></td><td></td><td></td><td></td><td></td><td></td><td>200</td><td>80</td><td></td><td></td><td>1</td><td>6</td><td>0</td><td>0</td><td>0</td><td>0</td><td>0</td></tr>
<tr><td></td><td></td><td></td><td></td><td></td><td></td><td></td><td></td><td></td><td></td><td></td><td></td><td></td><td></td><td></td><td></td><td></td><td></td><td></td><td></td><td></td><td></td><td></td><td></td><td></td><td></td><td></td><td></td><td></td><td></td><td></td><td></td><td></td><td></td><td></td><td></td><td></td></tr>
</table>

清查时的账存数

根据盘点结果如实填制盘存单，并由盘点人员和实物保管人员签章，以明确经济责任。

图表 6－25

盘 存 单

单位名称：鸿运食品有限公司　　盘点时间：2023 年 11 月 15 日

财产名称：高筋面粉　　存放地点：仓库　　金额单位：元

编号	名称	规格或型号	计量单位	数量	单价	金额	备注
	高筋面粉	25kg	袋	200	80	16000	

盘点人：刘佳　王平　　实物保管人：李林

原始凭证认知——盘存单

“盘存单”是企业对实物资产进行清查时，记录清查结果的一种自制原始凭证。它既是记录实物盘点结果的书面证明，又是反映实物资产实有数的原始凭证。

图表 6－26

实存账存对比表

单位名称：鸿运食品有限公司　　　　2023年11月15日

编号	类别及名称	规格或型号	计量单位	单价	账存		实存		盘盈		盘亏		备注
					数量	金额	数量	金额	数量	金额	数量	金额	
	高筋面粉	25kg	袋	80	200	16000	200	16000					

盘点人（签章）刘佳　王平　　　　保管员（签章）李林

原始凭证认知——实存账存对比表

“实存账存对比表”是根据“盘存单”确定实物资产盘盈、盘亏数额时形成的一种原始凭证。

（二）原材料清查结果的处理

处理原材料盘盈、盘亏分两步进行：第一步，发现账实不符时，调整原材料账面记录，将原材料账存数调整为实存数；第二步，调查原因、明确经济责任，根据审批意见进行账务处理。

1. 发现原材料账实不符，调整原材料账面记录使其账实相符。

【情境展示 6－5】

2023 年 11 月 30 日，鸿运食品有限公司对原材料——高筋面粉进行清查。原材料明细账及形成的盘存单、实存账存对比表如图表 6－27 至图表 6－29 所示。

图表 6－27

原材料　明细账

18

类别：　　品名：高筋面粉　　规格：25kg　　计量单位：袋　　存放地点：广仓库

2023年		凭证	摘要	借方											贷方											余额										
月	日	编号		数量	单价	金额									数量	单价	金额									数量	单价	金额								
						百	十	万	千	百	十	元	角	分			百	十	万	千	百	十	元	角	分			百	十	万	千	百	十	元	角	分
11	1		略																																	
			…																																	
11	29	36	购进	30	80				2	4	0	0	0	0												250	80			2	0	0	0	0	0	0

清查时账存数

图表 6－28

盘存单

单位名称：鸿运食品有限公司　　　　盘点时间：2023 年 11 月 30 日

财产名称：高筋面粉　　　　存放地点：仓库　　　　金额单位：元

编号	名称	规格或型号	计量单位	数量	单价	金额	备注
	高筋面粉	25kg	袋	251	80	20080	

盘点人：刘佳　王平　　　　实物保管人：李林

图表 6－29

实存账存对比表

单位名称：鸿运食品有限公司　　　　2023 年 11 月 30 日

编号	类别及名称	规格或型号	计量单位	单价	账存		实存		盘盈		盘亏		备注
					数量	金额	数量	金额	数量	金额	数量	金额	
	高筋面粉	25kg	袋	80	250	20000	251	20080	1	80			

盘点人（签章）刘佳　王平　　　　会计主管（签章）吴大伟

经济业务分析：

从实存账存对比表可知，公司原材料——高筋面粉盘盈 80 元，为使原材料账面数与实际数一致，原材料账面数应调增 80 元，需借记“原材料——高筋面粉”账户；盘盈原材料原因待查，应贷记“待处理财产损溢——待处理流动资产损溢”账户。具体账务处理如图表 6－30 至图表 6－32 所示。

图表 6－30

通 用 记 账 凭 证

2023 年　11 月　30 日　　　　凭证编号 57

摘要	会计科目		借方金额										贷方金额										记账
	总账科目	明细科目	千	百	十	万	千	百	十	元	角	分	千	百	十	万	千	百	十	元	角	分	符号
发现原材料盘盈	原材料	高筋面粉							8	0	0	0											√
	待处理财产损溢	待处理流动资产损溢																	8	0	0	0	√
附单据 1 张	合　计：							¥	8	0	0	0						¥	8	0	0	0	

会计主管 吴大伟　　记账 王平　　稽核 吴大伟　　制单 孙娅　　出纳　　交领款人

图表 6－31

18

原材料　明细账

类别：　　　品名：面粉　　　规格：25kg　　　计量单位：袋　　　存放地点：产仓库

2023年		凭证	摘要	借方		金额									贷方		金额									余额		金额								
月	日	编号		数量	单价	百	十	万	千	百	十	元	角	分	数量	单价	百	十	万	千	百	十	元	角	分	数量	单价	百	十	万	千	百	十	元	角	分
			……																																	
11	29	55	购进	30	80				2	4	0	0	0	0												250	80			2	0	0	0	0	0	0
	30	57	盘盈	1	80						8	0	0	0												251	80			2	0	0	8	0	0	0

调整后账存数与实存数一致，即账实相符

图表 6－32

明　　细　　账

27

会计科目 待处理财产损溢　　细目 待处理流动资产损溢　　子目

2023年		凭证	摘要	借方										贷方										借或	余额									
月	日	编号		千	百	十	万	千	百	十	元	角	分	千	百	十	万	千	百	十	元	角	分	贷	千	百	十	万	千	百	十	元	角	分
11	20	38	盘亏现金						1	0	0	0	0																					
	25	45	转销盘亏现金																1	0	0	0	0											
	30	57	原材料盘盈																	8	0	0	0											

实训基地三

2023 年 11 月 28 日，锦州通达实业有限公司对原材料进行清查。原材料明细账及形成的盘存单、实存账存对比表如图表 6－33 至图表 6－35 所示。

要求：

（1）分析经济业务。

（2）编制记账凭证，如图表 6－36 所示（此业务为本月第 39 笔经济业务）。

（3）登记明细账，如图表 6－37、图表 6－38 所示。

图表 6－33

原材料 明细账

18

类别：　　品名：圆钢　　规格：ANB-1　　计量单位：吨　　存放地点：3# 仓库

2023年		凭证	摘要	借方			贷方			余额		
月	日	编号		数量	单价	金额（百十万千百十元角分）	数量	单价	金额（百十万千百十元角分）	数量	单价	金额（百十万千百十元角分）
			……									
11	27	37	购进	4	1000	400000				25	1000	2500000

清查时的账存数

图表 6－34

盘　存　单

单位名称：锦州通达实业有限公司　　盘点时间：2023年11月28日

财产名称：圆钢　　存放地点：仓库　　金额单位：元

编号	名称	规格或型号	计量单位	数量	单价	金额	备注
	圆钢	ANB-1	吨	24	1000	24000	

盘点人：刘佳　　实物保管：王鑫

图表 6－35

实存账存对比表

单位名称：锦州通达实业有限公司　　2023年11月28日

编号	类别及名称	规格或型号	计量单位	单价	账存		实存		盘盈		盘亏		备注
					数量	金额	数量	金额	数量	金额	数量	金额	
	圆钢	ANB-1	吨	1000	25	25000	24	24000			1	1000	

盘点人（签章）刘佳　　会计主管（签章）王军

图表 6－36

通 用 记 账 凭 证

年　　月　　日　　　　　　　　　　　　　凭证编号：39

摘　要	会计科目		借方金额										贷方金额										记账
	总账科目	明细科目	千	百	十	万	千	百	十	元	角	分	千	百	十	万	千	百	十	元	角	分	符号
附单据　　张		合　计：																					

会计主管　　　记账　　　稽核　　　制单　　　出纳　　　交领款人

相关链接

原材料盘亏涉及增值税问题，完整的账务处理为：借记“待处理财产损溢——待处理流动资产损溢”账户，贷记“原材料”账户，同时还要贷记“应交税费——应交增值税（进项税额转出）”账户。此处简化账务处理，暂不考虑增值税问题。

图表 6－37

原材料　明细账

18

类别：　　品名：圆钢　　规格：AMB-1　　计量单位：吨　　存放地点：3# 仓库

2023年		凭证	摘要	借方											贷方											余额										
月	日	编号		数量	单价	金额									数量	单价	金额									数量	单价	金额								
						百	十	万	千	百	十	元	角	分			百	十	万	千	百	十	元	角	分			百	十	万	千	百	十	元	角	分
			……																																	
11	27	37	购进	4	1000				4	0	0	0	0	0												25	1000			2	5	0	0	0	0	0

图表 6－38

明　　细　　账

27

会计科目 待处理财产损溢　细目 待处理流动资产损溢　子目

2023 年		凭证	摘要	借方										贷方										借或贷	余额									
月	日	编号		千	百	十	万	千	百	十	元	角	分	千	百	十	万	千	百	十	元	角	分		千	百	十	万	千	百	十	元	角	分
11	20	25	盘盈现金																1	0	0	0	0											
	27	33	转销盘盈现金						1	0	0	0	0																					

2. 查明账实不符原因，明确经济责任，根据审批意见进行账务处理。

【情境展示 6－6】

2023 年 11 月 30 日，鸿运食品有限公司给出原材料盘盈的处理意见。审批意见如图表 6－39 所示。

图表 6－39

原材料清查结果审批意见表

2023 年 11 月 30 日

账面金额	实有金额	清查结果		原因
		盘盈	盘亏	
20000	20080	80		计量差错
处理意见 冲减管理费用 签名（盖章） 刘佳				原因

原始凭证认知——原材料清查结果审批意见表

“原材料清查结果审批意见表”是单位处理盘亏、盘盈原材料时填制的一种原始凭证。

经济业务分析：

根据原材料清查结果审批意见，盘盈原材料冲减管理费用，账务处理应贷记“管理费用”账户；转销盘盈原材料，应借记“待处理财产损溢——待处理流动资产损溢”账户。具体处理如图表 6－40 至图表 6－42 所示。

图表 6－40

通 用 记 账 凭 证

2023 年 11 月 30 日　　　　凭证编号：65

摘要	会计科目		借方金额										贷方金额										记账符号
	总账科目	明细科目	千	百	十	万	千	百	十	元	角	分	千	百	十	万	千	百	十	元	角	分	
转销盘盈原材料	待处理财产损溢	待处理流动资产损溢							8	0	0	0											√
	管理费用																		8	0	0	0	√
附单据 1 张		合 计：						¥	8	0	0	0						¥	8	0	0	0	

会计主管 吴大伟　　记账 王平　　稽核 吴大伟　　制单 孙姬　　出纳　　交领款人

图表 6－41

明细账

27

会计科目 *待处理财产损溢* 细目 *待处理流动资产损溢* 子目

2023年 月	日	凭证编号	摘要	借方 千	百	十	万	千	百	十	元	角	分	贷方 千	百	十	万	千	百	十	元	角	分	借或贷	余额 千	百	十	万	千	百	十	元	角	分
	20	38	盘亏现金						1	0	0	0	0																					
	25	45	转销盘亏现金																1	0	0	0	0											
	30	57	原材料盘盈																	8	0	0	0											
	30	65	转销盘盈原材料							8	0	0	0																					

图表 6－42

管理费用明细账

93

2023年 月	日	凭证号数	摘要	借方发生额 职工薪酬	折旧费	水电费	办公费	报刊费	保险费	其他	合计	贷方合计	余额
11	30	65	转销盘盈原材料							80.00	80.00		

数字为红字

实训基地四

2023 年 11 月 30 日，锦州通达实业有限公司给出原材料盘亏的处理意见，如图表 6－43 所示。

要求：

（1）分析经济业务；

（2）编制记账凭证，如图表 6－44 所示（此业务为本月第 45 笔经济业务）；

（3）登记明细账，如图表 6－45、图表 6－46 所示。

图表 6－43

原材料清查结果审批意见表

2023年 11月 30日

账面余额	实有金额	清查结果		原因
		盘盈	盘亏	
25000	24000		1000	计量差错
处理意见 记入管理费用 签名（盖章）刘佳				

图表 6－44

通 用 记 账 凭 证

年　　月　　日　　　　　　　　凭证编号：

摘　要	会计科目		借方金额										贷方金额										记账
	总账科目	明细科目	千	百	十	万	千	百	十	元	角	分	千	百	十	万	千	百	十	元	角	分	符号
附单据　　张		合　计：																					

会计主管　　　　记账　　　　稽核　　　　制单　　　　出纳　　　　交领款人

图表 6－45

管理费用明细账

93

年		凭证号数	摘　要	借　方　发　生　额								贷方合计	余　额
月	日			职工薪酬	折旧费	水电费	办公费	报刊费	保险费	其他	合计		

图表 6－46

明　　细　　账　　27

会计科目 待处理财产损溢　细目 待处理流动资产损溢　子目

2023年		凭证编号	摘要	借方										贷方										借或贷	余额									
月	日			千	百	十	万	千	百	十	元	角	分	千	百	十	万	千	百	十	元	角	分		千	百	十	万	千	百	十	元	角	分
11	20	25	盘盈现金																1	0	0	0	0											
	27	33	转销盘盈现金						1	0	0	0	0																					
	28	39	原材料盘亏					1	0	0	0	0	0																					

相关链接

对于实物资产的盘亏，根据原因不同其处理意见也有所不同：属于合理的定额损耗，经批准后转作管理费用；属于计量收发差错和管理不善等原因造成的损耗，扣除过失人赔偿后，净损失记入管理费用；属于自然灾害或意外事故造成的损失，扣除残料价值和过失人赔偿后，净损失记入营业外支出。

二、其他实物资产的清查

企业的实物资产除了原材料以外，还包括半成品、在产品、库存商品、周转材料和固定资产等。这些实物资产的清查方法多采用实地盘点法，清查的过程与原材料的清查过程类似。

企业的半成品、在产品、库存商品、周转材料等实物资产，清查结果的处理与原材料清查结果的处理基本一致，在此不再赘述。

固定资产等实物资产清查结果的处理和原材料清查结果的处理有所不同，具体处理方法将在以后课程中详尽介绍。

能力内容三　往来款项的清查

企业的往来款项一般包括应收账款、其他应收款、预付账款、应付账款、其他应付款和预收账款等。为保证往来款项账目的正确性，并促使及时清算，防止长期拖欠，应对往来款项进行清查。

一、往来款项的清查方法

各种往来款项的清查一般采用“函证核对法”（也称“发函询证法”）进行，即派人或以发函的方式与往来单位核对账目。

【情境展示6－7】

2023年11月16日，鸿运食品有限公司决定对应收账款进行清查。应收账款明细账及往来款项对账单如图表6－47至图表6－50所示。

图表6－47

明　细　账　　10

会计科目 应收账款　　细目 大华超市　　子目

2023年 月	日	凭证编号	摘要	借方（千百十万千百十元角分）	贷方（千百十万千百十元角分）	借或贷	余额（千百十万千百十元角分）
11	7		……				
11	10	21	销售商品	100000		借	100000

图表6－48

往来款项对账单（询证函）

大华超市　　单位

贵单位2023年11月10日购买我公司面包一批，价税合计1000.00元，全部货款尚未支付，请核对后将回单联寄回。

鸿运食品有限公司（公章）

2023年11月16日

沿此虚线裁开，将以下回单联寄回！

往来款项对账单（回单联）

________单位：

你单位寄来的“往来款项对账单”已经收到，经核对相符无误。（若不符，请注明具体情况。）

________单位(公章)

年　月　日

图表 6－49

往来款项对账单（回单联）

鸿运食品有限公司 单位：

贵单位寄来的“往来款项对账单”已经收到，经核对相符无误。

（若不符，请注明具体情况。）

大华超市 单位（公章）

2023 年 11 月 18 日

图表 6－50

往来款项清查报告表

单位名称 大华超市　　　　2023 年 11 月 20 日

总账账户		明细科目		清查结果		不符原因分析				
名称	金额	名称	金额	相符	不符	未达账项	拖付款项	争执款项	无法收回	其他
应收账款	17000	大华超市	1000	√						
清查人员签章 吴大伟						记账人员签章 王平				

二、往来款项清查结果的处理

往来款项出现账实不符的情况应及时进行处理，具体的账务处理过程将在以后课程中详尽介绍。

第七单元

财务会计报告

【学习目标】

◇ 了解财务会计报告的概念和种类

◇ 了解会计档案的管理制度

◇ 掌握资产负债表和利润表的构成和编制方法

◇ 了解会计工作的交接手续

【职业能力目标】

◇ 熟练掌握资产负债表（简表）的编制方法

◇ 熟练掌握利润表（简表）的编制方法

【导语】

党的二十大报告指出，“万事万物是相互联系、相互依存的，只有用普遍联系的、全面系统的、发展变化的观点观察事物，才能把握事物发展规律。”

张峰创办的鸿运食品有限公司经过一段时间的经营，资产变成多少了？负债变成多少了？所有者权益又是多少了呢？作为股东和经理的张峰很想知道。鸿运食品有限公司作为增值税的一般纳税人，向国家缴纳的税金情况如何？税款是不是都按时足额地缴纳了？作为税收征收机关的税务局要有所了解。因此，鸿运食品有限公司的会计人员编制了能反映公司财务情况和经营成果的综合性的文件。

这里所说的“综合性文件”就是**财务报告**。**所谓财务会计报告，是指企业对外提供的，反映某一特定日期财务状况和某一会计期间经营成果、现金流量的书面文件。财务报告包括资产负债表、利润表、现金流量表和所有者权益变动表以及财务报表附注等。**财务会计报告怎么编制？这就是本单元要介绍的主要内容（这里只介绍资产负债表和利润表的简表）。

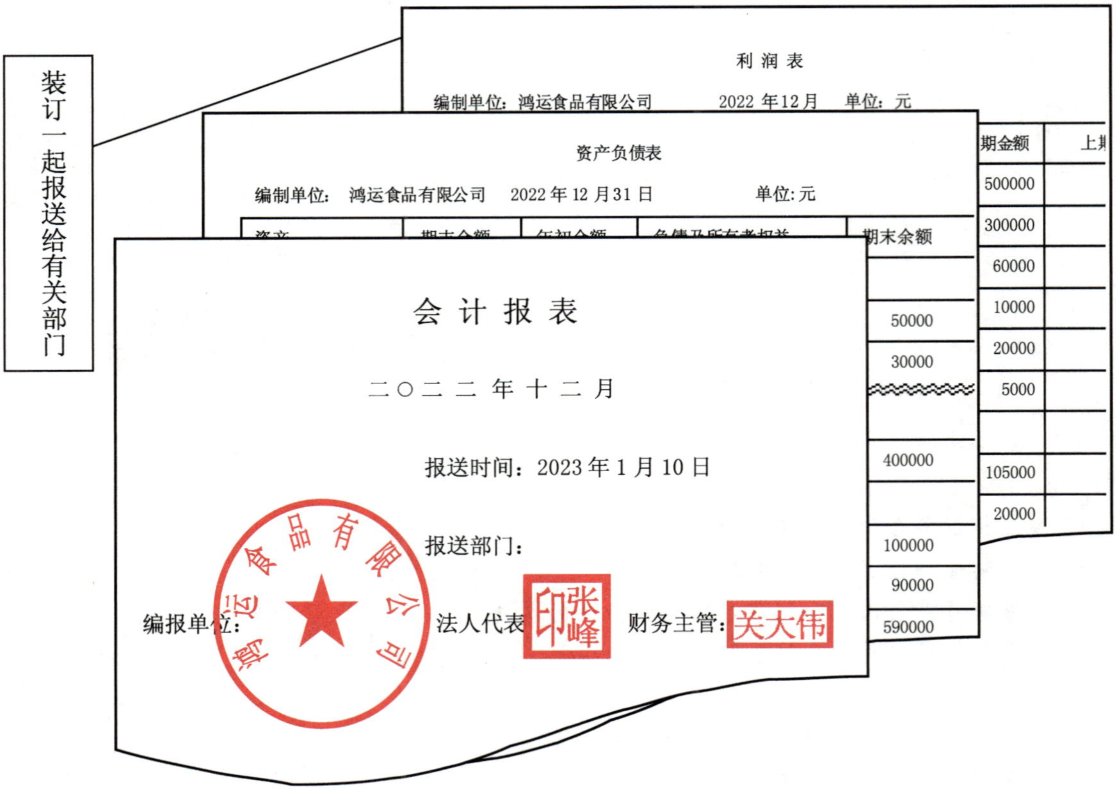

能力内容一　资产负债表

【情境展示 7－1】

资产负债表如图表 7－1 所示。

一、资产负债表的概念

资产负债表是反映企业在某一特定日期财务状况的报表。

资产负债表是根据“资产＝负债＋所有者权益”的平衡原理设计的，左边列示的是资产项目，右边列示的是负债和所有者权益项目，最后的结果是资产总计等于负债和所有者权益总计。资产负债表分左右两方，像我们前面学过的账户，所以，这种格式的资产负债表被称为“账户式资产负债表”。

图表 7－1 **资产负债表**（简表）

编制单位：鸿运食品有限公司 2023年12月31日 单位：元

资　　产	期末余额	上年年末余额	负债及所有者权益	期末余额	上年年末余额
流动资产：			流动负债：		
货币资金			短期借款		
交易性金融资产			交易性金融负债		
应收票据			应付票据		
预付款项			预收款项		
其他应收款			应付职工薪酬		
存货			应交税费		
流动资产合计			其他应付款		
非流动资产：			流动负债合计		
长期股权投资			非流动负债		
固定资产			长期借款		
在建工程			非流动负债合计		
无形资产			负债合计		
长期待摊费用			所有者权益：		
非流动资产合计			实收资本		
			资本公积		
			盈余公积		
			未分配利润		
			所有者权益合计		
资产总计			负债及所有者权益总计		

二、资产负债表编制的基本方法

资产负债表中有期末余额和上年年末余额两个金额栏，对资产负债表的编制就是填制有关项目的期末余额和上年年末余额。

（一）上年年末余额的填制方法

资产负债表的“上年年末余额”栏内各项数字，应根据上年末（12月31日）资产负债表的“期末余额”栏内数字填列。

注意：

如果本年度资产负债表各项目的名称、内容与上年相比发生变动，应对上年年末资产负债表各项目的名称和数字按本年的规定进行调整，按调整后的数字填入本表的“上年年末余额”栏内。

（二）期末余额的填制方法

概括地说，资产负债表的“期末余额”栏内数字**应根据会计账簿的余额直接填列或计算填列。**

1. 根据总账余额直接填列。根据有关总账余额直接填列的项目主要有：“短期借款”“资本公积”等项目。

总结：

一般来说，资产类项目直接根据其总账的借方余额填列，负债类和所有者权益类项目直接根据其总账的贷方余额填列。

【情境展示7－2】

鸿运食品有限公司2023年12月31日“短期借款”总账的记录如图表7－2所示，据此填制资产负债表中“短期借款”项目，如图表7－3所示。

图表7－2

总　账

29

会计科目 短期借款

2023年		凭证	摘要	借方										贷方										借或贷	余额									
月	日	编号		千	百	十	万	千	百	十	元	角	分	千	百	十	万	千	百	十	元	角	分		千	百	十	万	千	百	十	元	角	分
11	30		本月合计																					贷				3	0	0	0	0	0	0
12	31	科汇1	1至31日汇总														2	0	0	0	0	0	0	贷				5	0	0	0	0	0	0
12	31		本月合计														2	0	0	0	0	0	0	贷				5	0	0	0	0	0	0

图表 7 – 3　　资产负债表（简表）

编制单位：鸿运食品有限公司　　2023 年 12 月 31 日　　单位：元

资　　产	期末余额	上年年末余额	负债及所有者权益	期末余额	上年年末余额
流动资产：			流动负债：		
货币资金			短期借款	50000.00	
交易性金融资产			交易性金融负债		
应收票据			应付票据		
预付款项			预收款项		
其他应收款			应付职工薪酬		
存货			应交税费		
流动资产合计			其他应付款		
非流动资产：			流动负债合计		
长期股权投资			非流动负债：		
固定资产			长期借款		
在建工程			非流动负债合计		
无形资产			负债合计		
长期待摊费用			所有者权益：		
非流动资产合计			实收资本		
			资本公积		
			盈余公积		
			未分配利润		
			所有者权益合计		
资产总计			负债及所有者权益总计		

“短期借款”项目金额50000元根据“短期借款”总账余额直接填列

分析：

综上可知，截至 2023 年 12 月 31 日，鸿运食品有限公司短期借款这项负债仍有 5 万元没有偿还。

【情境展示 7 – 3】

鸿运食品有限公司 2023 年 12 月 31 日“资本公积”总账的记录如图表 7 – 4 所示，据此填制资产负债表中“资本公积”项目，如图表 7 – 5 所示。

图表 7－4

总　　账

41

会计科目 资本公积

2023 年		凭证编号	摘要	借方										贷方										借或贷	余额									
月	日			千	百	十	万	千	百	十	元	角	分	千	百	十	万	千	百	十	元	角	分		千	百	十	万	千	百	十	元	角	分
			……																															
12	31		本月合计																					贷			3	0	0	0	0	0	0	0

图表 7－5

资产负债表（简表）

编制单位：鸿运食品有限公司　　2023 年 12 月 31 日　　单位：元

资　　产	期末余额	上年年末余额	负债及所有者权益	期末余额	上年年末余额
流动资产：			流动负债：		
货币资金			短期借款		
交易性金融资产			交易性金融负债		
应收票据			应付票据		
预付款项			预收款项		
其他应收款			应付职工薪酬		
存货			应交税费		
流动资产合计			其他应付款		
非流动资产：			流动负债合计		
长期股权投资			非流动负债：		
固定资产			长期借款		
在建工程			非流动负债合计		
无形资产			负债合计		
长期待摊费用			所有者权益：		
非流动资产合计			实收资本		
			资本公积	300000.00	
			盈余公积		
			未分配利润		
			所有者权益合计		
资产总计			负债及所有者权益总计		

“资本公积”项目金额300000元根据“资本公积”总账余额直接填列

分析：

综上可知，截至 2023 年 12 月 31 日，鸿运食品有限公司资本公积为 30 万元。

2. 根据明细账科目余额计算填列。如“应收票据”“应收账款”“预付款项”“应付票据”“应付账款”“预收款项”“应付职工薪酬”等项目。

【情境展示 7-4】

鸿运食品有限公司 2023 年 12 月 31 日“预付账款”总账、“预付账款——A 公司”明细账和“应付账款——B 公司”明细账的记录如图表 7-6 至图表 7-8 所示，据此填制资产负债表中“预付款项”项目，如图表 7-9 所示。

图表 7-6

总 账

会计科目：预付账款

2023年		凭证	摘要	借方										贷方										借或贷	余额									
月	日	编号		千	百	十	万	千	百	十	元	角	分	千	百	十	万	千	百	十	元	角	分		千	百	十	万	千	百	十	元	角	分
11	30		本月合计																					借					1	0	0	0	0	0
12	31	科汇1	1至31日汇总				5	4	0	0	0	0	0											借				5	5	0	0	0	0	0
12	31		本月合计				5	4	0	0	0	0	0											借				5	5	0	0	0	0	0

图表 7-7

明 细 账

会计科目 预付账款 细目 A公司 子目

2023年		凭证	摘要	借方										贷方										借或贷	余额									
月	日	编号		千	百	十	万	千	百	十	元	角	分	千	百	十	万	千	百	十	元	角	分		千	百	十	万	千	百	十	元	角	分
11	30		本月合计																					借					1	0	0	0	0	0
12	23		预付A公司购货款				4	9	0	0	0	0	0											借				5	0	0	0	0	0	0
12	31		本月合计				4	9	0	0	0	0	0											借				5	0	0	0	0	0	0

图表 7-8

明 细 账

会计科目 应付账款 细目 B公司 子目

2023年		凭证	摘要	借方										贷方										借或贷	余额									
月	日	编号		千	百	十	万	千	百	十	元	角	分	千	百	十	万	千	百	十	元	角	分		千	百	十	万	千	百	十	元	角	分
12	18		预付B公司购货款					5	0	0	0	0	0											借					5	0	0	0	0	0
12	31		本月合计					5	0	0	0	0	0											借					5	0	0	0	0	0

图表 7－9　　　　　　　　**资产负债表**（简表）

编制单位：鸿运食品有限公司　　　　2023 年 12 月 31 日　　　　单位：元

资　产	期末余额	上年年末余额	负债及所有者权益	期末余额	上年年末余额
流动资产：			流动负债：		
货币资金			短期借款		
交易性金融资产			交易性金融负债		
应收票据			应付票据		
预付款项	55000.00		预收款项		
其他应收款			应付职工薪酬		
存货			应交税费		
流动资产合计			其他应付款		
非流动资产：			流动负债合计		
长期股权投资			非流动负债：		
固定资产			长期借款		
在建工程			非流动负债合计		
无形资产			负债合计		
长期待摊费用			所有者权益：		
非流动资产合计			实收资本		
			资本公积		
			盈余公积		
			未分配利润		
			所有者权益合计		
资产总计			负债及所有者权益总计		

“预付款项”项目的金额=“预付账款——A公司”明细账期末借方余额+“应付账款——B公司”明细账期末借方余额=50000+5000=55000（元）

分析：

综上可知，截至 2023 年 12 月 31 日，鸿运食品有限公司预付款项为 55000 元，为公司下年制订融资计划提供了重要信息。

3. 根据总账科目和明细账科目余额分析计算填列。如“长期借款”“其他非流动资产”“其他非流动负债”等项目。

【情境展示 7－5】

鸿运食品有限公司 2023 年 12 月 31 日“长期借款”总账、“长期借款——工商银行科技路支行”明细账和“长期借款——工商银行市府路支行”明细账的记录分别如图表7－10 至图表 7－12 所示，据此填制资产负债表中“长期借款”项目，如图表 7－13 所示。

图表 7－10

总账

会计科目：长期借款

2023年		凭证编号	摘要	借方										贷方										借或贷	余额									
月	日			千	百	十	万	千	百	十	元	角	分	千	百	十	万	千	百	十	元	角	分		千	百	十	万	千	百	十	元	角	分
11	30		本月合计																					贷				2	0	0	0	0	0	0
12	31	科汇1	1至31日汇总			1	0	0	0	0	0	0	0				3	0	0	0	0	0	0	贷				9	0	0	0	0	0	0
12	31		本月合计			1	0	0	0	0	0	0	0				3	0	0	0	0	0	0	贷				9	0	0	0	0	0	0

图表 7－11

明细账

会计科目 长期借款 细目 工商银行科技路支行 子目

2023年		凭证编号	摘要	借方										贷方										借或贷	余额									
月	日			千	百	十	万	千	百	十	元	角	分	千	百	十	万	千	百	十	元	角	分		千	百	十	万	千	百	十	元	角	分
3	15		借入三年期借款														6	0	0	0	0	0	0	贷				6	0	0	0	0	0	0
12	31		本月合计														6	0	0	0	0	0	0	贷				6	0	0	0	0	0	0

图表 7－12

明细账

会计科目 长期借款 细目 工商银行市府路支行 子目

2023年		凭证编号	摘要	借方										贷方										借或贷	余额									
月	日			千	百	十	万	千	百	十	元	角	分	千	百	十	万	千	百	十	元	角	分		千	百	十	万	千	百	十	元	角	分
1	1		上年结转														3	0	0	0	0	0	0	贷				3	0	0	0	0	0	0
12	31		本月合计														3	0	0	0	0	0	0	贷				3	0	0	0	0	0	0

经查阅备查簿，该借款将于 2024 年 5 月 20 日到期。

图表 7－13 **资产负债表**（简表）

编制单位：鸿运食品有限公司 2023年12月31日 单位：元

资　产	期末余额	上年年末余额	负债及所有者权益	期末余额	上年年末余额
流动资产：			流动负债：		
货币资金			短期借款		
交易性金融资产			交易性金融负债		
应收票据			应付票据		
预付款项			预收款项		
其他应收款			应付职工薪酬		
存货			应交税费		
流动资产合计			其他应付款		
非流动资产：			流动负债合计		
长期股权投资			非流动负债：		
固定资产			长期借款	60000.00	
在建工程			非流动负债合计		
无形资产			负债合计		
长期待摊费用			所有者权益：		
非流动资产合计			实收资本		
			资本公积		
			盈余公积		
			未分配利润		
			所有者权益合计		
资产总计			负债及所有者权益总计		

“长期借款”项目=“长期借款”总账期末贷方余额－一年内到期的长期借款明细账期末贷方余额=90000－30000=60000（元）

分析：

综上可知，截至2023年12月31日，鸿运食品有限公司的长期借款为60000元，这项指标为企业计算资产负债比率和筹集资金提供了可靠的资料。

4. 根据有关科目余额减去其备抵科目余额后的净额填列。如“应收票据”“应收账款”“长期股权投资”“在建工程”“固定资产”“无形资产”等项目。

【情境展示 7-6】

鸿运食品有限公司 2023 年 12 月 31 日“固定资产”总账的记录和“累计折旧”总账的记录分别如图表 7-14 和图表 7-15 所示，据此填制资产负债表中“固定资产”项目，如图表 7-16 所示。

图表 7-14

总 账

会计科目：固定资产

2023年		凭证	摘要	借方										贷方										借或贷	余额									
月	日	编号		千	百	十	万	千	百	十	元	角	分	千	百	十	万	千	百	十	元	角	分		千	百	十	万	千	百	十	元	角	分
11	30		本月合计																					借				2	0	0	0	0	0	0
12	31	科汇1	1至31日汇总			3	0	0	0	0	0	0	0				1	0	0	0	0	0	0	借			3	1	0	0	0	0	0	0
12	31		本月合计			3	0	0	0	0	0	0	0				1	0	0	0	0	0	0	借			3	1	0	0	0	0	0	0

图表 7-15

总 账

会计科目：累计折旧

2023年		凭证	摘要	借方										贷方										借或贷	余额									
月	日	编号		千	百	十	万	千	百	十	元	角	分	千	百	十	万	千	百	十	元	角	分		千	百	十	万	千	百	十	元	角	分
11	30		本月合计																					贷					7	0	0	0	0	0
12	31	科汇1	1至31日汇总					6	0	0	0	0	0					3	0	0	0	0	0	贷					4	0	0	0	0	0
12	31		本月合计					6	0	0	0	0	0					3	0	0	0	0	0	贷					4	0	0	0	0	0

图表 7－16 资产负债表（简表）

编制单位：鸿运食品有限公司 2023 年 12 月 31 日 单位：元

资产	期末余额	上年年末余额	负债及所有者权益	期末余额	上年年末余额
流动资产：			流动负债：		
货币资金			短期借款		
交易性金融资产			交易性金融负债		
应收票据			应付票据		
预付款项			预收款项		
其他应收款			应付职工薪酬		
存货			应交税费		
流动资产合计			其他应付款		
非流动资产：			流动负债合计		
长期股权投资			非流动负债：		
固定资产	306000.00		长期借款		
在建工程			非流动负债合计		
无形资产			负债合计		
长期待摊费用			所有者权益：		
非流动资产合计			实收资本		
			资本公积		
			盈余公积		
			未分配利润		
			所有者权益合计		
资产总计			负债及所有者权益总计		

“固定资产”项目=“固定资产”总账期末余额－“累计折旧”总账期末余额=310000−4000 306000（元）

分析：

综上可知，截至 2023 年 12 月 31 日，鸿运食品有限公司固定资产为 306000 元。

5. 综合运用上述填列方法分析填列。如资产负债表中的“存货”项目，需要根据“原材料”“生产成本”等总账科目期末余额的分析汇总数，再减去“存货跌价准备”账户余额后的净额填列。

实训基地一

（一）资料：

鸿运食品有限公司 2023 年 12 月 31 日“资本公积”总账、“短期借款”总账、“固定资产”总账、“累计折旧”总账的记录分别如图表 7－17 至图表 7－20 所示。

图表 7－17

总　　账

41

会计科目 资本公积

2023年		凭证	摘要	借方										贷方										借或贷	余额									
月	日	编号		千	百	十	万	千	百	十	元	角	分	千	百	十	万	千	百	十	元	角	分		千	百	十	万	千	百	十	元	角	分
			……																															
12	31		本月合计																					贷			3	0	0	0	0	0	0	0

图表 7－18

总　　账

12

会计科目 短期借款

2023年		凭证	摘要	借方										贷方										借或贷	余额									
月	日	编号		千	百	十	万	千	百	十	元	角	分	千	百	十	万	千	百	十	元	角	分		千	百	十	万	千	百	十	元	角	分
12	31	科汇1	1至31日汇总				2	0	0	0	0	0	0											借				2	0	0	0	0	0	0
12	31		本月合计				2	0	0	0	0	0	0											借				2	0	0	0	0	0	0

图表 7－19

总　　账

25

会计科目 固定资产

2023年		凭证	摘要	借方										贷方										借或贷	余额									
月	日	编号		千	百	十	万	千	百	十	元	角	分	千	百	十	万	千	百	十	元	角	分		千	百	十	万	千	百	十	元	角	分
11	30		本月合计																					借			1	7	0	0	0	0	0	0
12	31	科汇1	1至31日汇总				3	0	0	0	0	0	0											借			2	0	0	0	0	0	0	0
12	31		本月合计				3	0	0	0	0	0	0											借			2	0	0	0	0	0	0	0

图表 7－20

总　　账

26

会计科目 累计折旧

2023年		凭证	摘要	借方										贷方										借或贷	余额									
月	日	编号		千	百	十	万	千	百	十	元	角	分	千	百	十	万	千	百	十	元	角	分		千	百	十	万	千	百	十	元	角	分
11	30		本月合计																					贷				1	7	0	0	0	0	0
12	31	科汇1	1至31日汇总															3	0	0	0	0	0	贷				2	0	0	0	0	0	0
12	31		本月合计															3	0	0	0	0	0	贷				2	0	0	0	0	0	0

（二）要求：

1. 根据上述有关账户的记录，填列资产负债表中“资本公积”项目、“短期借款”项目、“固定资产”项目，如图表 7－21 所示。

2. 计算资产负债表中资产总计及负债和所有者权益总计，如图表 7－21 所示。

图表 7－21　　　　　　　　　　**资产负债表**（简表）

编制单位：鸿运食品有限公司　　　　2023 年 12 月 31 日　　　　单位：元

资　　产	期末余额	年初余额	负债及所有者权益	期末余额	年初余额
流动资产：			流动负债：		
货币资金	250000		短期借款		
交易性金融资产			交易性金融负债		
应收票据	35000		应付票据	30000	
预付款项			预收款项		
其他应收款	5000		应付职工薪酬	55000	
存货	260000		应交税费		
流动资产合计			其他应付款	5000	
非流动资产：			流动负债合计		
长期股权投资			非流动负债：		
固定资产			长期借款	100000	
在建工程			非流动负债合计		
无形资产	100000		负债合计		
长期待摊费用			所有者权益：		
非流动资产合计			实收资本	100000	
			资本公积		
			盈余公积	30000	
			未分配利润		
			所有者权益合计		
资产总计			负债及所有者权益总计		

归纳总结：

资产负债表
- 静态报表
- 外部财务报告
- 月度报表(季度报表、半年度报表、年度报表)

财务会计报告
- 按反映资金运动的性质划分
  - 静态报告
  - 动态报告
- 按编制时间划分
  - 中期报表
    - 月度报表
    - 季度报表
    - 半年度报表
  - 年度报表
- 按是否对外报送划分
  - 外部报告
  - 内部报告

能力内容二　利润表

【情境展示7－7】

利润表如图表7－22所示。

图表7－22

利润表（简表）

编制单位：鸿运食品有限公司　　2023年12月　　单位：元

项　目	本期金额	上期金额
一、营业收入		
减：营业成本		
税金及附加		
销售费用		
管理费用		
财务费用		
加：投资收益（净损失以"－"号填列）		
二、营业利润（亏损以"－"号填列）		
加：营业外收入		
减：营业外支出		
三、利润总额（亏损总额以"－"号填列）		
减：所得税费用		
四、净利润（净亏损以"－"号填列）		

一、利润表的概念

利润表是反映企业在一定会计期间的经营成果的报表。利润表是根据"收入－费用＝利润"这个关系式设计的。利润表中"净利润"是经过多个步骤计算出来的，所以它是多步式的利润表。

二、利润表编制的基本方法

利润表中有上期金额和本期金额两个金额栏，对利润表的编制就是指填制有关项目的上期金额和本期金额。

（一）上期金额的填制方法

利润表的"上期金额"栏内各项数字，应根据上年该期利润表的"本期金额"栏内数字填列。

注意：

如果本期利润表各项目的名称、内容与上年同期相比发生变动，应对上年该期利润表“本期金额”栏内各项目的名称和数字按本年的规定进行调整，按调整后的数字填入本表的“上期金额”栏内。

（二）本期金额的填制方法

概括地说，利润表的“本期金额”栏内数字应根据损益类科目和所有者权益类有关科目的发生额分析填列或分析计算填列。

1. 根据账户发生额分析填列。根据账户发生额分析填列的项目主要有：“税金及附加”“销售费用”“管理费用”“财务费用”“营业外收入”“营业外支出”“所得税费用”等。

【情境展示 7-8】

鸿运食品有限公司 2023 年 12 月“税金及附加”总账记录如图表 7-23 所示，据此填制利润表中“税金及附加”项目，如图表 7-24 所示。

图表 7-23

总　　账

83

会计科目 税金及附加

2023 年		凭证	摘要	借方										贷方										借或贷	余额									
月	日	编号		千	百	十	万	千	百	十	元	角	分	千	百	十	万	千	百	十	元	角	分		千	百	十	万	千	百	十	元	角	分
12	31	科汇1	1至31日汇总				5	0	0	0	0	0	0				5	0	0	0	0	0	0	平								0		
12	31		本月合计				5	0	0	0	0	0	0				5	0	0	0	0	0	0	平								0		

图表 7-24

利润表（简表）

编制单位：鸿运食品有限公司　　2023 年 12 月　　单位：元

项　目	本期金额	上期金额
一、营业收入		
减：营业成本		
税金及附加	50000	
销售费用		
管理费用		
财务费用		
加：投资收益（净损失以“-”号填列）		
二、营业利润（亏损以“-”号填列）		
加：营业外收入		

续表

项　　目	本期金额	上期金额
减：营业外支出		
三、利润总额（亏损总额以“－”号填列）		
减：所得税费用		
四、净利润（净亏损以“－”号填列）		

分析：

“税金及附加”项目的金额50000元是根据“税金及附加”总账的发生额直接填列的。2023年12月鸿运食品有限公司税金及附加为5万元，它是公司净利润的抵减项目。在其他项目不变的前提下，税金及附加越多，公司的净利润就会越少，因此公司在日常的经营管理过程中要把税金及附加控制在合理的水平。

2. 根据账户发生额分析计算填列。根据账户发生额分析计算填列的项目主要有：“营业收入”“营业成本”等。

（1）“营业收入”项目的填列。

“营业收入”项目的金额 = “主营业务收入”总账的本期发生额 + “其他业务收入”总账的本期发生额

【情境展示7－9】

鸿运食品有限公司2023年12月“主营业务收入”总账、“其他业务收入”总账记录如图表7－25和图表7－26所示，据此填制利润表中“营业收入”项目，如图表7－27所示。

图表7－25

总　　账

会计科目 主营业务收入　　　　67

2023年		凭证	摘要	借方										贷方										借或贷	余额									
月	日	编号		千	百	十	万	千	百	十	元	角	分	千	百	十	万	千	百	十	元	角	分		千	百	十	万	千	百	十	元	角	分
12	31	科汇1	1至31日汇总			3	5	0	0	0	0	0	0			3	5	0	0	0	0	0	0	平								0		
12	31		本月合计			3	5	0	0	0	0	0	0			3	5	0	0	0	0	0	0	平								0		

图表7－26

总　　账

会计科目 其他业务收入　　　　71

2023年		凭证	摘要	借方										贷方										借或贷	余额									
月	日	编号		千	百	十	万	千	百	十	元	角	分	千	百	十	万	千	百	十	元	角	分		千	百	十	万	千	百	十	元	角	分
12	31	科汇1	1至31日汇总				5	0	0	0	0	0	0				5	0	0	0	0	0	0	平								0		
12	31		本月合计				5	0	0	0	0	0	0				5	0	0	0	0	0	0	平								0		

图表 7 – 27

利润表（简表）

编制单位：鸿运食品有限公司　　　　2023 年 12 月　　　　单位：元

项　　目	本期金额	上期金额
一、营业收入	400000	
减：营业成本		
税金及附加		
销售费用		
管理费用		
财务费用		
加：投资收益（净损失以“－”号填列）		
二、营业利润（亏损以“－”号填列）		
加：营业外收入		
减：营业外支出		
三、利润总额（亏损总额以“－”号填列）		
减：所得税费用		
四、净利润（净亏损以“－”号填列）		

“营业收入”项目的金额＝“主营业务收入”总账的发生额
＋“其他业务收入”总账的发生额
＝350000＋50000＝400000（元）

分析：

综上可知，2023 年 12 月鸿运食品有限公司营业收入为 40 万元，它是公司净利润的增加项目。在其他项目不变的前提下，营业收入越多，公司的净利润就会越多，因此公司在日常的经营管理过程中要采取措施促使营业收入增加。

（2）“营业成本”项目的填列。

“营业成本”项目的金额 ＝ “主营业务成本”总账的发生额 ＋ “其他业务成本”总账的发生额

【情境展示 7 – 10】

鸿运食品有限公司 2023 年 12 月“主营业务成本”总账、“其他业务成本”总账记录如图表 7 – 28、图表 7 – 29 所示，据此填制利润表中“营业成本”项目，如图表 7 – 30 所示。

图表 7 – 28

总　　账

81

会计科目 主营业务成本

2023 年		凭证	摘要	借方										贷方										借或贷	余额									
月	日	编号		千	百	十	万	千	百	十	元	角	分	千	百	十	万	千	百	十	元	角	分		千	百	十	万	千	百	十	元	角	分
12	31	科汇1	1至31日汇总			1	2	0	0	0	0	0	0			1	2	0	0	0	0	0	0	平								0		
12	31		本月合计			1	2	0	0	0	0	0	0			1	2	0	0	0	0	0	0	平								0		

图表 7－29

总　　账

82

会计科目 其他业务成本

2023年		凭证	摘要	借方										贷方										借或贷	余额									
月	日	编号		千	百	十	万	千	百	十	元	角	分	千	百	十	万	千	百	十	元	角	分		千	百	十	万	千	百	十	元	角	分
12	31	科汇1	1至31日汇总				3	0	0	0	0	0	0				3	0	0	0	0	0	0	平								0		
12	31		本月合计				3	0	0	0	0	0	0				3	0	0	0	0	0	0	平								0		

图表 7－30

利润表（简表）

编制单位：鸿运食品有限公司　　　　2023 年 12 月　　　　单位：元

项　　目	本期金额	上期金额
一、营业收入		
减：营业成本	150000	
税金及附加		
销售费用		
管理费用		
财务费用		
加：投资收益（净损失以“－”号填列）		
二、营业利润（亏损以“－”号填列）		
加：营业外收入		
减：营业外支出		
三、利润总额（亏损总额以“－”号填列）		
减：所得税费用		
四、净利润（净亏损以“－”号填列）		

“营业成本”项目的金额＝“主营业务成本”总账的发生额
＋“其他业务成本”总账的发生额
＝120000＋30000＝150000（元）

分析：

综上可知，2023 年 12 月鸿运食品有限公司营业成本为 15 万元，它是公司净利润的抵减项目。在其他项目不变的前提下，营业成本越多，公司的净利润就会越少，因此公司在日常的经营管理过程中要加强成本管理，精打细算、厉行节约，在确保产品质量的同时，把营业成本控制在合理的水平。

3. 根据其他各项目的金额计算填列。根据其他各项目的金额计算填列的项目有：“营业利润”项目、“利润总额”项目等。

实训基地二

鸿运食品有限公司 2023 年 12 月“主营业务收入”总账、“其他业务收入”总账、“管理费用”总账、“销售费用”总账的记录分别如图表 7－31 至图表 7－34 所示。

图表 7－31

总　　账

67

会计科目 主营业务收入

2023年		凭证	摘要	借方										贷方										借或贷	余额									
月	日	编号		千	百	十	万	千	百	十	元	角	分	千	百	十	万	千	百	十	元	角	分		千	百	十	万	千	百	十	元	角	分
12	31	科汇1	1至31日汇总			5	4	0	0	0	0	0	0			5	4	0	0	0	0	0	0	平								0		
12	31		本月合计			5	4	0	0	0	0	0	0			5	4	0	0	0	0	0	0	平								0		

图表 7－32

总　　账

71

会计科目 其他业务收入

2023年		凭证	摘要	借方										贷方										借或贷	余额									
月	日	编号		千	百	十	万	千	百	十	元	角	分	千	百	十	万	千	百	十	元	角	分		千	百	十	万	千	百	十	元	角	分
12	31	科汇1	1至31日汇总				2	0	0	0	0	0	0				2	0	0	0	0	0	0	平								0		
12	31		本月合计				2	0	0	0	0	0	0				2	0	0	0	0	0	0	平								0		

图表 7－33

总　　账

94

会计科目 管理费用

2023年		凭证	摘要	借方										贷方										借或贷	余额									
月	日	编号		千	百	十	万	千	百	十	元	角	分	千	百	十	万	千	百	十	元	角	分		千	百	十	万	千	百	十	元	角	分
12	31	科汇1	1至31日汇总				2	0	0	0	0	0	0				2	0	0	0	0	0	0	平								0		
12	31		本月合计				2	0	0	0	0	0	0				2	0	0	0	0	0	0	平								0		

图表 7－34

总　　账

88

会计科目 销售费用

2023年		凭证	摘要	借方										贷方										借或贷	余额									
月	日	编号		千	百	十	万	千	百	十	元	角	分	千	百	十	万	千	百	十	元	角	分		千	百	十	万	千	百	十	元	角	分
12	31	科汇1	1至31日汇总				1	0	0	0	0	0	0				1	0	0	0	0	0	0	平								0		
12	31		本月合计				1	0	0	0	0	0	0				1	0	0	0	0	0	0	平								0		

要求：

1. 根据上述有关账户的记录填列利润表中“营业收入”项目、“管理费用”项目和“销售费用”项目，如图表 7－35 所示。

图表 7-35

利润表（简表）

编制单位：鸿运食品有限公司　　2023年12月　　单位：元

项　目	本期金额	上期金额
一、营业收入		
减：营业成本	150000	
税金及附加	12000	
销售费用		
管理费用		
财务费用	3000	
加：投资收益（净损失以“-”号填列）		
二、营业利润（亏损以“-”号填列）	365000	
加：营业外收入	15000	
减：营业外支出	10000	
三、利润总额（亏损总额以“-”号填列）	370000	
减：所得税费用	70000	
四、净利润（净亏损以“-”号填列）		

2. 计算利润表中净利润项目，如图表 7-35 所示。

能力内容三　会计档案

会计的基本职能是核算和监督，在会计工作中，我们积累了很多宝贵的资料，这些资料记载了鸿运食品有限公司生产经营的整个过程，为公司的管理者提供了珍贵的会计信息，企业有必要把这些资料妥善保管。这些资料也是有关行政管理部门和相关人员监督企业生产经营的依据，因此，企业要制订一套合理有效的制度，以保证这些会计资料的完整。

一、会计档案的管理制度

（一）会计档案的概念

会计档案是指会计凭证、会计账簿和财务会计报告等会计核算专业材料，它是记录和反映企业、行政事业单位所发生经济业务的重要历史资料和证据。

（二）会计档案的内容

会计档案具体包括：

1. 会计凭证；

2. 会计账簿；

3. 财务会计报告；

4. 其他会计资料，包括银行存款余额调节表、银行对账单、其他应当保存的会计核算专业资料、会计档案移交清册、会计档案销毁清册。

相关链接

《会计法》规定各单位对会计凭证、会计账簿、财务会计报告和其他会计资料应当建立档案，妥善保管。会计档案保管期限和销毁办法，由国务院财政部门会同有关部门制定。

（三）会计档案的保管期限

不同的会计档案发挥作用的时间不同，各种会计档案的保管期限也就不同。会计档案的保管期限分为永久和定期两类（定期保管期限分别为10年、30年）。

具体保管期限如图表7－36所示。

图表7－36　会计档案保管年限表

（企业和其他组织会计档案保管年限）

序号	档案名称	保管期限	备　注
一	会计凭证类		
1	原始凭证	30年	
2	记账凭证	30年	
3	汇总凭证	30年	
二	会计账簿类		
4	总账	30年	
5	明细账	30年	
6	日记账	30年	
7	固定资产卡片		固定资产报废清理后保管5年
8	辅助账簿	30年	
三	财务报告类		包括各级主管部门汇总财务报告
9	月、季度财务报告	10年	包括文字分析
10	年度财务报告（决算）	永久	包括文字分析
四	其他类		
11	会计档案移交清册	30年	
12	会计档案保管清册	永久	
13	会计档案销毁清册	永久	
14	银行存款余额调节表	10年	
15	银行对账单	10年	

二、会计工作的交接手续

【情景展示 7－11】

鸿运食品有限公司的出纳田力要举家迁往上海，公司聘请刘艳接管田力的工作。田力将自己分管的工作向刘艳做了交代，在这个过程中需要履行必要的手续。

（一）离职人员履行的手续

1. 离职的会计人员，在离职前，应将所有分管的会计工作处理完毕，在所登记的账簿最后一项记录后加盖印章，以明确经办人员的责任；
2. 对于经管的未了事宜应以书面形式列出；
3. 在移交的会计账簿扉页应认真填写交接情况，并由接管人员和离职人员分别盖章；
4. 对所移交的凭证、账簿、报表、文件等应编制移交清册；
5. 交接完毕后，离职人员和监交人要在移交清册上签名或盖章。

（二）接管人员履行的手续

1. 接管人员应按照离职人员编写的移交清册，会同离职人员逐项清点；
2. 在交接时，如发现错误或其他问题，应查明情况，对于一时难以查清的问题，必须在移交清册中予以说明；
3. 交接完毕后，接管人员和监交人要在移交清册上签名或盖章。

相关链接

《会计基础工作规范》第二十八条规定：会计人员办理交接手续，必须有监交人员负责监交。一般会计人员交接，由单位会计机构负责人、会计主管人员负责监交；会计机构负责人、会计主管人员交接，由单位领导人负责监交，必要时可由上级主管部门派人会同监交。

参考文献

1. 中华人民共和国财政部制定：《企业会计准则汇编2021》，经济科学出版社2021年版。

2. 中华人民共和国财政部制定：《企业会计准则——应用指南》，中国财政经济出版社2022年版。

3. 财政部会计财务评价中心编写：《初级会计实务》、《中级会计实务》，经济科学出版社2024年版。

4. 中华人民共和国财政部制定：《2024年全国初级会计专业技术资格考试大纲》，经济科学出版社2024年版。

5. 张华、高学礼主编：《会计基础与实训》，中国财政经济出版社2011年版。